일본 자본주의 논쟁사

고야마 히로타케 小山弘健 지음

김동윤 金東玧 옮김

일러두기

'일본 자본주의 논쟁사'의 원서에 '우리나라'라고 번역되는 단어를 '일본*'으
로 일괄 수정하였습니다.

일본 자본주의 논쟁사

고야마 히로타케 小山弘健 지음

김동윤 金東玧 옮김

어문학사

지은이의 말

일본 자본주의 논쟁의 역사는 일본 마르크스-레닌주의에 진보와 전진을 가져온 빛나는 역사이다. 이 분야를 진정으로 과학적으로 연구하기 위해서는 마찬가지로 오직 마르크스-레닌주의를 방법론으로 삼아야 한다는 사실을 기나긴 이론투쟁을 통해 명백히 증명됐다.

일본 자본주의 논쟁은 마르크스, 엥겔스, 레닌, 스탈린 등 각각의 저서들의 명제가 현실에 기계적으로 적용되는 공식론이 갖는 오류를 철저하게 드러낸다. 여기서 필요한 것은 일본의 살아있는 현실에 그러한 위대한 선지자들이 세운 여러 이론을 어떻게 발전적으로 적용하고 구체화할 것인가에 대한 생각이다.

일본 자본주의 논쟁은 진리로의 접근이 마르크스-레닌주의를 무기로 삼아 외부로부터의 공격 및 내부로부터의 편향 등 다양한 장애물과의 쉴 틈 없는 투쟁에 의해서만 가능해진다는 것을 입증한다. 의식적·무의식적인 모든 반계급적 이론의 투쟁과 극복을 통해 비로소 일본 자본주의의 과학적 목적을 달성할 수 있다.

일본 자본주의 논쟁은 다른 모든 이론 전선과 마찬가지로 국민의 진보와 향상을 목적으로 하며, 대중의 혁명적 실천으로 지탱되고, 노동자계급의 해방투쟁과 결합해야만 비로소 행동의 지침이 되는 이론이 탄생한다는 것을 명시한다. 이론과 실천, 정치투쟁과 이론투쟁의 혁명적 결합이 없다면 모든 이론은 죽은 것이나 다름없으며 무력해진다.

일본 자본주의 논쟁은, 역사의 진보와 국민의 향상에 보탬이 될 수 있는 이론이 수많은 성실하고 헌신적인 사람들의 협동과 협력, 동지적 상호비판과 자기비판 속에서 태어났음을 분명하게 증명한다. 비생산적인 독단론, 비판을 위한 비판은 이곳에서 현실에 의해 여지없이 청산되어 간다.

본서가 독자들을 위해 현재 일본의 평화와 독립에 헌신하는 모든 사람에게 필요한 이론의 연구인 일본의 과거와 현재의 과학적 인식, 일본 마르크스주의 유산의 계승 등등에 있어 다소나마 도움을 줄 수 있다면 이보다 더한 기쁨은 없을 것이다.

옮긴이의 말

1980년대 한국 학생운동의 NL-PD 논쟁을 기억하는 사람은 많아도, 이와 유사한 구도의 논쟁이 1920년대 일본에서 이미 진행되었다는 것을 아는 사람은 많지 않을 것이다. 바로 본서가 다루는 '일본 자본주의 논쟁'이다. 이들 논쟁은 모두 현 사회의 성격이 무엇인지를 진단하고 이를 토대로 변혁운동의 진로를 제시하고자 했다는 공통점을 가진다. 이러한 논쟁은 현 한국에서 큰 의미를 갖지 않는 것처럼 보인다. 필자가 보기에 양 논쟁이 다루는 주제와 이들이 참고하는 문헌 모두 이미 역사적으로 시효를 마친 스탈린주의적 편향에 둘러싸여 있기 때문이다. 그러나 '일본 자본주의 논쟁'을 지금 알아보는 것에 의의가 있다면 다음의 점을 들 수 있을 것이다.

첫째로, 일본 자본주의 논쟁은 일본이 근대국가로 변모하고 자본주의를 확립해가는 과정을 좌익 계열이 어떻게 이론적으로 이해하려 했는지, 그리고 그것이 어떻게 현실 운동으로 이어지는지 보여준다. 마르크스에 따르면 자본주의는 온갖 사회적 폐단과 소외를 만들어냈지만, 동시에 근대적 제도와 민주주의를 가져오기도 했다. 이를 도식화하여 단계로 구분한 스탈린은 사회주의 혁명에 선행해 봉건적 계급으로부터 부르주아 계급으로 권력이 이행되어 부르주아 민주주의가 확립되는 부르주아 혁명의 필요성을 주장하기도 했다. 하지만 일본의 경우, 메이지 유신을 통해 근대 자본주의가 도입되었음에도 1945년 패전 이전까지 '다이쇼 데모크라시'의 짧은 시기를 제외하면 부르주아 민주주의가 사실상 존재하지 않았고, 천황제와 군부를 통한 전제적인 정치가 유지되었다. 서구 문물과 함께 유입된 사회주의를 받아들인 일본인들이 당시 자국의 사회구성체가 자본주의인지 혹은 봉건제인지를 두고 논쟁했던 것은 이러한 귀결이다. 이를 무엇으로 보느냐에 따라 향후 어떠한 방향으로 변혁운동을 할 것인지—즉 천황제를 비롯한 봉건제를 상대로 싸울 것인지(강좌파), 혹은 산업자본가를 상대로 싸울 것인지(노농파)—가 크게 갈리기 때문이다.

둘째로, 일본 자본주의 논쟁은 패전 이후 일본 정치사를 이해함에도 도움을 준다. 전후 일본 정치의 혁신계열을 양분하는 공산당과 사회당의 노선 차이는 거칠게 이야기하면 1920년대 강좌파와 노농파 간의 논쟁에서 비롯된 것이기 때문이다. 전후 일본공산당은 자국을 식민지로 인식하고 민족민주전선을 결성해 미군정과 천황제를 대상으로 투쟁하려 했던 반면, 일본사회당은 자국을 국가독점자본주의 단계로 보아 의회와 사회운동을 통한 사회주의 혁명을 목표했다. 이러한 차이는 과거 자본주의 논쟁에서의 강좌파와 노농파가 형성한 인식이 그대로 이어진 것으로, 일본의 자민당·사회당 양당 체제(소위 55년 체제) 아래 혁신계열의 정치와 경로에 관심이 있는 독자라면 논쟁사를 살펴보며 보다 깊은 이해가 가능할 것이다.

셋째로, 일본 자본주의 논쟁은 한국의 사회운동 및 진보정당 운동에도 시사점을 던진다. 1980년대 한국과 1920년대 일본 좌익들의 쟁점은 신식민지냐PD 반식민지냐NL, 자본주의냐(노농파) 반봉건이냐(강좌파)로 서로 상이했지만, 이들 쟁점을 통해 나뉜 전선은 '현재 우리나라의 역사발전단계에서의 위치는 어디인가'라는 점에서 양국이 동일하다. 그리고 애석하게도 양국의 좌파는 모두 이 논쟁을 시원하게 끝내지 못했다. 보편성을 경시하고 자국을 봉건제로 보아 통일전선체를 주장한 일본의 강좌파와 한국의 자주파NL는 빠른 속도로 우경화했다. 한국의 민중민주파PD는 설득력있는 대안사회를 제시하지 못하고 수세적으로 한국 자본주의에 대한 분석만 반복한다. 마찬가지로 일본의 노농파도 전전의 유연하고 현실적인 운동 정신을 어느 정도 잃고 전후에는 '궁핍화 혁명론'에 매달려 '혁명 대망론', 즉 혁명적 정세가 찾아오길 기다리는 수세적이고 한심한 입장에 서게 되었다. 결국 같은 고민과 같은 상황이 시간차를 두고 벌어지고 있다. 그러나 아직은 일본과 같이 한국 좌파가 완전히 몰락한 상황은 아니므로, 과거를 통해 현재를 배울 약간의 시간은 남아있을 것이다. 옮긴이가 꼽은 위의 의의 외에도 독자들께서 각자의 가치 있는 의의를 발견해내실 것으로 믿는다.

이 책은 1953년 출판된 고야마 히로타케 선생의 『일본 자본주의 논쟁사』를 번역한 것이다. 마르크스주의 경제사학자이자 군사기술 연구자였던 지은이는 당시 일본공산당 당원이었으나, 아이러니하게도 출간 이듬해인 1954년 일본공산당 내의 격렬한 분파 투쟁 가운데 가미야마파의 제명과 함께 제명당한다. 일본공산당의 선명한 강좌파 학자 중 하나였던 지은이는 제명 이후 기존의 입장을 바꿔 친(?) 노농파적 입장을 취하게 된다. 따라서 한국어로 번역된 지은이의 다른 저작 『전후 일본의 공산당사』(어문학사)와 『일본 마르크스주의사 개설』(이론과 실천)에서 일본공산당을 비판하고 노농파 원로 야마카와 히토시 등을 긍정적으로 묘사한 반면, 본서는 지은이가 아직 강경한 강좌파적 입장을 유지하던 시기의 저작이므로 일본공산당과 강좌파 이론가들에 대한 긍정적 묘사를 넘어 찬양에 가까운 논조가 나타난다. 본서에서 강좌파 이론가들의 업적을 노골적으로 칭송하는 반면 노농파나 해당파 등 강좌파와 반목하던 세력에 대해 '가짜 사회주의자', '트로츠키주의 책동' 등 강하게 비판하는 것은 이러한 사정에서 비롯한다. 논쟁의 역사를 연구한 서적이 한쪽 세력에 대놓고 편향된 입장을 취하는 것은 유감스러운 일이지만, 그럼에도 현재까지도 본서는 방대한 논쟁사를 세부적으로 최대한 다루었다고 인정받는다. 그래서 독자 여러분께선 지은이의 편향적인 코멘트나 논조보다는 지은이가 서술한 사실관계 등을 위주로 본서를 읽어주시길 부탁드린다. 본서의 원서는 1945년 이전 전전논쟁을 다룬 상권과 1945년 일본의 패전 이후 논쟁을 다룬 하권으로 구성되어 있다. 본서는 상권은 모두 번역되었으나, 하권의 경우 책이 쓰인 시점의 지엽적이거나 검증되지 않은 논쟁에 대한 소개가 많고, 특히 지은이가 직접 겪은 논쟁에 대한 소개이기 때문에 정파성과 편향성이 과도한 부분이 있다고 판단하여 2장까지만 번역되었다. 이 점 독자님들의 너른 양해를 부탁드린다.

많은 분들께서 도와주셨기에 이 책을 번역할 수 있었다. 번역출판을 고민하던 차에 선배 번역자로서 큰 도움을 주신 『공명당과 창가학회』(어문학사)의 역자 권병덕 님, 매끄러운 번역을 위해 아낌없이 조언을 준 노지윤 님, 임현창 님께 큰 감사를 드린다. 또한 교열 작업을 꼼꼼함과 성실함으로 도와준 서울대학교 서양사학과 이재현 님께, 그의 도움 덕에 부족한 번역이 봐줄만 하게 되었기에 특히 감사드린다. 마지막으로 옮긴이의 출판제안서를 흔쾌히 수락하시고 출판을 위해 물심양면으로 애써주신, 그리고 옮긴이의 게으름 탓에 늦어지는 번역 일정을 늘 이해해주신 어문학사 윤석전 대표님과 편집부에 진심으로 감사드린다.

이 책의 오역이나 매끄럽지 못한 번역의 책임은 전적으로 옮긴이 개인의 역량 부족과 게으름에 있다. 넓은 아량으로 이해해주시길 부탁드린다.

2022년 10월의 화창한 가을날
안암동 유일의 인문과학서점 '지식을담다'에서

차례

1부
1945년 이전의 논쟁사

2부
1945년 이후의 논쟁사

1부

1945년
이전의 논쟁사

1945

일본 자본주의
논쟁이란 무엇인가

일반적으로 일본의 자본주의를 연구하는 목적은 일본 자본주의 발달 조건들을 분석하고 그 본질적 특징들과 기본적인 모순을 파악해 생성, 발전, 몰락이라는 합법칙적인 운동 과정을 밝히는 것이다. 그리고 이를 통해 일본 자본주의를 혁명적으로 변혁하는 대중의 살아있는 실천에 이론적 기초를 부여하는 것이다.

일본 자본주의 연구는 학문의 분야 중 가장 당파적인 분야이다. 왜냐하면 모든 일본 자본주의 연구는 계급적 이해관계와 굳게 연결되어 있기 때문이다. 단순히 객관적인 입장에서 과학적인 연구를 할 수 없다. 진정으로 과학적인 연구는 항상 노동자계급의 살아있는 투쟁이라는 관점에서 시작되어야 하고, 연구의 진행에 따라 연구 성과는 일본 자본주의 변혁의 주체들과 강력히 결합하여 혁명적 실천에 이바지하게 된다. 역사적으로 볼 때 체계적·과학적인 일본 자본주의 연구는 자본주의의 변혁을 위한 역사적 조건이 성숙하여 변혁의 담지자 擔持者인 프롤레타리아트 Proletariat 가 계급적으로 성장하여 공산당을 선두로 하는 혁명운동이 폭넓게 전개되며 비로소 가능해졌다.

이러한 일본 자본주의 연구 속에서 방법론의 정당성, 당파성의 명확성, 대중운동과의 결합 등을 논의하는 데에 가장 중점적인 역할을 하며 혁명의 기본노선을 옹호하기 위해 이뤄진 논쟁이 일본 자본주의 논쟁이었다. 일본 자본주의 논쟁이란 2차대전이 종전되기 이전인 1932~1933년경부터 1937년경까지, 종전 이후 1946년부터 오늘날까지[1] 혁명적 프롤레타리아트의 전략 문제와 관련해 일본 자본주의가 갖는 역사적·구조적 특질의 규명과 파악을 위해 이뤄진 대규모 논쟁을 지칭한다.

이 논쟁이 가지는 중요한 의의를 알기 위해 우선 이 논쟁이 일본의 혁명운동과 노동자 운동을 지도하는 과학, 즉 마르크스-레닌주의의 전략 전술과 밀접하게 연결되어 발생 및 발전한 점을 보도록 하자. 노동자 운동이 올바른 과학적 지도하에 진행되려면 국가권력의 계급적 성질이나 모든 계급 간의 상호관계, 당면한 혁명의 성질이나 전략적 임무의 설정 등 '혁명적 프롤레타리아트의 전략방침'을 명확하게 정할 필요가 있다. 그런데 이 전략방침을 확립할 때 필연적으로 그것과 연결된 한층 광범위한 이론적, 학문적 문제들이 제기된다. 예를 들어 국가권력의 물질적 계급적 기초는 무엇인가, 토지문제나 농업 문제를 어떻게 해명할 것인가, 일본 자본주의 분석에 어떤 방법론을 취할 것인가, 그 역사적·구조적 특질을 어떻게 파악할 것인가, 자본주의의 현 단계와 발전 방향을 어떻게 분석할 것인가 등의 문제가 있다. 이러한 문제를 연구하는 것은 노동자 운동에 필요한 혁명이나 전략에 관한 문제 연구에 올바른 이론적 근거를 제공하고, 전략방침을 한층 구체화하는 데에 도움을 준다. 일본 자본주의 논쟁에서는 이러한 폭넓은 정치, 경제 분야의 문제들이 논쟁의 대상이 되었다.

따라서 우리는 자본주의 논쟁이 갖는 고도의 정치성을 망각해선

---

1   저자가 이 책을 집필한 1953년. _옮긴이

안 된다. 전략논쟁이 정치적이라는 사실을 잊고 논쟁에 살아있는 실천적 요구를 더하지 않고 생각한다면 우리는 필연적으로 이를 탁상공론 수준에서 다루거나 학문적이며 객관주의[1]적인 방식으로 다루는 쪽으로 빠질 수밖에 없다. 이로 인해 이론과 실천, 학문과 정치는 기계적으로 분리되어 양자 사이에 건널 수 없는 강이 생겨버린다.

그러나 우리는 동시에 혁명운동의 직접적인 방침을 세우기 위한 전략적 논의와 그 기초작업을 위한 넓은 이론영역에서 일어난 자본주의 논쟁을 혼동해서도 안 된다. 양자를 같은 것으로 보는 것은 양자를 기계적으로 분리하는 것과 마찬가지로 잘못된 관점이다. 이 경우 전략논쟁을 자본주의 논쟁의 일부로 보게 되고, 본래 자본주의 논쟁의 범위에 속해야 할 광범위한 학문적, 이론적 연구 및 논의를 탁상공론으로 여겨버리게 된다. 이렇게 되면 이들의 연구가 갖는 실천적인 입장을 올바르게 파악하지도 못하고 이들 학문의 당파성을 명확히 밝힐 수도 없다.[2]

어쨌든 자본주의 논쟁은 특히 당파적인 성격을 띤 이론논쟁이며, 다양한 분야의 일본 자본주의 연구를 집약하여 일본 인민의 역사적인 해방투쟁과 연결시켰다. 자본주의 논쟁은 일본 자본주의 연구를 끊임없이 추진하며 지도했고 동시에 논쟁 과정에서 발생한 수많은 오류와 편향을 극복하는 과정을 통해 현실 노동운동에 풍부한 과학적 근거를 부여했다. 이렇기에 지금까지 마르크스-레닌주의적이거

---

1   우리의 주관적 의식에 관계없이 객관적인 진리를 인정하는 태도. 그러나 이것은 가끔 인간의 인식에서 주체적인 실천의 의의와 역할을 망각하고, 예컨대 자본주의의 발전 법칙 자체가 이 사회의 자동적인 봉괴를 의미하는 것으로 여기는 '방관주의'로 되는 수가 있다. 출처 노동자의 책._옮긴이

2   자본주의 논쟁을 올바르지 못한 방법으로 평가하여 이를 전략논쟁과 혼동한 나머지 일본 공산당 전략론의 역사도 아니고 그렇다고 자본주의 논쟁의 역사도 아닌 조잡한 방식으로 기술한 사례로 우치다 죠키치 內田穰吉가 쓴 『일본 자본주의 논쟁』을 들 수 있다.

나 이에 가까운 많은 진보적인 이론가, 사상가, 경제학자, 역사가들이 자본주의 논쟁에 나서서 참가했고, 이를 통해 이들이 일본의 민주적인 사상계, 이론계, 학계에서 중심을 차지할 수 있었다.

일본 자본주의 논쟁에는 2차대전 이전과 이후를 통틀어 시대적으로 3가지의 주요한 전개 시기가 있다. 첫 번째는 1932~1933년경부터 1937년경에 걸쳐 일어났는데, 세계 경제공황으로 발생한 유례없는 대공황 속에서 일본 자본주의가 혁명적 활로를 찾을 것인지, 전쟁을 통해 일시적으로 회피할 것인지를 선택해야 했던, 일본 자본주의가 위기를 맞던 시대에 집중적으로 전개되었던 논쟁이다. 두 번째 시기는 패전 후 1946년부터 1950년경에 걸쳐 일어났는데, 제국주의자들이 철저히 패배하여 일본 자본주의가 심각한 혁명적 위기를 겪고, 미군의 점령하에 차근차근 종속체제로 재편되어 가던 시기에 일어난 보다 높은 수준에서 전개된 논쟁이다. 마지막은 1950년 이후 일본 자본주의가 식민화되고 공공연히 군사지기화됨에 따라 평화와 독립을 위해 민족운동이 고양되던 시기에 새로운 문제의식과 실천적 기반을 통해 제기된, 지금까지도 전개되고 있는 논쟁이다.

우리는 이 모든 논쟁의 과정을 편의상 전전, 전후로 나누어 이들을 각각 1부와 2부로 기술하겠다.[1]

---

1   본서의 원문은 전전 논쟁을 다룬 상권과 전후 논쟁을 다룬 하권으로 나뉘어 있으나, 한국어 번역본은 상하권을 합쳐서 상권을 1부, 하권의 2장까지를 2부로 하여 번역되었다. _옮긴이

제1장

1945 ─

전전(戰前) 논쟁의
이해를 위하여

전전 논쟁의 전제
- 일본 민주혁명론

1. 전략논쟁의 발생

전전의 일본 자본주의 논쟁을 알기 위해서는 우선 일본공산당이 혁명운동 속에서 행해온 전략 논쟁(이른바 민주혁명 논쟁)을 알아야 한다.

민주혁명 논쟁은 일어난 것은, 제1차 세계대전 이후 일본 자본주의가 공황으로 일시적 안정을 잃은 1927년경부터 세계 대공황에 따라 계급투쟁이 유례없이 격렬하게 일어난 1932년경 사이였다. 그리고 이 시기는 일본 혁명운동의 기본방침을 결정한 27년, 32년, 양 테제 발표의 사이이기도 하다.

이 시기 공산당을 선두로 프롤레타리아트는 공공연하게 정치투쟁에 진출하였고, 그 조직과 운동을 급속하게 확대하고 대중화시켰다. 그러나 이러한 계급투쟁의 파고가 높아지자 자연히 혁명운동을 내부로부터 무너뜨리려는 트로츠키주의[1]와 유사한 세력이 생겨났

---

1   레온 트로츠키가 주창한 '연속혁명론' 등에 동조하는 마르크스주의의 한 조류. 레닌이 사망한 후 스탈린은 트로츠키주의자들을 탄압하고 숙청하였으며, 이후에도 스탈린주의자들은 반대파를 공공연히 '트로츠키주의자'라는 죄목으로 숙청하였다. _ 옮긴이

는데, 바로 '노농파勞農派'[1]이다. 이들은 처음엔 공산당의 한 분파였고, 1928년 2월 제명된 이후에는 사회민주주의 내 좌파 세력의 일부를 차지했다. 그들이 안팎의 혁명운동과 대립하고 대중에게 마르크스-레닌주의자로 행세하며 공산당에 대항해 조직적 분열과 사상적 혼란을 일으키려는 의도를 가졌기에 공산주의자들은 전력을 다해 그들을 비판하고 극복하기 위해 열과 성을 다했다. 이를 위한 이론적, 실천적 투쟁이 집중되며 전략논쟁이 일어났다.

요약하자면 전전의 전략논쟁은 일본공산당의 지도적 이론가들이 노농파의 전략을 비판하고 극복하며 올바른 혁명노선을 옹호하고 견지하려 했다는 점에 의의가 있다. 이 논전의 무대가 된 곳은 공산당의 합법적 이론잡지 『마르크스주의マルクス主義』, 당 외 잡지 『프롤레타리아 과학プロレタリア科学』, 노농파의 기관지 『노농勞農』 등이었다.

논쟁의 핵심은 다음과 같이 요약할 수 있다. 우선 공산당의 기본 방침은 일본 자본주의의 정치·경제의 모든 구조에 걸쳐 봉건제가 잔존하고 있다고 올바르게 평가했다. 특히 경제구조 중 농업에 있어 기생적 지주가 토지를 소유하는 반半봉건적 생산관계가 지배적이고, 이 생산관계를 물질적 기초로 하는 절대주의 천황제가 상대적 독자성과 권력 헤게모니Hegemony를 가졌다는 것을 확인하고 있다. 그리고 그로부터 천황제의 타도와 농업혁명의 수행을 당면한 혁명의 목표로 규정하고, 사회주의 혁명으로 급속히 전화轉化하는 부르주아 민주주의 혁명이 다가올 혁명의 성질이라 규정했다.

---

1   비非 공산당 계열 마르크스주의 정파. 1927년 이들이 창간한 잡지 『노농 勞農』에서 이름을 따 이렇게 불렸다. 이들은 일본의 부르주아 혁명이 메이지 유신을 통해 이루어져 일본이 국가독점자본주의 단계에 이르렀으나 부르주아 민주주의는 이뤄지지 않고 있다고 판단했고, 따라서 광범위한 무산대중을 결합하여 민주주의 혁명의 요소를 포함한 사회주의 혁명을 일으켜야 한다고 주장했다. 이들은 후에 1990년대까지 약 40년간 일본의 제1야당이었던 일본사회당을 설립하고 당내 최대 정파의 위치에 있었다. _옮긴이

이에 반해 노농파는 일본 자본주의 전반에 걸쳐 존재하는 봉건적 요소를 경시하였다. 농업 생산관계에 잔존한 봉건제는 더는 지배적이지 않고, 정치에 있어 천황제는 이미 옛 유산이 되었고 지금은 부르주아지 Bourgeoisie 가 모든 권력을 쥐고 있다고 보았다. 그렇기에 그들은 천황제에 대항한 투쟁이나 농업혁명 등 민주주의 혁명의 중심 과제를 부차적으로 두었다. 또한, 전략적 목표를 제국주의와 부르주아지의 타도로 설정했다. 따라서 그들은 부르주아 민주주의적 성질을 띤 광범위한 임무를 함께 수행하는 사회주의 혁명이 다가올 혁명의 성질이라 규정했다. 이는 외면적으로는 몹시 혁명적인 주장처럼 보이나, 실질적으로 노동자계급이 앞장서 천황제에 대항하는 인민대중의 투쟁에 어깃장을 놓는 것이다. 이는 종국에는 천황제 앞에 프롤레타리아트를 무장해제 시키고 독점자본에 대항한 이들의 투쟁을 껍데기만 남겨놓겠다는 것을 의미한다.

다음으로 대략적인 논쟁의 과정을 살펴보겠다.

2. 27년 테제를 둘러싼 논쟁

전략논쟁이 시작되기 이전, 혁명운동의 기준은 1922년 코민테른 (국제공산당)의 지도하에 만들어진 '일본공산당 강령 초안 日本共産党綱領草案'이었다.[1]

이 초안은 일본의 정치와 경제에 걸쳐 여러 봉건적 관계가 강하게 잔존하고 큰 역할을 하고 있다는 점을 인정하고 있고, 일본의 국가권력이 '대지주와 상공 부르주아지의 특정 부분이 형성한 블록의

---

1   이하의 각 테제에 대해서는 『일본 문제에 관한 방침서. 결의집 日本問題に関する方針·決議集』, 1947년 발간, 『일본공산당 테제 日本共産党テーゼ』, 1951년 발간을 참고하였고, 오역을 포함한다.

손에 쥐어져 있다.'라고 규정하고 있다. 따라서 단순히 노동자, 농민, 소부르주아지 뿐만 아니라 자유주의적 부르주아지의 상당 부분도 정부에 대항하는 반대 세력이 될 수 있다고 규정했다. 그리고 당면한 혁명을 부르주아 민주주의 혁명으로 보았고, '부르주아 혁명의 완성은, 부르주아 지배의 전복과 프롤레타리아 독재의 실현을 목표로 하는 프롤레타리아 혁명의 직접적인 서곡이 될 것이다.'라고 규정하였다.

이후 1926년 말 재건된 일본공산당은 초안이 작성된 이후 일본 자본주의가 발전함에 따라—특히 1927년 봄의 금융공황에 직면했기 때문에—이전의 정식을 수정하거나 한층 명확히 할 필요가 생겼다. 이에 관련해 내부에서 일어난 약간의 논쟁의 결과로서 일본 자본주의는 이제 세계자본주의에 닥친 위기에 따라 함께 몰락과정에 들어섰다는 내용, 부르주아지가 반동화反動化했기 때문에 절대주의 세력과 대립하면서도 동시에 절대주의 세력의 동맹이 되어가고 있다는 내용 등이 새롭게 승인되었다. 그러나 여전히 전략의 기본임무는 부르주아 민주주의 혁명을 달성하는 것임이 재확인되었다.

그런데 1927년 후반부터 여기에 근본적으로 대립하는 의견이 전면적으로 나타났다. 일본 자본주의가 이제 상향적으로 발전하고 있고, 경제와 정치의 봉건적인 요소는 사라져가고 있으며, 권력의 실체가 제국주의적 부르주아지에게 옮겨가고 있다는 의견이었다. 얼마 후인 1927년 12월 창간된 기관지 『노농』의 이름을 따 '노농파'라 불린 이 분파의 결론은 일본 프롤레타리아트가 이미 러시아 11월 혁명의 전야와 똑같은 과제에 직면해 있고, 따라서 주요임무는 부르주아 민주주의 혁명을 부차적으로 포함하는 사회주의 혁명의 수행이어야 한다는 것이었다.

이러한 전략상의 대립이 표면에 드러나던 때, 가타야마 센片山潛, 도쿠다 큐이치德田球一, 와타나베 마사노스케渡辺政之輔 등 일본공산당 지도자들이 참가한 코민테른 집행위원회에서 새로운 정세와 계급관계에 대응하기 위한 혁명운동의 새로운 방침이 결정되었다. 이것이 바로 '27년 테제'라 불리는 '일본 문제에 관한 결의'이다.[1] 이 결의에는 당시 논쟁대상이었던 일본 자본주의의 현 단계의 특징, 국가권력의 계급적 본질, 혁명의 전망과 전략적 임무 등에 대한 자세하고 깊은 규정이 이뤄졌는데, 이는 이후 전략논쟁의 기준이 된다.

새로운 테제의 특징은 다음과 같다. 첫째, '일본 자본주의는 영국이나 유럽의 자본주의 국가들과는 반대로 오늘날 의심할 여지 없이 상향적으로 발전하고 있다.'라고 한 것이다. 둘째, 일본의 국가권력은 자본가의 헤게모니 아래 있고, 자본가와 지주 블록의 수중에 놓여있다는 것이다. 셋째, 당면한 혁명은 국가권력의 구조에 걸쳐 남아있는 봉건제나 첨예한 농업 문제 등을 볼 때 부르주아 민주주의 혁명이어야 한다는 것, 그리고 이 혁명이 '강행적 속도로 사회주의 혁명으로 전화 轉化 할 것이다.'라고 규정한 것이다.

계속해서 조직적으로 공산당과 대립하던 노농파는 새로운 테제가 자신들의 주장과 일치하는 것인 양 받아들이고는 자신을 혁명세력의 정통파라 칭하며 이론투쟁으로 진출했다. 노농파의 트로츠키주의적 성격은 더욱 명료해졌고 논쟁은 이제 국제적으로 이뤄지게 되었다. 노농파의 주장에 따르면 당면한 혁명이 민주주의 혁명이라는 테제의 규정은 전략의 주요임무를 사회주의 혁명 달성에 두는 자신들의 견해와 전혀 모순되지 않는다. 왜냐하면 그들은 부르주아 권력 아래에서 민주주의 혁명의 고양은 본질적 권력 이행을 동반하는 것이 아니며, 그러한 이행은 이후 부르주아 권력을 타도

---

1   이 결의가 갖는 기념비적 의의에 대해서는 이치가와 쇼이치 市川正一 의 『일본공산당 투쟁소사 日本共産党闘争小史』 4의 3을 참고.

하는 사회주의 혁명의 단계에 포함되는 것이라고 여겼기 때문이다. 노농파는 이러한 관점에서 정치와 경제를 분석하여 전략 전술을 이론적으로 뒷받침했다.

이러한 관념적이고 탁상공론적인 사회주의 혁명 전략에 대항해 공산당의 지도적 이론가들은 27년 테제의 기본방침을 옹호하며 투쟁했다. 이들은 노농파가 농업혁명을 과소평가한 지점을 포착하여 비판했고, 당면한 주요임무는 부르주아와 지주의 블록 정권에 대항하는 노동자와 농민의 동맹에 의한 혁명, 즉 국가의 민주화, 천황제 청산, 농업혁명 등을 내용으로 하는 부르주아 민주주의 혁명 달성이어야 한다고 주장했다. 그리고 이 관점에서 정세들을 분석하며 3.15사건[1]과 같은 탄압에 굴하지 않고 과감한 혁명적 실천 속에서 전략과 전술을 구체화했다.

이 시기의 대표적인 논쟁은 공산당의 지도자 와타나베 마사노스케에 의한 노농파의 야마카와 히토시 山川均, 이노마타 츠나오 猪俣津南雄에 대한 통렬한 비판이다.[2]

---

1   1928년 3월 15일 경찰이 일본공산당 당원 등 마르크스주의자 수천 명을 수사하고 300여 명을 구속한 사건._옮긴이

2   문헌으로는 와타나베 마사노스케 유고집 『좌익노동조합의 조직과 정책 左翼労働組合の組織と政策』, 1930년 발간, 『전략 문제의 요항 戦略問題の要項』, 1952년 발간, 이치가와 쇼이치 유고집 『계급적 대중적 단일정당은 무엇인가 階級的大衆的単一政党とは何か』, 1952년 발간, 이노마타 츠나오 저 『현대일본연구 現代日本研究』, 1929년 발간 등.

3. 논점의 분화와 논쟁 해결의 준비

위와 같이 27년 테제를 둘러싼 격한 논쟁이 오가던 중, 1929년 이후 천황제 권력이 탄압을 강화하고 계급투쟁이 한층 격화되는 등 새로운 상황이 전개되었다. 공산당은 4.16사건[1] 등 관헌의 폭력적인 추격 때문에 몇 번이나 조직이 파괴됐기 때문에 재건을 위해 전력을 다하고 있었다. 이에 비해 노농파는 천황제와의 투쟁에서 도망치고 사회민주주의 정당의 한 세력을 점했기 때문에 합법적으로 다양한 활동을 할 수 있었다. 그러나 이즈음 공산당에서 분리된 '해당파解党派'[2] 분자들이 노동자 운동에 첩자로서 침투하였는데, 이들은 천황제에 대한 투쟁에 관심을 잃게 하려는 목적으로 노농파의 전략을 이론적으로 지지하며 공산당의 전략을 공격하기 시작했다. 그들의 주장은 천황은 일본 민족에게 있어 신앙의 중심이므로 프롤레타리아트가 천황제를 공격한다는 중심 전략을 갖는다면 반드시 패배한다는 것이었다. 이러한 사건들에 의해 공산당이 앞서 언급한 민주주의 혁명이라는 경로를 지키며 다양한 가짜 혁명전략들의 실체를 폭로하는 작업이 이전보다 훨씬 중요해졌다.

지금까지 27년 테제의 옹호를 위해 이뤄진 논쟁의 이론적 내용은 한편으로는 이후 당 내외의 이론가들이 일본 자본주의를 해명한 성과들에, 다른 한편으로는 1928년 여름 결정된 '코민테른 강령' 중 신규정에 기초함으로써 한층 더 구체적이고 명확해졌다. 이 강

---

1   일본공산당 중앙 활동가들이 대거 검거된 사건._옮긴이

2   정식 명칭은 '일본공산당 노동자파 日本共産党労働者派'. '해당파'라는 명칭은 러시아 혁명 당시 멘셰비키Men'sheviki에 있었던 같은 이름의 정파에서 기원한다. 멘셰비키 내 '해당파'는 비합법적 지하활동을 끝내고 합법적 대중정당으로 변모할 것을 주장했고 이후 러시아 사회민주노동당에서 제명당한다. 일본공산당의 '해당파'는 일본공산당이 코민테른 지령에 맹목적으로 따라 일본 현실과 맞지 않는 군주제 폐지를 내걸고 있다고 주장하며 코민테른과의 관계를 단절하고 대중으로 돌아갈 것을 요구했다._옮긴이

령에서 발전 정도가 중진적인 자본주의 국가를 ①급속히 프롤레타리아 혁명으로 전화轉化하는 부르주아 민주주의 혁명의 과제를 짊어지는 형태, ②민주주의 혁명이라는 부차적 임무를 포함한 프롤레타리아 혁명의 과제를 짊어지는 형태 등 2가지로 분류한 것을 눈여겨볼 필요가 있다.

노농파와 해당파는 일본의 현실이 이 강령에서 말하는 ②의 형태에 해당하는 것으로 보고 27년 테제도 이렇게 이해해야 한다고 주장했다. 이러한 왜곡된 해석에 대항해 공산당의 이론가는 계속해서 통렬한 비판을 가했다.[1]

논쟁이 새롭게 전개된 1929~1930년을 전후하여 공산당 내부에서 일어난 개별 토론들에서 새로운 견해가 나타났다. 그것은 일본 금융자본이 강화되고 있는 점, 정권의 성격이 부르주아적이라는 점에서 당면한 혁명을 민주주의적 성질의 광범위한 임무를 포함한 사회주의 혁명으로 바꿔야 한다는 것이었다. 한편으로는 이노마타 식의 27년 테제 해석에서 부분적으로 영향을 받고 다른 한편으로 코민테른, 프로핀테른(국제 적색노동조합) 내부 신트로츠키주의자들에 의해 촉진된 이 새로운 견해는 이후 곧 이뤄질 공산당의 전략 전환이라는 조류를 만들어냈다.

다른 한편 이 단계에서 전략논쟁의 핵심은 혁명이나 전략의 직접적인 문제보다 근본적이고 이론적인 성격을 가진 문제들을 규명하는 쪽으로 옮겨가고 있었다. 그것은 부르주아 민주주의 혁명의 사회경제적 내용을 이루는 농업혁명 문제, 즉 농촌에서 농업의 반봉건적 생산관계가 지배적인가, 그리고 그것이 농업 위기의 첨예한 원인인가의 여부이다. 새로운 분야로 나아간 논쟁이 지금까지의 모든 논쟁과제를 직접적으로, 결정적으로 해결하지는 못했다. 하지만

---

1 '강령'에 대해서는 『공산당선언』 미야카와 번역, 아오키 문고를 참고.

그 해결을 위한 기초를 놓았다는 점에서 매우 중요한 의의가 있다.

이 논쟁에서 공산당은 농업의 봉건적 잔존을 부정 혹은 과소평가하는 노농파 및 해당파 이론을 비판하는 과정을 통해 농업혁명과 그 의의를 올바르게 파악할 수 있었다. 또한 절대주의 천황제가 농업의 반봉건적 관계를 고유의 물질적 기초로 삼아 획득한 독자적인 지위와 권력을 통해 천황제가 헤게모니를 가진다는 것을 확인할 수 있었다. 이들은 이 논쟁에서 종래의 권력 규정이었던 '자본가와 지주의 블록 권력'에서 권력 규정-혁명 규정이 너무 일반론적이었기에 나타난 불명확성을 올바르게 수정하고 발전시키기 위한 이론적 준비를 훌륭하게 해냈다.

이 빛나는 업적은 이노마타나 쿠시다 타미조우 櫛田民藏에 대한 비판을 통해 공산당의 지도자로서 노로 에이타로 野呂榮太郎가 이뤄낸 것이다.[1] 그리고 이 분야에서 이론적으로 전개된 전략논쟁은 이후 이 논쟁이 일본 자본주의 논쟁으로 계승되고 연구되는 서막이 되었다(본서 제2장 제2절을 보라).

4. 32년 테제와 논쟁의 종결

이러던 와중 1931년 공산당 중앙위원회는 이른바 '정치 테제 초안'을 발표하고 전략방침을 전환한다. 공산당은 '일본의 국가권력은 금융자본의 패권을 장악한 부르주아, 지주의 수중에 있다.'라고 새롭게 권력을 규정하였고, 이에 따라 27년 테제에서 규정한 혁명의 성질 및 전략의 임무에 '기본적 변경'을 더해 '다가올 일본 혁명

---

[1] 관련 문헌으로 『노로 에이타로 저작 野呂榮太郎著作集』 3권, 1949년 간행, 쿠시다 타미조우 저 『농업문제 農業問題』, 1947년 재간 등.

의 성질은 부르주아 민주주의적 임무를 광범위하게 포용하는 프롤레타리아 혁명이다.', '일본 프롤레타리아트의 당면 투쟁목표는 금융자본을 선두로 하는 천황제의 부르주아 지주 권력의 전복-프롤레타리아 독재 수립이다.'라는 내용을 추가했다.

이렇게 27년 테제는 그 내용과 상반되는 수정이 가해지며 노농파 및 해당파와 똑같은 결론에 이르게 되었다. 그러나 이 사태는 다음에 언급할 32년 테제가 얼마 후 시의적절하게 채택됐기에 혁명운동에 결정적인 영향을 미치지 않고 일시적인 채 끝나버렸다.

한편 상기한 전략 변경이 이뤄지고 반년 정도밖에 지나지 않은 1931년 9월 일본의 제국주의자들은 심각해지는 국내 위기를 만주와 중국을 무력 점령함으로써 타개하려 한다. 동시에 그때까지 일시적으로 후퇴한 것처럼 보였던 천황제 권력과 그 중핵인 광폭한 군벌 세력이 급속하게 전면에 나서기 시작했다. 이듬해 1932년 5월에는 군부와 우익분자에 의한 쿠데타 계획이 표면화되고(이른바 5.15사건)[1] 이것을 계기로 정당제 내각이 말살된다. 이에 따라서 혁명운동이 천황제와 지주가 아닌 금융자본과의 투쟁을 전면에 내세운 정치 테제 초안의 방침을 따르는 것은 점점 정세와 맞지 않게 되었다.

이리하여 1932년 5월 긴박한 내외의 정세에 대응하는 일본 혁명운동의 새로운 방침을 세울 새로운 테제가 일본의 지도자들(가타야마 센, 노사카 산조(野坂參三))이 참가한 코민테른 집행위원회에서 결정됐다. 이것이 바로 '32년 테제'라는 약칭으로도 불리는 '일본의 정세와 일본공산당의 임무에 관한 테제'이다. 이 테제에는 이제 일본은 또 한 번의 세계대전으로 세계 정국을 몰아넣는 중심이 되었다는 내용, 그리고 코민테른 및 국제 혁명운동이 일본 문제에 대해 철저하

---

1   런던 해군 군축조약에 따른 해군 군축에 반발한 위관급 장교들이 체제 전복을 목표로 현직 총리 이누카이 쓰요시를 암살한 사건. 주동자들은 모두 체포되었으나 가벼운 형을 선고받는 데 그쳤다._옮긴이

게 검토하고 규명한 모든 성과가 집약되어 포함되어 있다.

　새로운 테제는 첫째, 일본제국주의 내외의 여러 조건의 총체를 검토하고 그 구조적 특질과 기본모순을 명확히 했다. 둘째, 지금까지 주장되어온 권력의 계급적 본질 규정이 너무 일반론적이었다는 점을 지적해 이를 청산했다. 이에 따라 권력의 본질에 대한 규정은 상대적 독자성을 가진 절대주의 천황제의 본질, 역할, 권력적 헤게모니를 명백히 밝히고, 나아가 천황제 권력 기구와 독점부르주아지 및 지주계급이 갖는 결합 관계를 정확하게 하는 식으로 바뀌었다. 셋째, 22년 강령 초안 이래 지난 10년간 원칙적으로 지켜져 왔던 부르주아 민주주의 혁명의 임무가 가장 중요함을 확인했다. 넷째, 민주주의 혁명이 사회주의 혁명으로 강행적으로 전화하는 근거와 필연성, 그리고 그러한 전환을 위해 혁명적 프롤레타리아트가 취해야 할 구체적 방책 등등도 자세히 정식화했다.

　이렇게 32년 테제는 정치 테제 초안의 오류를 바로잡고 혁명노선을 올바른 궤도 위에 올려놓았을 뿐 아니라, 노농파와 해당파의 운동이 '전쟁과 노동자계급에 있어 자신들이 저지르고 있는 배신적 역할, 천황제에 대한 충실한 복무, 일본제국주의에 대한 멸사봉공을 혁명적 언어로 은폐'하는 것에 지나지 않는다고 통렬하게 비판했다. 이를 통해 모든 조직적 책동의 여지가 없어지고 전략논쟁은 최후의 결산을 마치게 되었다.

5. 민주혁명론에서 자본주의 논쟁으로

　이상에서 본 바와 같이 32년 테제라는 기념비적인 결정에 따라 전략논쟁은 종결됐다. 그러나 이 논쟁은 곧바로 내용과 형식을 바꾸어 일본 자본주의 논쟁으로 계승 발전된다. 이것은 무슨 이유에서 기인하는가.

이 사태를 전후하여 침략전쟁이 확대됨에 따라 정부는 노동자·농민 운동, 민주주의 운동에 대한 탄압을 강하게 한다. 정부는 많은 진보적인 대중단체나 문화단체 조사기관 및 연구조직(예를 들면 일본 프롤레타리아 문화연맹, 프롤레타리아 과학동맹, 산업노동조사소 등)이 조금이라도 혁명운동처럼 보이기만 해도 차례차례 파괴했기 때문에 합법적인 혁명운동의 전략 논의를 진행하는 것이 불가능해졌다. 한편, 32년 테제를 통해 전략을 둘러싼 더 이상의 논쟁이 무의미해졌으므로 남은 문제는 이 전략방침을 가능한 대중화하는 것과 이것을 기준으로 다양한 기초문제를 가능한 정밀하게 체계화하는 것이었다.

이렇게 하여 마르크스주의 이론 전선에 이론적 성질을 가진 새로운 과제들, 즉 국가권력의 경제적 기초, 사회구성의 역사적·구조적 특질, 농업 생산관계의 성질 등을 한층 더 구체적으로 해명해나가야 하는 과제들이 부여되었다. 그런데 이런 작업이 진행되자 노농파나 해당파의 이론가, 학자, 사상가들은 자신들이 가진 합법성을 이용해 즉각적으로 비판과 공격을 가하기 시작했다. 그뿐 아니라 1932년 가을 이후 계속된 검거 탓에 공산당의 세력이 상대적으로 약해진 것, 그리고 당시 전쟁이 확대되며 배외주의적 풍조가 생겨난 것을 배경으로 '전향파'가 탄생했다. 1933년 6월 사노 마나부佐野学, 나베야마 사다치카鍋山貞親 등의 배신 성명을 시작으로 형성된 이들 전향파는 노농파나 해당파와 마찬가지로 천황제를 옹호하는 입장이었다. 대량의 '전향파'는 32년 테제의 전략방침과 천황제 타도 표어를 반대해 나가기 시작했다. 그들에 의하면 천황제는 민족적 통일의 중심이므로 그것을 공격하는 것은 곧 노동자 대중을 당으로부터 멀어지게 하는 것이었다.

이러한 사정으로 새로운 이견이나 배신, 책동을 극복하고 32년 테제의 기본방침을 옹호하며 대중에게 위신을 확보하는 한편 혁명

운동 안팎에 패배주의적 경향이 확산되는 것을 막을 필요가 생겼다. 앞서 언급한 민주혁명 논쟁의 연장으로서의 자본주의 논쟁이 이번엔 주로 학자나 이론가를 중심으로 전면적으로 전개된 이유와 필연성은 이것이다. 따라서 이 논쟁은 외면적으로는 일단 학문적, 이론적 논쟁의 형식이었고 넓은 학문영역에 걸쳐 이뤄졌지만, 본질적 의미는 어디까지나 32년 테제의 혁명노선을 뒤집으려는 반계급적 기도를 극복하고 분쇄한다는 점에 있었다.[1] 이 논쟁은 이전과 달리 『역사과학 歷史科学』『경제평론 經済評論』『유물론 연구 唯物論研究』『사회평론 社会評論』『샐러리맨 サラリーマン』『오오하라 사회문제연구소 잡지 大原社会問題研究所雑誌』『선구 先駆』『개조 改造』『중앙공론 中央公論』 등 각종 합법적인 이론잡지, 전문지, 종합잡지에서 벌어졌다.

논쟁의 직접적인 시작은 1932~1933년에 걸쳐 노로 에이타로의 지도하에 간행된 『일본 자본주의 발달사강좌 日本資本主義発達史講座』였다.[2] 앞선 전략논쟁 말기 1930~1931년경부터 노로는 이노마타나 쿠시다나 해당파의 현 단계론, 농업이론 비판을 위해 정력적으로 활동하는 한편, 당 내외의 우수한 마르크스주의 이론가나 학자를 다수 동원하여 이 『발달사강좌』의 일대 체계를 기획하기도 했다.

그런데 수많은 토의를 거친 끝에 『발달사강좌』의 첫 1회가 간행된 1932년 5월, 앞서 말한 32년 테제가 코민테른에서 채택되었고 곧이어 일본에서도 승인되었다. 그래서 『발달사강좌』는 본래 일본 농업혁명이 갖는 중요성에 기초를 세우기 위한 작업이었지만, 32년 테제 승인 이후에는 32년 테제를 기준점으로 삼아 이후 성과를 종합하게 된다.

이 『강좌』는 본서의 제3장~제6장에서 볼 수 있듯이 집필자들의

---

1   논쟁 전체에 대한 역사적 평가에 대해서는 본서 제7장 제1절을 보라.

2   『노로 에이타로와 민주혁명 野呂栄太郎と民主革命』, 1946년 간행, 『노로 에이타로의 회상 野呂栄太郎の回想』, 1948년 간행 등을 참고.

견해 사이에 각종 차이가 나타나는 등 완전히 통일되어 있지는 않았다.[1] 그러나 그 후 몇 년에 걸쳐 전개된 노농파 및 해당파 계열 논객들과의 이론투쟁에서 이들은 '강좌파 講座派'[2] 또는 '봉건파 封建派'라 불리는 하나의 진영을 형성한다. 천황제 권력에 대항해 혁명운동이 악전고투하던 시기에 합법적인 학문연구의 형식으로 계속되어온 자본주의 논쟁은 1936년 여름 강좌파가 검거되고 1937년 말~1938년 초 노농파가 검거될 때까지 이론 전선 및 학계에서 중심적으로 전개되었고, 선진적인 노동자와 지식인에게 큰 영향을 끼쳤다. 자본주의 논쟁에서 이뤄진 반계급적인 이론들에 대한 극복은 일본 자본주의의 역사와 현상에 대한 과학적 분석의 위에—비록 이후 언급하듯 수많은 약점이 있었지만—일대 진전을 가져왔고, 전후 재개된 여러 논쟁과 연구를 위한 빼놓을 수 없는 기초가 되었다.

---

1   예를 들면 막부 말기 유신의 역사 幕末維新史 의 문제, 농업의 자본주의화의 문제, 일본 자본주의의 발전구조를 파악하는 방법의 문제 등.

2   일본의 당면 혁명이 민족해방 부르주아 민주주의 혁명이어야 한다고 주장한 정파. 일본공산당의 지배적 정파로 노농파와 전후까지 대립했다._옮긴이

전쟁 이전의 일본
자본주의 연구

1. 선구적 시기 (1922~1926)

위에 언급한 민주혁명 논쟁 외에 전전의 자본주의 논쟁을 이해하기 위해선 우선 논쟁 이전의 일본 자본주의 연구 일반이 발달한 모습을 보아야 한다. 왜냐하면 이 논쟁 이전에 이뤄진 경제학계나 사학계의 일본 자본주의 연구의 성과들이 곧바로 논쟁의 학문적, 이론적 전제와 재료가 되었기 때문이다.

일본의 경제학계나 사학계에서 일본 자본주의 자체의 연구가 본격적으로 이뤄진 것은 제1차 세계대전이 끝난 1920년대에 들어서서였다. 일본 자본주의는 1차대전 이후 본격적으로 독점자본주의 단계에 들어섰고, 곧이어 세계자본주의의 전반적 위기에 따라 일어난 1920년의 공황을 발단으로 내부의 모순을 드러내게 된다. 1922년과 1923년을 거쳐 공황은 만성화했고 결국 1927년 봄의 충격[1]이 일어났다. 이러한 사회적 상황은 일본 자본주의가 과학적으로 연구되기 시작하는 계기가 되었는데, 자본주의의 내적 모순이

---

1   1927년 3월 발발한 쇼와 금융공황을 뜻함._옮긴이

표면으로 드러남에 따라 자본주의를 변혁하는 혁명적 노동자 운동이 일어나게 되었고, 이 운동에 이데올로기적 무기가 필요했기 때문이다. 이 시기 본격적으로 이뤄진 일본의 정치, 경제기구에 관한 여러 연구는 그러한 이데올로기적 무기가 될 수 있었다.

이렇게 일본공산당이 창당한 1922년경부터 재건한 1926년경까지의 시기를 일본 자본주의 연구의 선구적 시기라 할 수 있다.

이 시기에 역사학계에 새로운 사람들이 등장한다. 이들은 바로 사노 마나부, 혼죠 에이지로本庄栄治郎 등의 강단학자들로, 최초로 일본 경제사와 사회사를 체계적으로 기술하려 시도했다.[1]

그러나 이들의 업적은 한계가 있었다. 예를 들면, 혼죠는 '역사는 계급투쟁의 역사라 칭할 수 있다. 과연 이것은 일본*에서도 마찬가지인가 … 등의 의문을 해소하기 위해 일본 사회사를 연구해야 한다.'라며 진보적으로 문제를 제기했지만, 그 기술은 계급투쟁을 부정하고 '한 계급 내의 분쟁'을 중심으로 하는 관념사관에 빠져버렸다. 사노는 이보다 한 걸음 더 나아가 사적유물론 위에 서고자 했지만, '그것을 충분히 본서에 적용하지 못했던 것을 안타깝게 생각한다.'라는 고백에서 볼 수 있듯이 의식적으로 사적유물론을 방법으로 삼은 것은 아니었다. 또한, 양자 모두 전前자본주의 단계를 기술하는 것에 머물렀을 뿐 유신 이후의 자본주의는 규명하지 않았다.

여기서 유일하게 자본주의의 현 단계를 분석한 전문 연구가 다카하시 가메키치高橋亀吉가 등장하여 일본경제를 다양한 면에서 분석

---

1   사노 『일본사회사서론 日本社会史序論 』, 1922년 간행, 『일본경제사 개론 日本経済史概論 』,
     1923년 간행, 혼죠 『일본사회사 日本社会史 』, 1924년 간행, 『근세농촌문제사론 近世農村問
     題史論 』, 1925년 간행.

한 많은 논저를 연이어 발표했다.[1] 그러나 이 '사회주의자 기자'[2]의 경제분석 또한 대략적인 현상 관측 영역에서 벗어난 것은 아니었는데, 예를 들면 그는 일본 자본주의 경제가 끝을 향해 가며 사회주의가 성숙하는 원인을 외국과의 경쟁이 격화되어 수출이 증대하기 어려운 점에서 찾기도 했다.

이 시기에는 레닌의 '제국주의론'이나 마르크스, 레닌, 로자, 바르가(오이겐 바르가) 등의 마르크스주의 경제학 고전들이 연달아 소개되며 번역되었다. 그리고 여기에서 영향을 받은 보다 명확한 사적유물론의 방법에 기초해 메이지 유신사史나 자본주의의 현 상태를 분석하려는 시도가 나타나기도 했지만, 전부 개론적인 기술에 그쳤다.[3]

이러한 상황을 정리하고 논쟁을 본격적으로 전개한 것은 '후쿠모토주의福本イズム'라 불리는 후쿠모토 가즈오福本和夫가 제기한 경제사적 방법론의 등장이었다. 1926년 공산당 재건을 전후로 후쿠모토주의가 등장한다. 후쿠모토는 1926년 일본의 경제사와 사회사에 문제를 제기하며 지금까지 이뤄진 모든 연구업적과 방법론에 근본적인 재검토를 가했는데[4], 이는 마르크스주의자들에게 일본경제의 현 단계를 전면적으로 해명하려는 움직임을 일으키는 등 압도적인 영향을 주었다.

그는 최초로 일본 자본주의 연구의 의의를 계급적이고 실천적인 관점에서 찾았다. 이런 관점에서 무산자 운동에 당장 필요한 것이 '마르크스의 유물변증법적 방법에 따라, 그리고 그 방법에 따라 발

---

1   『일본 자본주의 경제 연구 日本資本主義経済の研究』, 1924년, 『말기의 일본 자본주의 경제와 그 전환 末期の日本資本主義経済と其の転換』, 『일본경제 해부日本経済の解剖』, 1925년 등.

2   다카하시는 『동양경제신보 東洋経済新報 (현 주간동양경제)』의 경제 전문 기자였다. _옮긴이

3   예를 들면 히라바야시 하츠노스케平 林初之輔, 『일본자유주의발달사 日本自由主義発達史』, 1924년, 타카하시 사다키 高橋貞樹, 『세계의 자본주의전 世界の資本主義戦』, 1925년.

4   『사회과학 社会科学』, 1926년 4월, 7월 「경제학비판의 방법론 経済学批判の方法論」

견된 자본의 내재적 운동에 기초하여 … 우리 일본의 자본주의의 현실적 운동—그 붕괴와 현실적 과정—을 밝혀내는 것'이라고 규정했다. 여기에서 사노·혼쥬와 같은 연구자들의 연구가 모두 프롤레타리아트의 계급적 입장에 서지 않았다는 결점을 격하게 비판했다.

후쿠모토의 이러한 연구의 당파성과 혁명적 입장을 강조하는 비판은 이후 체계적인 마르크스주의적 연구의 출발점이 되었다. 그러나 그가 행한 비판은 아직 방법론을 제기하는 수준에 머물렀을 뿐 일본의 정치·경제를 구체적으로 연구한 것은 아니었다. 그리고 본질적으로 이 비판이 취한 방법론은 기계적이고 관념론적인 성질에 기초한 것에 지나지 않았다. 따라서 실제로는 오히려 후쿠모토주의를 극복하는 과정에서 연구성과가 생겨났다.

2. 본격적인 전개 - 제1기 (1927~1931)

1927년부터 일본 자본주의 연구는 새로운 단계에 들어섰다. 앞서 다룬 바와 같이 1931~1932년에는 1927년 봄 발발한 금융공황, 노동자 운동의 고양, 1930년 세계 대공황과 계급투쟁의 격화, 지배계급의 동요, 만주 무력 점령 등 격렬한 정치적, 경제적 정세에 관한 전략논쟁이 전개되었다. 동시에 이 시기는 일본 자본주의 연구가 본격적으로 전개되는 제1기라 할 수 있다.

1927년 중반 타카하시 카메키치의 일본 제국주의론을 마르크스주의자들이 일제히 공격하며 논쟁이 시작된다. 이 논쟁 및 후속 연구의 중심에는 산업노동조사소 産業労働調査所 (이하 '산노')[1]가 있었다.

---

1 1924년 영국에서 귀국한 노사카 산조가 설립한 조사소. 영국 노동당의 노동조사소 Labour Research Department 에 영향을 받아 설립된 단체로, 일본노동총동맹의 자금 지원을 받아 운영됐다. _옮긴이

산업노동조사소는 1924년 3월 '무산계급의 입장에서 전문적인 조사사업을 행하기'를 위한 목적으로 창립되었다. 노사카 산조가 담당자였고, 일본노동총동맹의 지원을 받았으나 창립 이듬해 총동맹이 분열된 이후에는 독립된 기관으로써 활동했다. 1925년 6월 노사카, 시가 요시오志賀義雄, 노로 등은 '무산계급 운동의 관점에서 현 일본 자본주의 경제의 일반적 발전상태를 조사'하기 위해 조직적인 조사 및 연구를 진행한다. 이 조사와 연구는 노동계급에 강력한 무기를 제공했다. 이들의 첫 성과로 당시의 진보적인 학자와 활동가들이 총동원된 『사회문제강좌 社会問題講座』(전 13권, 1926년 3월~1927년 6월)에 담긴 일본의 정치·경제 세력 해부도표와 도표 해설 등이 있다.

'산노'가 활동하던 시기 후쿠모토주의의 사상에 강한 영향을 받은 잡지 『정치비판 政治批判』(1927년 2월~1928년 2월) 등도 창간되어 정치, 경제를 분석 및 비판했다.

이러한 새로운 분위기에 따라 앞서 말한 타카하시의 '쁘띠 제국주의' 이론에 대한 비판과 이를 극복하려는 움직임이 일어나게 된다. 이 과정에서 노로나 이노마타 등의 논객들에 의해 일어난 자본주의 현現단계논쟁은 이후에 벌어지는 논쟁의 선구적인 역할을 한다. 여기서 노로는 타카하시 비판에 있어 가장 큰 역할을 했지만, 같이 타카하시를 비판한 이노마타의 편향된 견해와는 명확히 선을 그었다. 그리고 이 두 사람이 가진 이론적 간극은 그 후 10년에 걸쳐 일어난 심각한 당파적 대립의 싹으로 이미 움트고 있었다.[1]

이런 경위를 거쳐 1928년 노로의 글 『일본 자본주의 발달사』[2]가 발표된다. 이 글은 앞서 언급한 노로가 발표한 동명의 원고[3]와 더불

---

1   노로 『일본 자본주의 발달사 日本資本主義発達史』, 1930년, 이노마타 『제국주의 연구 帝国主義研究』, 1928년, 타카하시 『좌익운동의 이론적 붕괴 左翼運動の理論的崩壊』, 1927년.

2   『마르크스주의 강좌 マルクス主義講座』 제5, 7, 13권, 1928년 3월, 6월, 1929년 3월 수록.

3   『사회문제 강좌』 제11, 13권, 1927년 1월, 6월 수록.

어 처음으로 마르크스주의적 방법론을 통해 일본 자본주의의 역사와 구조를 분석했다는 데에 의의가 있고, 지금까지도 자본주의 연구의 지표와 기준이 되고 있다.

노로는 여기서 전前 자본주의의 발전과정 연구를 통해 메이지 유신이 갖는 의의, 본질, 특징을 밝혀냈고, 본원적 축적을 거쳐 산업자본이 확립되는 자본주의 형성기의 과정을 처음으로 구체적으로 해명해낸다. 노로가 자본주의 전체와 내부의 기본특징 및 모순을 밝혀냄에 따라 기존의 부르주아적 연구들, 야마카와 사노 등 사이 비공산주의자의 연구는 훌륭하게 극복되었다.

이 외에도 『마르크스주의 강좌』에 노로의 글과 함께 실린 핫토리 시소服部之総의 『메이지 유신사明治維新史』는, 비록 이후 일부 결점들이 드러나기도 하지만 유신 정부에 절대주의 개념을 적용하는 등의 개척적인 공헌을 남겼다.

어쨌든 이들 역작은 이때까지 마르크스주의적 방법론을 제기하거나 개념적인 서술만이 있던 때 처음으로 일본 자본주의를 구체적, 실증적으로 연구하며 훌륭한 성과를 냈다. 이는 실로 새로운 시기를 열어낸 것이라 할 수 있다.

이런 획기적인 역사분석을 발표한 후 노로는 일본 자본주의 현 단계 분석도 일관되게 추진해나갔다. 당시 정세에서는 현상 분석이 갖는 의의가 점점 커지고 있었다. 따라서 노로 등은 일반적 위기, 세계 대공황과 공황의 제3기[1], 일본 자본주의의 위기와 산업합리화[2], 일본의 제3기 공황의 특징과 전망을 설명하기 위해 노력하며 다카하시류의 속류 이론이나 이노마타의 트로츠키주의적 연구들과 첨예하게 대립했다.

---

1   1929년부터 1933년까지의 세계 대공황을 제1기(1929~1930년), 제2기(1930~1931년), 제3기(1932~1933년)로 나누었을 때 3번째에 해당하는 시기._옮긴이

2   규격의 통일, 신기술 도입, 인력 구조조정 등을 포함한 산업 구조조정을 뜻함._옮긴이

앞서 다룬 '산노' 외에도 노로가 지도한 '프롤레타리아 과학연구 소プロレタリア科学研究所 (이하 프로과(プロ科))'도 이 분야에서 조직적으로 활동한다. 1930년 말 '프롤레타리아 과학연구소' 산하에 설립된 '일본 자본주의 연구소日本資本主義研究所'는 제1차대전 이후 일본의 경제분석과 당면한 경제공황, 농업위기 분석에서 훌륭한 성과를 남긴다.[1]

이에 대항해 이노마타는 당시 연구하던 전략논쟁에서 연구 방향을 조금씩 경제분석 쪽으로 틀다가 1930년경부터 정력적으로 노작을 발표하기 시작했다.[2] 노로와 '프로과' 논객들은 이노마타의 경제분석에서 드러난 사회민주주의적 편향을 앞선 타카하시 비판보다 한층 발전된 수준으로 비판한다. 이 비판은 이후 전개되는 자본주의 논쟁으로 향하는 전주곡이었다(본서의 제2장 제1절을 보라). 노로와 '프로과'가 행한 비판에는 코민테른에서 나온 세계자본주의 동향을 해명하는 글들이 취한 방법론이 동원됐다.

1927년 이후 마르크스주의 진영 외에 일반적인 학계, 평론계, 아카데미즘 영역에서도 일본의 경제사, 사회사, 자본주의에 관한 연구가 급속히 고양됨에 따라 많은 업적이 발표되었다. 타카하시, 혼죠, 타키카와 마사지로瀧川政次郎 등 이전부터 활약해온 사람들 뿐 아니라 츠치야 다카오土屋喬雄[3], 오노 다케오小野武夫[4], 이타니 젠이치猪谷善一[5] 등 새롭게 등장한 사람들의 글들이 속속히 간행되었는데, 이들 연구는 여러 점에서 이전 시기의 연구 수준을 뛰어넘었다.

---

1   『프롤레타리아 과학연구プロレタリア科学研究』제1~3집. 1931년.

2   논문집 『몰락자본주의의 제3기 没落資本主義の第三期』. 1930년 등.

3   1896~1988년. 노농파 마르크스주의 경제학자. 도쿄대학 경제학 박사논문 『봉건사회 붕괴과정 연구 封建社会崩壊過程の研究』. 도쿄대학 교수를 역임._옮긴이

4   1883~1949년. 농업경제학자. 호세이대학 교수를 역임._옮긴이

5   1899~1980년. 경제학자. 고마자와대학 교수를 역임._옮긴이

그러나 그중 이들의 대표적인 논저들[1]과 앞선 노로, 핫토리의 논저들[2]을 비교했을 때 자료적인 측면은 차치하고 방법적, 이론적인 면에서 후자가 전자보다 훨씬 대상의 본질에 근접했다는 점은 명확하다. 정리하자면 마르크스주의의 입장에서 이뤄진 이 분야에서의 연구는 같은 시기 전개된 민주혁명 논쟁과 밀접하게 연결되어 있었고, 동시에 혁명적 노동자 운동을 통해 비약적으로 진보하며 일반 부르주아 사학이나 부르주아 경제학에 대해 우위를 점하게 되었다.

3. 제1기에서 제2기로

위와 같이 1927~1932년 본격적으로 전개된 제1기는 마르크스주의 진영과 일반 학계 모두 많은 업적을 낳은 중요한 시기였다. 그러나 이 시기 마르크스주의자가 중점적으로 연구한 이론은 당면한 혁명운동의 실천과 연계된 전략, 전술을 해명한다는 점에 초점이 맞춰져 있었기 때문에 일본 자본주의 기구에 대한 객관적, 전면적 분석은 아직 일어나지 않았다. 따라서 마르크스주의자의 연구는 아카데미즘 영역의 노작들은 노로의 노작 勞作 을 통해 질적으로 넘어설 수 있었음에도 양적으로 그에 미치지 못했다.

그런데 앞선 절 끝에서 말한 사정(32년 테제를 둘러싼 논쟁_옮긴이) 때문에 1932~1933년경 일본 자본주의 논쟁이 진행된다. 마르크스주의 진영의 모든 정예를 선발해 전개된 이 논쟁은 자본주의 연구에 큰 충

---

1   예를 들면 이타니 『일본 자본주의 日本資本主義』, 1928년, 타카하시 『일본 자본주의 발달사 日本資本主義発達史』, 1929년, 혼죠 편 『메이지 유신 경제사 연구 明治維新経済史研究』, 1930년 등.

2   예를 들면 노로 『일본 자본주의 발달사 日本資本主義発達史』, 1930년, 핫토리 『메이지 유신사 明治維新史』, 1929년.

격을 주었고, 이를 통해 자본주의 연구는 비약적으로 발전한다. 지금까지 이뤄진 모든 연구성과를 거리낌 없이 논쟁의 대상으로 수용했고 여기서 사용된 자료나 방법론 등에 대한 거침없는 재검토가 이뤄지는 등 자본주의 연구는 모든 면에서 비약적으로 발전했다. 이러한 새로운 시기가 열리는 첫 신호탄은 노로의 지도하에 기획된 『일본 자본주의 발달사강좌 日本資本主義発達史講座 (이하 "강좌")』(전 7권 1932년 5월-1933년 8월)였다.

그 후 1937년경까지 계속되는 논쟁의 시기가 본격적인 일본 자본주의 연구의 제2기에 해당한다. 그 내용은 본서의 제3장 이하에 기술되어 있다.

자본주의 논쟁의 국제적 연결

자본주의 논쟁은 단순히 일본에서만 일어난 현상이 아니라 당시의 국제 노동자 운동에서 나타난 국제적, 이론적 대립이 일본에서 발현된 모습이었다. 세계의 혁명운동은 각국에서 나타나는 좌우 기회주의적 편향, 사회민주주의의 영향이나 트로츠키주의의 책동과 끊임없이 투쟁하며 발전해간다. 이미 언급했듯 민주혁명 논쟁은 세계 혁명운동에서 나타나는 트로츠키주의의 선동, 코민테른 및 프로핀테른 내부에 신트로츠키주의자가 등장한 것과 무관하지 않으며 이들에 대항한 이론적, 실천적 투쟁으로써 일어난 논쟁이란 점에서 의의가 있다. 논쟁이 갖는 이러한 국제적인 성격은 자본주의 논쟁에서도 마찬가지이다.

일본에서 일어난 논쟁이 국제적인 마르크스-레닌주의 이론 전선의 일환이라는 사실은 비슷한 시기 중국에서 같은 방식으로 격렬하게 일어난 논쟁을 통해서도 알 수 있다. 1925~1927년 대혁명[1] 실패 후 나타난 『중국 사회사 논전 中国社会史論戰』 및 '중국 농촌사회 성

---

1   상하이 폭동으로도 불리는, 1925년 상하이 노동자들에 의해 시작된 파업에서 비롯된 혁명. 1927년 무장봉기를 통해 노동자들이 상하이 임시정부를 수립하지만 같은 해 국민당 군대에 의해 짓밟힌다. 이후 중국 공산당은 농촌 게릴라 활동에 집중하게 된다._옮긴이

질 논전 中国農村社会性質論戦' 등의 논쟁이 그것이다.

논쟁은 초기에는 중국의 경제문제나 사회구성에 관해 벌어졌다. 주로 중국사회의 각시기의 특징은 무엇인가, 중국 봉건제 시대의 단계를 어떻게 규정할 것인가, 그중에서도 특히 중국사회의 현 단계의 성질을 어떻게 규정할 것인가가 쟁점이 되었다.[1] 이후 1934년 말부터 세 번째로 불붙은 논쟁의 쟁점은 중국의 농촌사회, 농업 생산관계의 역사적 성질이 어떠한 것인지였다.

이 쟁점을 둘러싸고 반半봉건성을 주장한 '중국농촌파 中国農村派', 중국농촌이 자본주의화했고 제국주의적 지배를 받고 있다고 주장하는 '중국경제파 中国経済派'가 이론적으로 대립하게 된다. 이는 일본농업의 반半봉건성을 강조한 강좌파와 농업의 비非봉건성을 강조한 노농파 간의 대립, 이론의 내용 및 정치적 의의에 있어 거의 일치한다. 따라서 일본의 경우와 마찬가지로 중국에서의 이론적 대립도 중국이 당면한 혁명운동의 성질이 '반反봉건 반反제국주의 부르주아 민주주의 운동'인지(중국 농촌파), 혹은 '농촌문제를 부분적 문제로 종속화한 반反자본주의적 프롤레타리아 운동'인지(중국 경제파)의 전략적인 문제를 다루는 정치적인 대립이었다.[2]

자본주의 논쟁은 좀 더 넓은 의미에서도 국제적으로 강하게 연결되어 있었다. 일본 군국주의의 침략행위가 확대됨에 따라 세계의 마르크스주의 진영이나 진보적 학계에서 일본제국주의를 해명하는 것이 중요해졌고, 따라서 일본에서의 연구나 논쟁의 성과는 곧바로 각국에서 이뤄진 연구에 수용되었다. 동시에 각국의 연구성과도 일

---

1   1930~1932년 사이의 주요 논쟁 문헌을 정리한 다나카 다다오 田中忠夫 편역 『지나 경제론 支那経済論 』, 1932년을 참고.

2   1934~1936년 사이의 논쟁을 요약한 오자키 쇼우타로 尾崎庄太郎 의 원고 「중국농촌사회경제의 현 단계 및 그 연구 방법상의 논쟁을 보다 中国農村社会経済の現段階ならびにその研究方法論上の論争を見る 」, 『경제평론 経済評論 』, 1936년 4~6월을 참고.

본에서 이뤄진 연구의 이론적 편향이나 오류 극복, 더 과학적인 연구에 큰 도움이 되었다.

특히 일본 군벌이 가상 적국으로 설정한 소비에트연방에서는 각 학계의 일본사 연구, 일본 자본주의 연구 간에 깊은 학문적 교류가 일어났다. 32년 테제를 전후해 소비에트연방은 새로이 전쟁을 일으킨 일본제국주의를 규명하고자 노력했고, 기존에 없던 주목할만한 연구업적이 속속히 나타났다.[1]

이들은 일본의 이론 전선에 직간접적으로 영향을 주었고, 동시에 일본에서 달성된 이론들도 곧바로 소비에트 문헌에 수용되고 반영됐다. 소비에트 학계가 제기한 날카로운 방법론은 일본에서 이뤄진 노농파 비판에도 도움을 주었다. 예를 들면 농업 자본주의화에서의 유통주의 비판[2]이나, 사회구성과 우클라드[3]에 관한 경제사학계의 논쟁[4]은 강좌파의 방법론에서 무기로 쓰였다. 이러한 의미에서도 일본에서 벌어진 논쟁은 국제적인 이론 전선과 밀접한 관계를 맺었고 여기에서 중요한 부분을 차지했다.

1   약간의 저자들을 들자면 다음과 같다. Svetlov.V., 『자본주의 일본의 발생 Proishozhdenie kapitalisticheskoj Yaponii 』, 1931년, Popov.V., 『일본, 지리 및 경제개관 L'aggravation de l'exploitation de la paysannerie japonaise 』, 1931년, Avarin.V., 『만주에서의 제국주의 Imperializm v Manchzhurii 』1권, 2권, 1931년, 1934년, Sokolov, 『제국주의 일본』, 1932년, Shklyarov, 『만주에서의 일본제국주의의 경제정책』, 1932년, Yuzhne, 『일본, 정치·경제의 개관』, 1933년, Safarov, 『일본의 경제적 발전과 일본제국주의』, 1933년, Zhukov.E.·Rosen.A., 『일본 Yaponia』, 1934년, Popov.V., 『일본의 기술적 경제적 기초』, 1934년, Weinzweig, 『일본의 콘체른』, 1935년 등.

2   Pletner의 『일본에서의 농업문제 日本における農業問題 』에 대한 비판.

3   사회경제구성체의 기초적인 생산관계의 형태. 경제제도._옮긴이

4   Prigogine 외 『사회구성론』, 1935년 번역출간. Reĭkhardt 『전 前 자본주의 사회경제사론』, 1936년 번역출간.

제2장

1945

논쟁의 서막
(1930~1931)

일본 자본주의 현 단계논쟁

1. '프롤레타리아 과학연구소' 노로의 이노마타 비판

앞서 언급했듯이 일본공산당의 노농파 비판 말기에 쟁점이 이동하게 되며 새로운 두 개의 논쟁이 생겨났다. 첫째는 일본 자본주의의 현 단계 및 그 모순과 공황의 특성을 둘러싼 논쟁이고 둘째는 일본의 농업생산과 토지 소유관계의 특성, 그 중 특히 소작농의 성질이 무엇인지를 두고 일어난 논쟁이다. 주로 1930~1931년 사이 전개된 이 두 개의 논쟁은 자본주의 논쟁의 서막이라 할 수 있다. 첫번째부터 보도록 하자.

1929년 미국에서 시작한 세계 대공황의 파도가 1930년 초 일본 자본주의에 덮치자 마르크스주의 진영 안에서 일본 자본주의의 기본모순이나 공황의 특성, 위기가 발전하는 방향을 본격적으로 검토할 필요가 생겨났다. 당면한 노동자 운동 실천에서 나타나는 여러 문제를 해결하고 이들을 혁명운동의 기본방침 안에 올바르게 결합하려면 격변하는 객관적 정세의 내용과 방향을 하루빨리 정확하게 파악하고 철저하게 분석해야하기 때문이다.

또 이러한 분석 작업은 이번에도 노농파와 해당파 등이 합법성이라는 방패 뒤에 숨어 다양한 사이비 마르크스주의 이론을 내세우며 대중에게 일정한 영향을 미치고 있었다는 사실 때문에 필요하기도 했다. 이런 사정에 대해 노로는 다음에 언급할 이노마타와의 논쟁에서 '오늘, 일본공산당이 어쩔 수 없이 비합법적인 존재가 되어 당의 강령과 정책을 공공연하고 철저하게 대중에게 알리는 것이 곤란할 때, 그대의 일견 一見 혁명적으로 보이는 작은 이론이, … 프롤레타리아 대중을 혁명적 언사로 현혹하며 그들의 전진을 저지하고 있는 해악은 헤아릴 수 없다.'라며 이론투쟁이 갖는 의의를 강조했다.

그래서 이노마타가 계속해서 현 단계를 분석하며 우선 공황 하의 일본경제 동향을 분석한 긴 논문을 발표하자[1] 노로 에이타로, 테라시마 가즈오 寺島一夫[2] 등 공산당측 이론가들도 즉시 당면한 공황을 분석함과 동시에 이노마타의 이론을 반박하기 위한 준비를 시작했다. 여기에서도 이노마타의 이론의 속에는 노동자 계급에게 치명적인 사회민주주의적 견해가 분명하게 나타나 있다. 예를 들면 그 결론에서 그는 "금융공황 당시에 … 일본 자본주의가 빠져 있던 깊은 모순의 특성들을 확인할 수 있었던 우리는 '일본 자본주의는 현재 안정된 형태의 성질에서 가장 낙천적인 방향으로 발전한다고 가정하더라도 장기적으로는 대중의 생활 수준을 향상시킬 수는 없다.'라는 결론에 도달했다. 그러니 지금 이미 일본 자본주의가 정체 단계에 들어왔다는 전제하에서 이후 대중의 생활 수준이 점점 저하될 것이란 결론은 불가피하다."라고 말했다(7월, 102~103쪽). 이것에 따르면 이노마타의 분석 속에는 자본주의가 상향적으로 발전한다면 장기적으로 대중의 생활 수준을 향상할 수 있다는 논리가 전제되어 있다.

1 「몰락으로 향하는 전향기에 선 일본 자본주의 没落への転向期に立つ日本資本主義」, 『개조 改造』, 1930년 6~7월.

2 1905~1990년. 무산자 신문 지국원. 프롤레타리아 과학연구소 연구원, 일본 프롤레타리아 문화동맹 편집장을 역임._옮긴이

노로는 즉시 이 점을 파악하고, "(이노마타의 이론은) 자본주의의 상향적 발전, 자본축적의 증진은 원칙적으로 '대중의 생활 수준'을 향상하고 그 저하는 일반적으로는 '자본주의가 정체된 발전에 들어선' 후에 시작되고 일어난다는 식인데, 이는 마르크스주의의 '카우츠키적 해석'이라고 할 순 있어도 이것을 마르크스주의 그 자체라고는 도저히 할 수 없는 견해에 근거해 있다."[1]라며 예리하게 비판했다.

노로는 여기에 이어 앞서 언급한 이노마타의 논문을 중심으로 편집 간행한 논문집 "몰락자본주의의 '제3기'"에 대해 언급하며 전면적으로 이노마타를 비판했다. 「일본 자본주의 현 단계의 모순과 공황」(『개조』 1931년 3월)이 그것이다. 그는 일단 일반적인 문제부터 짚는다. 첫째로 이노마타는 마르크스의 축적법칙을 부정하고 대중 생활 수준의 향상을 인정하는 카우츠키주의로 빠졌고, 자본제 생산양식의 제약을 제국주의 단계에 한한 것으로 한정해버렸으며, 자본주의적 생산력의 발전법칙인 불균등 발전의 법칙을 부정하고 균형 발전론을 인정하며 반레닌주의에 빠졌다. 결국 요약하자면 마르크스와 레닌에 의해 확인된 자본축적과 붕괴의 일반법칙을 완전히 위배한 것을 스스로 폭로하고 있다.

이렇게 '자본주의 일반의 제도로서의 안정성'이나 '자본주의 경제의 전체적인 고속 발전'이나 '대중의 생활 수준의 장기적인 향상' 등 오류에 빠져버린 이노마타주의는 어떻게 전개되는가. 이노마타에 의하면 '장기적으로 대중의 생활 수준을 높이는 자본주의의 고속 발전이 불가능'해진 것은 제1차대전 후 나타난 새로운 조건들, 즉 '제국주의에 대립하는 토착자본의 대두'와 '반제국주의적 국민운동', '사회주의 소련의 성립과 발전' 때문이다. 이렇게 그는 멋지

---

1   「『자본축적과 공황의 이론』을 읽고『資本蓄積と恐慌の理論』を読みて」, 『프롤레타리아 과학』, 1930년 11월, 220쪽.

게 '자본주의 하의 대중의 이익'과 '민족 혁명운동 및 소련의 건설'을 대립시켜버렸다. '이러한 결론이 바로 사회민주주의 이론의 본질이며 사회민주주의자의 정체를 유감없이 폭로하는 것이다. 이리하여 다가올 날에 그들이 사회파시즘으로서 행동할 것이라는 사실은 여지없이 명백하다.'

두 번째로 이노마타는 이른바 제3기를 '전후 자본주의의 일반적 위기의 성숙 과정의 한 시기로 규정하지 않고, 제2기의 상대적·일시적 안정화 과정의 새로운 한 양상'이라고밖에 설명할 수 없었고, 제3기의 정치적 과정과 경제적 과정을 구분하며 마치 두 종류의 제3기가 있는 것인 양 생각하였으며, 제2기와 제3기의 연결을 올바르게 파악하지 못하는 등, 요약하면 제3기의 본질에 대해 완전히 무지하다는 사실을 스스로 폭로하고 있다.

이런 비판을 전제로 노로는 이노마타의 일본 자본주의 현 단계론을 검토하기 시작한다. 첫째로 이노마타는 전후 일본 자본주의 발전의 특성을 결정한 기본모순이 '전시에 무서운 속도로 발전한 생산력과 전후 급격히 수축한 시장, 이 둘 사이의 모순'이라 규정하는데, 이러한 일반적인 규정으로 현재의 특성을 설명하는 것은 불가능하다. 그는 일본의 특수한 모순을 놓치고 있다.

그렇다면 진짜 기본모순은 무엇인가. 진짜 기본모순은 "'전시에 무서운 속도로 발전한 생산력'이 점차 일본의 자본주의적 및 반¥봉건적 생산(혹은 재산) 관계들과 모순되기에 이르렀다는 점, 즉 독점적 자본과 토지 소유가 자본주의적 생산양식발전에 방해가 되어간다는 점이다." 달리 말하면 이노마타의 도식처럼 '생산력 대 시장의 모순'에 기본모순이 있는 것이 아니라, 다수 인민과 농업과 경공업의 희생을 통한 대자본의 독점발전이 전후 일본 자본주의의 특성이며, 이 독점적 발전 아래 공업과 농업이 빠르게 불균등 발전해간다는 점이 일본 자본주의의 근본적이고 치명적인 모순이다. 이노마타는 이러한 사실을 모두 놓치고 있다.

두 번째로, 위에서 본 바와 같이 이노마타는 이미 원칙적인 부분에서 오류를 저질렀기 때문에 공황의 본질 또한 올바르게 파악할 수 없었다. 그는 "… 요약하자면 '전시에 무서운 속도로 발전한 생산력'을 '전후 급격히 수축한 시장'에 적응시키는 등 소위 '재계財界 정리'를 철저히 하지 않았던 점, 거기에 모든 전후 일본 자본주의의 화근이 있다. 그리고 이 부족한 '재계 정리'와 더불어 '생산력 대 시장의 모순'이 '금 수출금지(인플레이션 정책)' 등 부르주아지의 그릇된 정책 때문에 확대 재생산되었으며, 이 '인플레이션 정책이 파탄을 맞으려 하자 어쩔 수 없이 금 해금[1]이 이뤄졌고, 이를 계기로 터질 것이 터진' 것이 현재의 공황이다."라고 주장한다. 이렇게 기본모순의 첨예화되는 것에 따라 부르주아지의 정책을 설명하는 것이 아니라 거꾸로 후자(인플레이션 정책 등)로부터 전자(기본모순과 그에 따른 공황)를 설명하는 이노마타의 거꾸로 선 방법론은 계급적으로 무엇을 의미하는가. 그것은 '결국 일본제국주의의 근본적 모순을 해부하고 폭로하는 대신 오히려 그것을 은폐하고 덧칠해버리는 것을 통해 제국주의를 옹호하고 금융 부르주아지와 그 정부의 정책을 변호하는 것이다.'

이런 의미에서 이노마타는 금 해금이나 산업합리화의 진짜 의미를 정확하게 이해하지 못한다. 그는 합리화가 '그렇지 않아도 쇠퇴한 대중의 소비력을 더욱 격감시킬 뿐이며', '국내시장의 협소화를 보상하고도 남을 정도로 해외시장을 확대하도록 할 것'이라고 하며 이 합리화가 가져오는 보다 중대한 점, 즉 그것이 한편으로 노동자의 생활을 악화시키고 예속을 강화한다는 점과 자본주의가 붕괴

---

1   1930년 일본이 금 수출 허가제를 폐지하고 금본위제로 다시 복귀한 사건. 이듬해 다시 금
의 수출이 금지되었다. _옮긴이

하는 주체적 조건이기도 한 노동자의 투쟁을 확대한다는 점과 같은 기본적인 사실을 완전히 망각하고 있다.

이상이 노로가 이노마타에게 가한 비판의 요지이다. 이것에 의해 이노마타의 현 단계론에 담긴 사회민주주의적 본질이 명백하게 밝혀졌고 그것이 그의 전략론과 마찬가지로 마르크스주의인 양 행세하지만, 실제론 지배계급의 정책에 봉사하는 반反계급적 임무를 수행하고 있다는 점이 폭로되고 입증됐다.

위의 노로의 비판과 더불어 '프로과'의 데라시마도 이노마타의 입장의 특징을 '세계혁명의 입장에서 문제를 다루는 것이 아니라, 제국주의자의 지배 확립, 초제국주의 등의 입장에서 문제를 다루고 있다.'라고 규정하며 이노마타의 새로운 글 「일본의 『제3기』 공황의 특질 日本における『第三期』恐慌の特質」(『중앙공론』, 1931년 2월)에 전면적인 비판을 가했다.[1]

데라시마는 이렇게 말했다. 이노마타는 제3기 공황이 일본에서 갖는 특징으로 첫째, 인플레이션이 디플레이션으로의 전환되며 본래의 과잉생산 공황이 강화된 것, 둘째, 인플레이션의 청산이 공황의 중심과제라는 점 두 가지를 규정하고 있지만, 이것은 과연 올바른가. '이노마타 씨가 일본 공황의 특징을 인플레이션이 디플레이션으로 전환되며 과잉생산 공황이 강화되고 있다는 식으로 규정한 것은 순서가 정반대로 뒤바뀐 것이다. 그의 방법에 따르면 한편으로는 일반적이고 세계적인 것으로서의 과잉생산 공황이, 한편으로는 특수하고 일본적인 것으로서 해금解禁 공황이 있으며 그 둘은 우연히 연결지어진다.', '이번 공황의 과정의 한 모먼트에 인플레이션 청산이 있다는 것은 누구도 부정하지 않을 것이다. 그러나 … 그

---

1   「제3기 세계공황과 그 일본에서의 특질 第三期世界恐慌とその日本における特質 」, 『프롤레타리아 과학』, 1931년 3월.

것은 이번 세계공황 전체가 갖는 성질이지 일본의 특수한 것이라 할 수 없다. 그리고 또 이 모먼트를 물가하락에 있어서 과대평가하는 것 또한 잘못되었다.' 이 의미에서 이노마타가 두 번째로 주장한 인플레이션의 청산이 일본 공황의 특성이라는 규정은 단순히 독점자본주의 공황의 일반적인 현상을 그대로 반복한 것에 지나지 않는다.

그렇다면 이 1930년 공황의 일본적 특성은 대체 무엇인가. 데라시마는 이렇게 말했다. '일본의 1930년 공황의 결정적 모먼트는 중국 내란, 대만의 폭동 등에서 나타나는 식민지·반식민지의 위기, 그리고 기생지주적 토지 소유제에서 기인한 농업공황이다.' 데라시마의 주장은 요약하자면 '중요한 것은 농민대중에 대한 초과 착취의 기초가 결정적으로 흔들리고 있다는 점이며 식민지에 대한 무력을 사용한 독점이 식민지 대중의 결사적 반항에 맞닥뜨렸다는 점'이고, 이것에 의해 이노마타가 무시하고 있는 제3기 공황의 세계적 특성(농업공황 및 식민지 지배 위기의 뒤얽힘)이 일본적으로 발현되고 있다는 것이다. 이상의 논지는 그 후 내부에서 작은 문제 제기가 있었지만 어쨌든 이노마타 이론의 약점을 찔렀다.

2. 이노마타의 반박과 노로의 재반박

이노마타는 이상과 같은 현 단계론과 공황이론에 대한 비판에 답하는 「마르크스주의의 전진을 위하여」[1]를 발표했다. 그는 노로의 주장에 일반적 문제부터 반박한다. 첫째, 노로는 본인이 대중 생활 수준의 향상을 인정한 것을 마르크스의 축적법칙에 위배되는 카우

---

1   『개조』, 1931년 4월.

츠키적 편향이라고 하지만 마르크스는 그 법칙(노동자계급의 절대적 궁핍화 법칙)이 실현될 때 법칙이 다양한 상황에 따라 다르게 실현될 수 있다고 하지 않았던가. 이 대중 빈곤화 법칙은 현실적으로 다양한 상황, 모먼트 등 여러 힘이 작용하며 다르게 나타날 수밖에 없다. 또한 바르가Eugen Varga도 세계대전 이전의 자본주의에서 '프롤레타리아트의 생활 수준 또한 서서히 향상됐다.'[1]라고 했고, 토론스키 Toronsky 또한 19세기 후반 프롤레타리아트의 상태가 '점차 개선되었다.'[2]라고 하고 있다. 따라서 전후 자본주의의 '불균등 발전법칙'이 나타나며 일본도 상향적으로 발전하고 있던 것을 인정하는 한 본인이 대중 생활 수준의 향상을 운운했다고 해도 결코 마르크스의 원칙을 위배한 것이 되지는 않는다. 과거 일본 자본주의 발전의 전성기에 일반원칙과 달리 노동자계급의 생활 수준이 '미약하게나마 개선을 거듭했었다는 추정이 가능'했었기 때문이다.

둘째, 노로는 제국주의 단계 이전의 자본주의에서 '발전의 균형이 유지된다.'라고 한 것을 들어 이노마타가 레닌의 법칙을 부정했다고 비난하지만, 당연히 본인은 이 균형을 우연적이고 상대적인 성질로 이해하고 있다. 바르가도 이러한 의미에서 '전체적인 자본주의 제도는 조금도 그 균형을 잃지 않았다.'라고 말했고 스탈린도 사회주의 국가와 자본주의 세계 사이에 '어느 정도의 힘의 일시적 균형'이 있다고 이야기했다.

셋째, 노로는 본인이 제3기를 제2기의 한 양상으로써 규정했다, 혹은 정치적 제3기와 경제적 제3기의 두 종류를 인정하고 있다며 비난하는데 이는 전부 곡해이며 오히려 노로야말로 상대적 안정기의 현상을 들고 와 '제3기의 특징'이라 규정하는 등 제2기와 제3기

1   『자본주의 경제의 몰락 Decline of Capitalism』, 오이겐 바르가, 1924년.

2   『자본축적과 공황의 이유』

를 명확하게 구별하지 못하고 있는 것 아닌가.

일반문제에 이러한 반박과 자기변호를 한 이노마타는 뒤이어 당면한 주요 과제인 일본 자본주의 현 단계의 모순과 공황 문제에 대한 반박에 들어간다. 그는 이렇게 말했다. 본인이 전후 일본 자본주의의 발전을 결정지은 기본모순으로 지적한 '생산력 대 시장의 모순'을 배격한 노로는 그것을 대신할 다양한 기본모순을 들고 왔는데 그것들이 과연 옳은가. 첫째, 노로가 말하는 '자본과 토지 소유에 대한 독점의 모순'은 1차대전 이전부터 이미 일본 자본주의의 모순이었던 것이지 전후의 특수한 모순이 아니다. 둘째, 그렇다면 노로가 말하는 '대다수 인민과 농업, 그리고 경공업의 희생을 통한 대자본의 독점적 발전'의 요인은 무엇인가. 이것도 전후 모든 자본주의 나라에서 보이는 특성으로 일본 독점이 가진 특수한 모순이라고 할 수 없다. 셋째, 노로가 지적하는 '농업과 공업 사이의 급속한 불균등 발전'의 모순 또한 둘째와 마찬가지로 전후 세계에 공통으로 나타나는 현상에 지나지 않는다. 이들을 요약하면 노로가 강조하는 기본모순은 모두 특별히 전후 일본에서만 나타나는 것은 아니며, 노로는 이들이 '기본모순을 격화 激化'한다며 운운할 뿐 그것이 전후 일본의 경제기구 발전에 있어 실제로, 어느 정도로 나타나고 있는지에 대한 실증적 연구나 구체적 분석을 하지 않고 있는 것이 아닌가.

노로는 즉시 다음 달 『중앙공론』지를 통해 위와 같은 이노마타의 반박에 대하여 답했다. 이노마타의 반박은 "전혀 '반박'이라는 이름에 어울리지 않는다. 이전에 내세웠던 설을 몰래 수정하고 분칠하여 우기려 했을 뿐으로 뻔한 궤변을 늘어놓았고 상대를 만만하게 보아 저열한 비난만 연발했을 뿐이다."라며 다시금 통렬한 일격을 가했다.[1]

---

1   「'몰락으로' 향하는 전향기에 선 이론가『没落への』転向期に立つ理論家」, 『중앙공론』,

노로는 이렇게 말했다. 첫째, 이노마타가 그의 설이 마르크스의 궁핍화 법칙과 모순되지 않는다며 다양한 변론을 하고 있지만, 이는 궤변에 지나지 않는다. "그(이노마타)의 논문이 다루는 것은 '자본주의 일반', 그리고 그것의 '제도의 안정성'이지 특정의 시기의 특정한 자본주의 국가에 대해 말하고 있는 것이 아니라는 점은 확실하다. 그렇다면 그의 변명에도 불구하고 그의 견해가 마르크스의 이론 … 과 정반대의 것이라는 점은 얼핏 보아도 명료하다." 이노마타는 자본주의의 이해관계(상향적 발전)와 노동자 대중의 이해관계(생활 수준의 향상)를 대립하지 않고 일치한다고 보았으므로 "자본주의가 상향적 발전과정을 걷고 있는 한 자본에 대해 노동이 혁명적으로 계급투쟁을 하는 것에는 문제가 있다. 하물며 자본주의의 폐지와 프롤레타리아 독재를 전략적 목표로 하는 혁명적 프롤레타리아의 당을 결성하는 것, 즉 공산당을 결성하는 것은 저주받아 마땅한 '좌익 소아병'이기까지 하다."라는 것이나 다름없다.

둘째, 이노마타는 자신의 반마르크스주의적 대중 생활 향상설을 옹호하기 위해 토로콘스키가 말한 '19세기 후반 축적법칙은 그를 저지하는 다양한 요인에 의해 상쇄됐다.'라는 주장을 끌어왔는데, 그 주장이 가진 문제점은 차치하더라도 토로콘스키는 유럽에 한해 상쇄 작용이 있었던 것을 말했을 뿐 19세기 후반의 자본주의의 전체를 이야기한 것이 아니다. 게다가 그는 서유럽에서 이러한 빈곤화의 일반법칙이 상쇄된 대신 그것이 다른 나라들의 프롤레타리아트에게 전가되었고 결국 이들에게 수백 배의 고통이 부가되었다고 했다. 이 점을 무시한 이노마타의 견해는 결국 일부의 노동귀족 '대중'의 생활이 향상된 것만 보고 전체적인 노동자·농민·피억압 민족의 생활이 악화하는 것을 놓쳐버린 극히 위험한 견해이다.

1931년 5월.

셋째, 자신의 균형이론에 가해진 비판에 대한 이노마타의 각종 반론은 거짓말과 얼버무림에 가깝다. 이노마타는 분명히 '제국주의의 단계 이전의 자본주의의 고속 발전'이 '전체적인 생산력과 시장 사이의 균형, 그리고 개개의 국가들 사이의 균형 등 2종류의 균형'이 무너지는 것을 하나하나 봉합해가며 실현됐다고 했다. 이것은 무엇을 의미하는가. "그는 자본주의제도의 근본적 모순인 '생산력과 시장의 모순'… 대신 '생산력과 시장의 균형'이 자본주의 발전의 조건이라 보아 자본주의의 근본적 모순-자본과 노동의 이해관계가 양립될 수 없다는 모순을 은폐하고", "그가 국가 간의 불균등 발전 대신 '개별 국가 간의 균형'을 들어 자본주의의 고속 발전의 조건이라 주장하며 평화주의적 환상을 퍼뜨리는 것을 통해 제국주의자의 침략 정책을 분칠하고 자본주의의 깊은 모순을 은폐하고 있다."

이상이 노로의 재비판의 요지이다. 그는 날카로운 분석으로 이노마타의 자기변호 뒤에 숨어있는 계급적 본질을 끌어내고 이를 남김없이 폭로했다.

이후 이노마타는 반박을 위해 펜을 빼 들었으나 그 내용은 대부분 지난 이론을 반복한 것이거나 새로운 발뺌에 지나지 않았고, 노로의 반박에 대한 본질적인 대답이 아니었다.[1]

이상과 같이 중요한 당파적 성격을 가졌던 현 단계논쟁은 일단 끝을 맺었다. 이 논쟁 과정에서 노로가 주로 이론적·원칙적인 면에서 이노마타 이론의 오류를 날카롭게 지적하고 그것에 담긴 반노동자적 성격과 사민주의적(즉 사회파시즘적) 역할을 철저하게 폭로한 것, 이에 반해 이노마타는 자신의 설에 차례차례 분칠을 하여 오류를 덧칠하고 숨긴 것 외에 실질적으로 아무런 논점을 발전시킬 수 없었던 점은 주목할 만하다.

---

1 「『이노마타주의』와 어느 날의 대담 『猪俣イズム』と或日の対談」, 『중앙공론』, 1931년 6월.

단, 이 당시엔 아직 노로나 '프로과'가 일본 자본주의 경제기구를 구체적, 실증적으로 연구하여 적극적인 성과를 보이기 이전이다. 이 논쟁 직후부터 이듬해 1932년까지 그들은 그 실체적 연구를 적극적으로 진행하고 다양한 연구성과를 공개했다.[1]

현 단계 논쟁은 이것이 자본주의 논쟁의 서막이라는 중요한 성질이 있었음에도 이후 논쟁에 전면적으로 받아들여지지 못했고 발전되지도 못했다. 자본주의 연구에 있어서든 노동자 운동에 있어서든 현 단계 분석은 가장 중요하다. 그러나 이후 이것이 본격적인 이론 투쟁에서 다뤄지지 않았다는 사실은 자본주의 논쟁이 점차 혁명적 노동자 운동에서 분리되며 이론과 실천의 통일을 잃어갔다는 근본적인 약점을 보여준다.

1   일본 자본주의 연구회 「전후의 일본 경제공황 戦後における日本経済恐慌」, 『프롤레타리아 과학』 제2집, 1931년 10월, 농업 문제 연구회 「일본의 농업공황 日本における農業恐慌」, 『프롤레타리아 과학』, 1932년 1월, 테라시마 「일본 자본주의의 근본적 모순의 발전 日本資本主義の根本的矛盾の発展」, 『프롤레타리아 과학』, 1932년 1월, 테라시마 「일본 공황의 새로운 단계 日本における恐慌の新たな段階」, 『프롤레타리아 과학』, 1932년 4월, 그 외 기타.

농업 문제 및 소작료 논쟁

1. 이노마타, '해당파', 쿠시다의 연합전선

위에서 다룬 현 단계 논쟁과 더불어 1931년도에는 이전 연도에 제기된 일본의 농업문제에 대한 논쟁, 특히 소작료에 대한 논쟁이 활발하게 전개됐다. 이 문제는 점차적으로 전략논쟁에서 중요한 쟁점이 되어가고 있었다. 따라서 1929년부터 노로는 와타나베 마사노스케 등에 이어 이 논점을 심화시키고 있었다. 마침 이 논쟁이 활발히 전개된 1931년 일본공산당의 전략이 전환됨에 따라 전략 그 자체에 대한 논쟁은 일단 중단된 상황이었기 때문에 농업 방면의 객관적 분석과 평가에 논점이 집중된 격렬한 이론투쟁이 일어날 수 있었다.

일단 이 문제에 대해 이노마타는 앞선 논고[1]에서 이전 연도부터 '프롤레타리아 과학연구소'에 속한 이론가들[2]이 자신에게 가한 비판에 총괄적으로 대답하며 자신의 설을 한층 자세히 전개했다. 그

---

1   「마르크스주의의 전진을 위하여」, 『개조』, 1931년 4월.

2   히라타 요시에 平田良衛, 아오키 케이이치 青木惠一, 노무라 코우사쿠 野村耕作 등.

에 따르면 그를 비판한 자들이 농업의 봉건성을 입증하기 위해 지주의 토지몰수권, 산림과 원야原野 등 대토지소유, 현물現物 소작료 징수 등을 제시하는 것은 모두 잘못되었다. 왜냐하면 현대 일본 농업에서는 이미 자연경제 및 자급자족경제가 완전히 사라지고 실제로는 화폐소작료 징수가 지배적인데, 이 현물소작료는 단순히 '중세의 분칠을 한 화폐지대地代'의 한 종류에 지나지 않기 때문이다.

그렇다면 이노마타는 일본 농업이 가진 반半봉건적 성질을 모두 부정하는 것인가. 아니라고 그는 답한다. 본인은 결코 농업의 반봉건성을 부정하는 것이 아니라 현물소작료 등에서 반봉건적 성질이 나타난다고 보는 시각을 거부하는 것일 뿐이다. 즉 '현대 일본 농업의 반봉건적인 성질, 더 정확히 말하면 전前자본주의적인 성질은 현물지대 형태가 남아있다는 것에서 오는 것이 아니다.' 그 성질은 '화폐 형태로서도 생겨난 고리高利 지대에서 찾아야 한다.'고 그는 말한다. 그렇다면 대체 이 고리 지대란 무엇일까.

이노마타는 이렇게 설명한다. '고리 지대는 봉건지대도 아니고 자본주의 지대 또한 아닌 별개의 경제적 범주에 속한다.' 이 고리 지대가 반半봉건적인 이유는 그것이 '한편으로는 이미 자본주의적 환경 속으로 끌어들여진 일본 농업에서 흔히 보이는 과소농제過小農制[1]적 지대이기 때문에, 그리고 한편으로는 생산이 거의 불가능할 정도의 무거운 부담으로 농민대중을 이중으로 압박'하기 때문이다. '고리 지대는 일본 농업의 반半봉건적이고 전前자본주의적인 요소이다. 그것은 특징적인 기생지주적 토지소유에서 일어나는 착취관계의 표현이다.'

요약하면 이노마타는 노로와 '프로과'의 일본 농업 봉건성 규정

---

1   경작 면적이 과하게 적어서 경작자가 자신의 노동력을 충분히 이용할 수 없는 제도._ 옮긴이

을 비판하며 현대 일본의 소작료를 봉건지대라는 범주와 구별되는 독자적인 과소농제적 고리 지대로 규정하고, 나아가 이것이 농민을 이중으로 압박하므로 '반半봉건성'을 가진다고 인정하며 사실상 (농업생산-착취관계 그 자체로서의) '봉건성'을 말살해버린다.

이노마타뿐 아니라 그 해 해당파 이론을 대변하는 '일본경제연구회 日本経済研究会'와 그 기관지 『일본경제연구 日本経済研究』(제1집, 1931년 3월, 제2집, 1931년 6월)가 새롭게 등장한다. 그들 또한 노로와 '프로과'의 견해를 공격하며 자신의 반反혁명적인 이론 확립을 시도한다.

해당파 논객은 우선 노로, 아오키, 노무라 등의 설에 대해 "최근 극좌 이론가는 죄다 일본의 높은 소작료를 곧바로 '봉건적 현물지대'로 단정하거나, '봉건적 현물지대의 형태가 변화한 것'이라 논하는 등 이를 봉건적 착취라 말하고 있다. 그리고 그 이론을 자본론 … 에서 인용 등을 통해 예쁘게, 혹은 위엄있게 꾸미고 있다. 그러나 그 인용은 많은 부분에서 엉터리이며 통일적이지 못하고 말도 안 되게 잘못 이해하고 있다."[1]와 같이 몹시 잘난체하며 비판하고는 이들의 오류는 '자연경제가 지배하는 봉건적 농촌, 자본주의가 지배하는 상품(화폐)경제에 끌어들여진 일본농촌, 이 둘이 가진 기본적인 차이를 분별하지 못한 혼동'에 기인한다고 말한다.

그렇다면 여기서 말한 기본적 차이란 무엇인가. 첫째, 쌀이 이미 상품화되어 가치, 즉 교환가치가 된 것. 둘째, 지가地價가 발생했기 때문에 소작료를 투하자본投下資本의 이자로 보아 이자율 계산이 이뤄지고 있다는 것. 셋째, 이미 농촌에 잔존한 자급자족경제를 화폐경제가 압도하고 있다는 것. 넷째, 봉건지대가 성립하기 위한 불가결의 조건인 경제외적 강제가 이미 소멸하여 지주 대 소작인의 관계가 사법적 계약관계가 되어가고 있다는 점 등이다. 이들은 이러

---

1   「지대론 해명을 위하여 地代論解明のために」, 『일본경제연구』 제1집, 30쪽.

한 사실들은 일본의 현물 소작료를 봉건지대라 보는 '프로파' 일파
의 주장이 오류임을 증명한다고 말한다.

그렇다면 이러한 비판을 가한 해당파는 현대의 소작료를 어떻게
규정하는가. 그들은 이렇게 말한다. 일본의 현물 소작료는 봉건적
현물지대와 범주적으로 다른 개념으로, 애초에 일본의 소작농민은
마르크스가 말한 전형적인 '자본주의 치하의 영세농지의 소작농민'
의 형태이며, 따라서 그 소작료는 봉건지대에서 자본주의 지대로
바뀌는 과정의 과도적이고 중간적인 형태인 '영세농지대'라고 규정
되어야 한다—라고 말이다. 그는 이러한 규정을 한층 적극적으로 이
론화한 후 이렇게 말했다. '봉건적 생산 관계가 해체되며 태어난 각
종 과도적 생산관계에는 이들 각각에 조응하는 과도적 지대 형태가
존재한다. … 그러니 오늘날 일본의 농업 생산 관계가 봉건적 생산
관계 해체의 결과로서 태어난 단순한 상품적 생산 관계, 전金자본
주의적 생산 관계라면, 이것에 대응한 지대 또한 전자본주의적 지
대여야 한다. 이는 전형적인 자본주의 지대가 아닐 뿐 아니라 결코
봉건지대 또한 아니다.'라고 말이다.[1] 농업의 봉건성은 천황제의 물
질적 기초이기도 하다. 이러한 농업의 봉건성을 부정하고 말살하려
는 반혁명적 이론에 유력한 학자가 동참한다. 바로 같은 해 6월 「일
본* 소작료의 특질에 대하여 わが国小作料の特質について 」라는 논고와 함
께 등장한 쿠시다 타미조우이다.[2]

이 논문은 수십 페이지에 걸쳐 일본 소작료의 특질을 정면으로
논한 주목할만한 노작이다. 또한 내용 대부분에 걸쳐 공산당이 기
존에 가진 전략의 이론적 근거를 뒤집으려 시도하고 있다. 앞선 이
노마타나 일본경제연구회의 조잡하고 추상적인 농업론과 비교할

1   「일본* 농업에 있어서의 자본주의의 발전단계 わが国農業における資本主義の発展段階 」,
     『일본경제연구』 제2집, 4~5쪽.

2   『오오하라 사회문제 연구소 잡지』, 1931년 6월.

때, 그의 이론은 이전 해부터 이뤄진 주요 논쟁인 '지대논쟁'의 내용을 발전시킨 것으로서 훨씬 정밀하고 실증적이었다. 그렇기에 노농파와 해당파 진영은 그를 크게 지원했고, 자연히 그 후 해당 분야 논쟁에서 그는 반공산당 이론가로 활약하게 된다(본서 제5장 1절을 보라).

우선 쿠시다는 일본의 현물 소작료를 봉건지대 범주로 보아 지주와 소작인 관계를 반봉건적 생산(착취관계)라 보는 견해—즉 잡지 『마르크스주의』 『프롤레타리아 과학』을 통해 공산당 측 이론가들이 일관되게 주장하고 옹호한 그 견해—를 다음의 두 지점을 들며 다음과 같이 논파한다. 첫째, 물납제가 봉건지대의 증거라는 주장은 현물지대는 물론 봉건지대적인 특색을 가지나, 그것이 시기나 상황과 상관없이 항상 그렇다고는 할 수 없다. 애초에 자본제 생산방법이 지배적인 곳에서는 생산물은 상품이며, 사용가치이며 동시에 가치이고, 따라서 현물 소작료는 이러한 부분에서 관념적으로 화폐화되어 있다. 그 증거로는 첫째, 지가가 성립된 것이다. 이는 가령 소작료가 현물로 걷어진다 해도 가격으로 평가됨을 의미한다. 둘째로, 현재 농가경제의 속성은 이미 자연경제에서 화폐경제로 이행하고 있으며, 이 관계 하에서는 지주와 소작인 모두에게 현물 납부 소작료는 관념적으로는 화폐화되어 나타날 수밖에 없다. 세 번째 증거는 소작인 조합 운동이 일어나고 있다는 사실인데, 이는 농촌경제가 화폐화되고 있다는 것, 나아가 현물 납부 소작료가 관념상에서는 화폐화되었다는 사실을 증명한다. 네 번째 증거는 일반적인 물납 형태가 쌀이라는 사실이다. 그것은 쌀이 지금까지 각종 생산물 중에서 가장 큰 유통성을 가지며 하나의 물품화폐로서 성질을 가지고 있기 때문이며, 이것은 동시에 소작료가 관념적 화폐로서 역할을 한다는 명확한 증거이다.

이렇게 일본의 소작료는 현물지대임에도 불구하고 관념적으로는 이미 화폐화되어있고, 따라서 생산물지대로서의 봉건지대와는 구별되어야 한다. 그런데도 이것이 현재 봉건적 생산방법 하의 봉건지대와 동일하게 여겨지는 이유는 소작료와 봉건지대의 차이가 소멸한 것 같은 외관을 가졌다는 점, 다시 말해 아주 높은 비율을 가졌다는 점 때문이다. 따라서 쿠시다는 첫 번째 주장에 이어 두 번째로 높은 소작료 비율이 곧 봉건지대의 증거라는 주장을 논파한다.

그의 주장은 이렇다. 다양한 자료를 볼 때 일본의 소작료가 잉여노동 전부를 흡수하였고 거기에 더해 노임까지 갉아먹고 있다는 점은 명백하다. 그런데 이러한 높은 비율이 과연 봉건적 종속관계 및 이른바 '경제외적 강제'에 의해 초래되었는가? 이에 대해 그는 스스로 답한다. '지금 일본*의 지주는 소작인의 노임 부분까지 착취하고 있다. 하지만 그 착취는 일반적으로는 임대차 관계를 통해 이뤄지지, 소작인의 생산과정에 대한 직접적인 지배로 인해 이뤄지지는 것이 아니다. … 그러니 높은 비율의 소작료는 생산과정에서의 직접적인 강제라는 점으로 설명할 수 없고, 일반적으로 임대차 관계를 통해 설명해야 한다.'

그리고 이 임대차 관계 속에서는 수요공급의 법칙과 경쟁의 법칙이 적용된다. '소작인 사이에서 일정한 경쟁이 계속되는 한 지주는 경제적으로 받을 수 있는 지대를 뛰어넘어, 소유지의 공급을 제한하는 것을 통해 고비율 지대를 걷지 않을 수 없다. 그것은 마치 임차인의 곤궁을 이용해 얻는 폭리와 다를 바 없다. 이런 상황이 여러 해에 걸쳐 이어지면서 소작료는 마치 봉건영주가 공권에 근거해 부과하는 연공(해마다 바치는 공물)처럼 보이게 된다. 그래서 일본의 높은 비율의 지대는 근대적 토지 소유로 인한 토지의 상품화에 따른 결과이고, 여기에는 더는 봉건적인 종속관계가 전제되어 있지 않다. 가령 현재 실제로 걷히는 소작료 비율이 과거 오공오민五公五民[1]처

---

1   에도 시대 봉건적 소작료 징수방식. 수확의 5할을 영주(公)가 가져가고 나머지 5할을 농민

럼 5할이라 치더라도, 그것이 과거에는 직접적인 경제외적 강제에 의한, 오늘날에는 경제적 강제에 의한 것이기 때문에 구별되어야 한다.'

쿠시다는 이상과 같이 소작료가 봉건성을 갖는다는 근거를 현물 지대 또는 고율 高率 의 지대에서 찾으려 한 주장을 비판했다. 그렇다면 쿠시다는 소작료를 어떻게 규정했을까. 이것이 봉건지대가 아니라면 자본주의 지대에 속하게 되는가? 그는 이것을 부정한다. 가령 소작료가 봉건지대가 아니라 해도, 평균이윤은 물론 노임 부분까지 갉아먹는 현재의 소작료를 자본주의 지대라고 할 순 없다. 이노마타와 같은 논자는 이를 고리 지대라 규정하기도 하는데, 이것은 봉건지대도, 자본가적 지대도 아니라는 의미에서 '전자본주의적 지대'라는 범주에 넣는 것이 옳다. 일반적으로 아직 일본 농업에는 전형적인 과소농제가 지배적이고 자본가적 경영은 나타나지 않기 때문에, 이 전자본주의적 지대가 지배적일 것이라는 점이 그의 논지이다.

쿠시다의 결론은 다음과 같다. '일본의 소작료는 일반적으로 전자본주의적 지대이기 때문에, 그것에 의해 나타나는 지주와 소작인 사이의 관계는 봉건적이거나 자본주의적인 것이 아니라 마찬가지로 전자본주의적일 수밖에 없다.' 이러한 관계는 소자본가적 성질을 가장 많이 갖는다. 또, 전자본주의적 지대는 고정적이지 않고, 현재 진행되는 소작인 조합 운동이 가하는 압력을 통해 소작료가 인하되며 점차 '공정한 소작료', 즉 자본가적 지대가 되어간다. 정부에 의한 위로부터의 중소농 보호정책(자작농을 유지하고 새로 만들어내는 정책)도 이 과정을 돕는다. 그리하여 전자본주의적 지대는 과도적 자본이라는 우회적인 경로를 거쳐 점점 자본가적 지대에 가까워질 것이다.

(民)이 가져가는 방식._옮긴이

이상이 쿠시다가 공산당, 노로, '프로과' 등이 갖는 공통된 논거를 비판하며 적극적으로 전개한 견해의 요지이다. 위의 내용을 통해 앞서 살펴본 해당파 이론이 쿠시다 이론을 거의 베낀 것이라는 점, 나아가 유신 이후 천황제의 물질적 기초를 부정하는 노농파의 기본적인 입장이 여기에서 쿠시다를 통해 독자적이고 체계화된 농업이론으로 종합되어 가는 점을 명료하게 알 수 있다.

2. 노로와 '프롤레타리아 과학연구소'의 반격

농업 문제를 둘러싸고 노농파, 해당파, 준 노농파 등이 일제히 총공세를 펼쳤음을 위에서 다뤄 보았다. 그렇다면 노로를 비롯한 '프로과'논객들은 어떻게 반응했는가. 그들은 그들이 가진 근본적 견해를 견지하기 위해 즉시 강력한 반격을 펼쳤다.

우선, '프로과'의 히라다 요시에平田良衛[1]는 이노마타의 이론을 다음과 같이 반박한다. 이른바 이노마타의 고리지대설은 지대 범주와 지대 형태를 본질적으로 혼동한다는 점에서 오류가 있다. 경제적 의미에서 볼 때, 지대의 본질 범주 속에는 잉여가치와 지대가 일치하는 봉건지대 범주, 그리고 잉여가치와 대립하고 그 일부가 지대로서 지주의 수중에 떨어지는 자본주의지대 범주, 이 두 가지 경우만이 성립될 수 있다. 이들 범주에는 각각 각종 지대 형태가 포함되어 있다.

봉건지대에는 노동, 현물, 화폐 등의 지대 형태가 있고, 자본주의지대에는 화폐 형태와 현물 형태가 있다. 이 경우 고리 지대는 하나

---

1   1901~1976년. 프롤레타리아 과학연구소 창설멤버. 공산당 농민협의회 의장 등을 역임._ 옮긴이

의 지대 형태이며 범주로는 자본주의 지대에 속한다. 즉 그것은 농업에서의 자본주의적 생산이 지배적이고 자본주의 지대가 존재한다는 전제조건 위에서 발생한 특징적인 하나의 형태에 불과하다.

그 증거로, 이노마타가 고리 지대설을 도출해낸 유일한 근거인 바르가의 문서를 보자. 바르가는 마르크스의 원전에 근거해 명백하게 농업 생산 관계가 자본가적이라는 것을 전제한 후, 고리 지대가 성립되는 과정과 그 내용에 대해 말하고 있다. 그런데 이노마타는 이를 무시하고 고리 지대를 봉건지대도, 자본주의 지대도 아닌 별개의 경제적 범주라 하고 있다. 이것은 대체 어떻게 된 것인가. 이점에서 그가 주장하는 고리 지대설은 아무런 논거 없이 이노마타 자신에게만 통하는 '범주'일 뿐이다. 이 설에서 아무리 반봉건적 성질을 강조한다 해도 그것은 올바른 의미에서의 반봉건성과는 전혀 관련이 없다.

이어서 히라다는 일본경제연구회의 주장을 반박한다. 일본경제연구회는 '만약 농업의 생산 관계가 시장에 완전히 의존하고 있다면, 이미 거기에 성립한 지대는 결코 봉건지대일 수 없다.'라 주장하며, 토지의 상품화와 농업생산물의 상품화(화폐화)를 이유로 농업 생산 관계와 소작료의 봉건성을 완강하게 부정한다. 그들 해당파는 '농업 외 부문에서 일반적으로 자본주의적 관계가 지배적일 때, 농업의 생산방법이나 생산 관계가 여전히 봉건적 성격을 가진다 해도 토지나 농업생산물의 상품화 현상이 일어난다.'는 간단한 논리와 사실을 모르는 듯하다. 그래서 상품(화폐경제)이 지배적이란 조건만 만족하면 곧바로 농업의 봉건적 기초나 조건이 일체 사라진다는 식으로 소박하게 생각해버리고, 그래서 이미 일본의 소작료가 봉건지대가 아니고 생산 관계도 봉건적 성질을 갖지 않는다고 단순하게 결론지어 버린다.

그러나 실제로는, 마르크스가 이야기했듯이 생산물의 상품화(화폐화)가 자본주의적 생산의 확산을 촉진하는 '하나의 모먼트'인 것은 맞으나, 그것 자체는 결코 농업의 자본주의화를 의미하지 않는다. 이것을 요약하면 '그들의 결정적 오류는 농업에서의 자본주의 발달을 전혀 이해하지 못한 것이다. 즉 토지와 농업생산물의 상품화는 농업에서의 생산방법 및 생산 관계와 어떤 관계에 있는지, 화폐경제·상품경제와 생산방법·생산 관계는 어떤 관계에 있는지, 그것이 어떠한 상황에서 생산방법과 생산 관계를 역사적, 계급적으로 발전, 전화시키는지, 이러한 점들에 대한 이해가 전혀 구체적이지도, 마르크스주의적이지도 못하다.'[1]

이렇게 히라다는 주로 해당파 이론의 방법론에 해당하는 지대론을 반박하며 논쟁의 핵심을 찔렀다. 이어서 노로는 주로 해당파 농업론이 가진 객관적인 반계급적 역할과 의의를 폭로하고, 그에 기반한 특징적인 전략론을 날카롭게 규명한다.

노로는 이렇게 말했다. "오늘날 일본 자본주의 체제가 숨기고 있는 가장 기본적인 모순과 대립을 폭로하고 끄집어내는 대신 그것을 은폐하고 애매하게 만드는 것. 그러기 위해 계급적 대립과 투쟁의 혁명적 발전을 위한 조건들의 발견, 확대, 강화를 위해 투쟁하는 대신 거꾸로 그것이 가진 현실에서의 모습을 왜곡, 말살하고 그 발전을 저지하며 무력화하는 것. 그것이 '일본경제연구회'에 틀어박힌 해당파에게 주어진 이론적 임무이며, 사회파시스트로써 그들이 갖는 정치적 사명이다."

그들의 모든 이론이 이것을 훌륭하게 증명한다. 예를 들어, 해당파는 농업이 완전히 상품 시장 관계 속에 편입되어 농산물이 상품화되었다는 하나의 사실을 들어 곧바로 자본주의가 농업을 지배한

1　「이오마타 츠나오 및 일본경제연구회의 지대론에 관하여 猪俣津南雄並びに日本経済研究会の地代論について」, 『프롤레타리아 과학』, 1931년 8월.

다고 말한다. 그러나 농산물의 상품화는 상업적 농작, 농업경영의 상업화와 동일한 것이 아니다. 그들은 플레트너와 마찬가지로 양자를 혼동한 나머지, 생계를 위해 농업을 경영하는 빈소농민과 자본가적 부농을 동일시하고 있다. 그 결과 반봉건적 생산과 착취관계가 잔존한다는 사실은 사라진다. 한편으로는 농민들 사이에 일어나는 심각한 계급분화, 농업에서 다양한 방식으로 발달하는 자본주의를 과소평가하고 있다. 그리고는 마침내 일본 농업 전체를 봉건적이지도, 자본주의적이지도 않은, 즉 계급관계에 어떠한 대응도 갖지 않는 정체불명의 전자본주의적 생산 관계라며 포장하고 은폐한다. 이 애매하기 짝이 없는 규정을 통해 '그들은 사실상 농촌에서 발생하는 모든 계급대립을 은폐하고 계급투쟁이 갖는 혁명적 의의를 말살하고 있다. 여기서 해당파의 진짜 정체가 여지없이 드러났음을 알 수 있다.'[1]

노로는 해당파의 이론에서 드러나는 계급적 의의를 매섭게 지적하고, 마지막으로 연합전선의 주력 쿠시다의 이론에 전면적으로 반격한다. 노로가 공격하는 첫 지점은 쿠시다의 방법적 약점으로 드러난 소작료 및 농업 생산 관계의 규정에서의 절차적 전도顚倒성이다.

노로는 이렇게 말했다. 쿠시다는 소작료의 성질을 규정할 때, 실제 토지 소유관계를 구체적으로 분석하며 시작하지 않는다. 즉 토지소유자인 지주와 대립되는 것이 직접 생산자로서의 소작농인지, 자본가로서의 소작농업자인지를 과학적으로 규명하는 것에서 시작하지 않고, 거꾸로 미리 짜 놓은 여러 종류의 지대 형태라는 공식 척도를 통해 증명하려 한다. 나아가 쿠시다는 이렇게 규정된 소작료의 성질에서 거슬러 올라가 지주 대 소작인 관계를 규정하려 한

1   「해당파의 농업이론비판 解党派の農業理論批判」,『프롤레타리아 과학』, 1931년 8월.

다. 애초에 소작료라는 것이 지주 대 소작인 착취관계의 물적 표현에 지나지 않음에도 불구하고, 쿠시다는 반대로 토지의 상품화, 임대차 관계 등 생산 관계 바깥의 척도를 통해 소작료의 성질을 규정하고, 그리고 나서 이 성질에 해당하는 생산 관계, 즉 착취관계를 도출해내려 한다. 모든 것이 거꾸로 된 이런 방법으로 어떻게 일본 농업과 소작료의 본질이 밝혀질 수 있겠는가.

　노로는 쿠시다의 방법론에 예리한 일격을 가한 후, 이전에 쿠시다가 집중적으로 공격한 두 지점에 대해 당당하게 응답한다. 첫째, 쿠시다는 오늘날의 소작료는 화폐경제와 상품유통의 발달, 지가의 발전과 농산물의 상품화 등에 의해 이미 관념적으로 화폐화되었고, 따라서 그것이 갖는 현물 형태는 그것이 봉건지대라는 논거가 될 수 없다 주장했다. 그의 주장은 타당한가? 그가 지적한 요인들은 모두 지주 대 소작인의 봉건적 생산 관계 해체를 촉진하는 성질만을 가질 뿐, 그 해체를 철저히 완성하는 성질은 갖지 않는다. 그리고 이들이 구 생산 관계를 근본적으로 해체할 힘을 갖지 않는다면 소작료는 본질적으로는 여전히 구 관계의 표현일 뿐이다.

　둘째, 쿠시다는 소작료의 높은 비율은 경제외적 강제의 결과가 아니라 소작료의 수요공급에 의한 경쟁에서 생겨난 것이기 때문에, 높은 비율은 소작료가 봉건지대라 규정하기 위한 논거가 될 수 없다고 주장한다. 이는 올바른가? 이 견해는 수요공급에 따라 시장가격이 변동한다는 이유만으로 가치법칙은 가격을 지배하지 못하고 가격은 수요공급 양 측면의 경쟁에 지배되고 있다는 소리와 같다. 소작료의 높은 비율의 본질은 소작지의 수요공급-경쟁이라는 유통 관계를 통해서가 아니라, 어디까지나 생산 관계 자체가 갖는 성격을 통해 설명해야만 한다. 현실에 나타난 생산 관계에 전통이나 습관, 계약 등 얼핏 보기에 봉건적 지배와 다른 형태의 경제외적 강제가 작용하고 있다는 엄연한 사실은 누구도 부정할 수 없다. 겉으로 보기에 지주 대 소작인의 관계는 자유로운 화폐 관계인 임대차 관계처럼 보이는 모습을 취하고 있으나, 그것은 단순히 전통적 관습법적 관계를 부르주아 법률적인 개념을 통해 계약화한 것에 지나지 않는다. 이렇게 하여 이런 실질적인 경제외적 강제를 통해 비로소 토지소유자는 직접 생산자(소작인)에서 비롯한 모든 잉여가치를 통상적인 징수 형태인 지대로서 징수하는 것이 가능해진다.

노로는 이렇게 지대론에 대해 쿠시다가 비판한 지점을 모두 반박한 후, 마지막으로 쿠시다의 이론이 반동적 성격을 갖는다는 점을 폭로한다. "그는 지대가, 즉 잉여가치의 착취가 토지 소유의 독점에서 비롯된 것이 아니라 '토지의 상품화'에서 비롯되었다고 설명한다. 이러한 설명은 단순히 암묵적으로 토지 소유를 변호하는 내용의 속학 俗學 적 이론을 퍼뜨리는 것에 불과한 것이 아니라, 공공연히 '토지 출입 금지 및 재산 차압 등의 강제'가 '토지의 상품화에 따른 강제 작용'이며 채권의 행사라 주장하며 근로 농민의 생활을 위협하는 자본가 지주의 강탈행위를 부르주아 법률적으로 합리화하려는 시도이다. 이것이 쿠시다씨 이론이 갖는 반동성의 정점이다."[1]

쿠시다는 즉시 노로의 반박에 답변하는 글을 제출했다. 하지만 그는 답변을 통해 자신의 문제 제기 방식, 해당파와 자신의 관계에 대한 해명으로 일관했을 뿐, 논점 자체에 어떠한 진전을 이루지는 않았다.[2]

이상으로 소작료를 둘러싼 논쟁은 일단락되었다. 위의 과정에서 '프로과' 이론가들은 지대론의 방법론, 농업문제 분석 방법에 대해 세밀하고 다각적으로 문제를 제기했다. 그러한 과정에서 공산당의 전략이 전환된 정세에 편승해 노농파와 해당파 연합전선이 적극적

1   「쿠시다씨 지대론의 반동성 櫛田氏地代論の反動性」, 『중앙공론』, 1931년 10월.

2   「카와카미 박사에게 묻는다 河上博士に答う―」, 『중앙공론』, 1931년 11월.

으로 형성되었다. 하지만 그 연합전선은 결국 원리적, 이론적인 면에서 파산하며 그들이 수행하던 반혁명적 역할이 훌륭하게 폭로된다. 그러나 이 시기에는 아직 현실 일본농업을 구체적으로 분석하지 못했을 뿐 아니라, 방법론은 문제 제기 수준에 머무르는 등 향후 추가로 논쟁이 전개될 여지가 상당히 남아있었다. 그리하여 다음 단계 이론투쟁을 통해 이러한 부분에 대한 충분한 검증과 논의가 이뤄지게 된다.

제3장

1945 —

막말[1] 유신사(史)[2]를
둘러싼 논쟁

1   막부 말기_편집자
2   메이지 유신기 역사_옮긴이

막말 생산단계논쟁
(이른바 매뉴팩쳐 논쟁)

1. 매뉴팩쳐 논쟁의 발단

일본의 자본주의를 연구하기 위해서는 자본주의 직전의 막말 봉건제, 일본 자본주의의 시작점인 유신 변혁사에 대한 연구가 필수적이다. 이미 제1장에서 다룬 바와 같이, 그 분야를 처음으로 마르크스주의를 통해 과학적, 체계적으로 연구한 성과는 노로 에이타로, 핫토리 시소의 『마르크스주의강좌 マルクス主義講座』[1]이다. 여기에서의 핫토리의 논고는 이후 『메이지 유신사 明治維新史』[2]에서 종합된다.

핫토리의 『메이지 유신사』는 메이지 유신을 다룬 당시의 일반 사학계의 연구뿐 아니라, 다카하시 가메키치, 이노마타 츠나오 등의 연구에 비해서도 월등히 진보된 연구였다. 그러나 이 연구는 당시 일본의 마르크스주의 진영을 풍미하던 니콜라이 부하린 Nikolai Bukharin의 균형 이론[3]에 영향을 받아 각종 약점을 내포하고 있었다.

---

1   전13권, 1927년 11월~1929년 3월.

2   1929년 12월 간행.

3   유물 변증법의 기본 법칙인 대립물의 통일을 대립하는 힘의 균형이라는 개념으로 이해하려는 이론을 말한다. 소련의 기계적 유물론자, 특히 부하린이 주창하였던 이론이다. 이 이

특히, 막말 개항 이전에 초기자본주의적 발전이 존재했던 사실을 인정하지 않고, 일본 내에 봉건적 소생산이 지배적인 사실만을 보았다는 약점을 가지고 있었다. 이 때문에 그는 메이지 유신 이후 급속한 자본주의적 발전을 가져온 내부적인 계기가 무엇이었는지 놓치게 되었고, 외부로부터 강제된 선진자본주의만을 일본이 자본주의화된 요인으로 지적하게 되었다.

핫토리가 이러한 견해를 내놓자, 구 봉건사회 내부의 모순들, 상품생산 혹은 새로운 생산 관계의 생성과 발전, 이들과 옛 제도의 대립 등에 대해 더 연구할 필요가 있다는 비판이 같은 진영 안에서 제기되었다.[1] 하지만 이러한 비판들은 단편적인 것에 지나지 않았고, 전체적으로는 핫토리의 견해를 그대로 계승하고 있었다. 예를 들어, 츠치야는 1932년에 발표한 논고에서 '일본의 개방은 … 창대한 자본주의적 세계시장 형성과정에 있어 최종적이고 중요한 일환'이며, 이러한 개방을 받아들이는 국내의 조건을 '소규모 농업 및 소규모 수공업'이라 규정했다.[2]

이러한 상황 속에서 『발달사강좌』가 간행되었고, 이것을 계기로 자본주의 본사 本史 뿐 아니라 막말 유신사에 관한 연구 또한 획기적

론에 의하면 한 체계의 발전은 체계의 모든 요소 사이의 균형상태 均衡狀態 의 교란, 파괴, 요소의 배치 변경에 의한 새로운 균형 회복이라는 과정을 거쳐 이루어진다는 것이다. 그러나 이 이론은 균형 상태에 발생하는 변동을 외부의 힘에 의존하는 것으로 만들어, 내적 모순에 근본을 둔 변증법적 자기 운동을 잃어버리는 결과를 초래했다. 부하린의 『사적 유물론의 이론』은 이 이론에 의한 것이다. 출처 노동자의 책(http://www.laborsbook.org/dic/view.php?dic_part=dic05&idx=1337).

1   오가와 신이치 小川信一 「메이지유신에 관한 각서 明治維新に関する覚書」, 『프롤레타리아 과학』, 1930년 3월, 노무라 코우사쿠, 「일본에 있어서의 지주적 토지소유의 위기 日本に於ける地主的土地所有の危機」, 『프롤레타리아 과학』, 1930년 11월, 타카하시 사다키 高橋貞樹, 「메이지유신사기타 明治維新史其他」, 『프롤레타리아 과학』, 1930년 11월~31년 1월.

2   츠지야 土屋 「막말동란기의 경제적 분석 幕末動乱期の経済的分析」, 『중앙공론』, 1932년 10월 기타, 이시하마 토모유키 石浜知行, 「일본에 있어서의 자본주의의 성립 日本に於ける資本主義の成立」, 『개조』, 1932년 10월.

으로 진전된다. 막말 유신사에 관해 처음으로 문제를 제기한 사람
은 바로 핫토리 시소였다. 그는 『강좌』에 포함된 논문인 「메이지 유
신의 혁명 및 반혁명 明治維新の革命及び反革命」[1] 『역사과학 歷史科學』에
연재된 논고들[2]을 통해 기존의 저작 『메이지 유신사』를 스스로 비
판하고, 동시에 앞서 말한 츠치야 등의 견해[3]를 비판했다. 그리고
그는 여기에서 막말의 생산단계는 '엄밀한 매뉴팩쳐 시대[4], 다시 말
해 매뉴팩쳐가 자본주의 생산방법의 지배적 형태가 된 시대'라고
새롭게 규정한다. 이 새로운 주장을 둘러싸고 핫토리와 츠치야 (및 고
바야시 요시마사(小林良正), 아이카와 하루키(相川春喜)등 강좌파 논객)에 의해 소위 매
뉴팩쳐 논쟁이 전면적으로 전개되게 되었다.

우선 핫토리의 주장을 살펴보자. 그는 첫째로 자신의 과거 저작
인 『메이지 유신사』에서의 주장을 비판한다. 해당 저작에서 그는
세계시장의 형성과정으로부터 유신사가 시작되었다고 주장한다.
또한, (자본주의적) 유럽·아메리카와 (봉건적) 동양의 대립이 봉건제에서
자본주의로의 전환에서의 기본모순이라 파악했다. 이러한 관점에
서는 국내에서 성장하는 근대적 요소(봉건제의 부정자(否定者)인 자본주의적
생산방법의 발전)는 처음부터 고려 대상이 아니게 된다. 그러나 자본주
의의 형성이 오직 외국자본의 강요에 의해서만 이뤄진다면, 왜 일
본과 중국은 동일한 조건에서 다른 길(독립된 자본주의 국가 대 반식민지화)
을 걷게 되었는지 의문이 생긴다. 『메이지 유신사』는 이 지점을 부
하린의 균형론에 따라, 일본의 경우에는 열강 국가들에 의한 균형

---

1   1933년 2월.

2   1933년 4~7월. 이후 '유신사방법상의 제문제 維新史方法上の諸問題'로 총괄적인 표제가
     붙여졌다.

3   막말=봉건적 유치소생산단계론 幕末＝封建的幼稚小生産段階論

4   김수행 역 『자본론』에서는 '진정한 메뉴팩쳐'로 번역되었으나, 본서는 원문을 살려 '엄밀
     한 메뉴팩쳐'로 표기한다. _옮긴이

작용이 있었기 때문이라 말한다. 이는 사물의 운동에서 내부요인을 보지 않는다는 점에서 명백한 오류이다. 또한, 이 책은 막부 말기 수공업과 농촌 가내공업이 지배적인 생산 형태라 보는데, 이러한 규정은 가마쿠라 시대鎌倉時代[1] 이전부터의, 봉건시대 전체에 해당하는 규정으로, 메이지 유신 이후 자본주의적 발전으로 직접 이어지는 막말 경제가 모순적이라 파악하지 못한 것이다. 이러한 입론들은 앞선 저작과 거의 동일한 관점에서 연구된 츠치야 등의 논고에도 모두 해당되는 비판이다.[2]

막말 경제사에서의 이러한 부하린 Bukharin 적 기계론을 폐기하고 진정한 내재적 모순을 분석하기 위해, 그는 레닌의 '러시아에 있어서 자본주의의 발전'에서 규정된 공업의 3가지 자본주의적 단계, 즉 3가지 기본형태를 지적한다. 이 기본형태란 첫째, (고용 노동에 기초한) 수공업, 둘째, 매뉴팩쳐와 자본주의적 가내노동, 셋째, 기계제 공업을 가리킨다. 핫토리는 이러한 레닌의 도식에 따르면 "개항 이전 일본의 자본주의적 발전단계는 『자본론』에 나온 '엄밀한 매뉴팩쳐 시대'로 규정해도 크게 어긋나지 않는다."라고 말한다.[3]

그런데 '엄밀한 매뉴팩쳐 시대'는 매뉴팩쳐가 자본주의 생산방법의 지배적 형태인 시대를 의미하지, 결코 매뉴팩쳐가 사회적 생산의 전 범위에 걸쳐 침투해있는 상태 및 단계를 의미하지 않는다. 즉 매뉴팩쳐는 기술적 기초가 협소하기 때문에 사회적 생산의 모든 영역에 침입할 수 없으며, 사회적 생산 전반에서의 길드수공업과 농촌가내공업의 지배를 부정할 수는 없다. 종래의 역사가들은 이 점을 놓쳤기 때문에, 봉건적 소생산만을 보았을 뿐 막말의 초기자본

---

1   1185년부터 1333년까지의 시기로, 일본 봉건제가 시작된 시기로 여겨진다. _옮긴이

2   『역사과학』, 1933년 4월.

3   『역사과학』, 1933년 5월.

주의적 발전을 파악할 수 없었다. 그런데, 막말을 '엄밀한 매뉴팩쳐 시대'라고 규정하는 것은 막말의 초기자본주의적 요소들이 자본주의 발전으로 이어지는 주요한 계기였다고 파악하는 것이지만, 그렇다고 해서 이 시기에 봉건적이며, 시작단계인 소생산이 존재했다는 사실을 부정하는 것은 아니다. 양자는 '자본가적 요소와 봉건적 요소의 통일과정 속에서 발견되는' 것이다.

이러한 통일과정에서 매뉴팩쳐는 일정한 발전 정도에 도달한 순간, 즉 매뉴팩쳐를 통해 도구와 기계를 생산하는 정도까지 발전했을 때, 그것이 본래 가졌던 기술적 기초의 협소성과 모순이 생겨 기계제 공업으로 전화한다. 즉 매뉴팩쳐 자체에는 그것이 필연적으로 대공업으로 전화하게 되는 계기가 내포되어 있다. 이 점에 '엄밀한 매뉴팩쳐 시대'에 이미 도달해 있던 일본과 이 단계에 막 들어선 중국, 조선 등이 각각 다른 방향으로 나아갔던 진짜 비밀이 숨어있다. 가령 일본의 제사업 製糸業 의 경우, "(막말에 이미 지배적이었던 자구리(座繰)[1] 방식의 제사업은) 그것이 도구와 기계 생산에, 즉 노동에 필요한 도구의 변혁과 결부되어 있으므로, 그것이 아직 시작단계일지라도 분명히 초기의 '기계산업'으로 분류해야 한다. 따라서 제사업에 한해서는 개항 여부와 상관없이 이미 '엄밀한 매뉴팩쳐 시대'가 끝나는 '일정한 발전 정도'까지 도달해 있었다고 할 수 있다."[2]

---

1   누에에서 실(생사)을 뽑는 제사 작업자가 의자에 앉아서 작업하는 방식. 지금까지 이어지는 생사 제조 기술 중 가장 원시적인 형태. 손을 돌리는 방식과 발을 밟는 방식으로 이뤄지고, 기구가 사용된다. 이 때문에 일반적으로 상견을 원료로 사용하며, 생사의 품질은 열등하다. 자구리는 이와테현 오우슈시에서 이뤄졌던 동소 胴繰 방식, 혹은 간토 지방에서 간사이 지방에 걸쳐 이뤄졌던 수작업 방식이 발전한 제사기술로, 에도시대 말기 개항에 의해 생사 무역이 급격하게 발전하며 함께 발달했다. 1859년까지는 기계제 제사업을 뛰어넘을 정도로 발전했지만, 이후엔 기계제 제사업의 부차적인 존재로서 이뤄지게 되었다. 출처 브리태니커 국제 대백과사전(https://kotobank.jp/word/%E5%BA%A7%E7%B9%B0-68835).

2   『역사과학』, 1933년 6월.

사태의 진상이 이렇다면, 애초에 도쿠가와 시대와 같은 쇄국 시대에도, 즉 국외시장 없이도 매뉴팩쳐 시대가 발생하거나 전개되는 것이 가능했는가, 하는 의문이 생겨난다. 핫토리는 이 의문에 이렇게 답한다. 세계시장이나 식민지 제도 등이 매뉴팩쳐 시대가 성립되기 위한 일반적 조건인 것은 맞으나, 이는 정확히는 이러한 세계시장이나 식민지 제도 등이 사회 내부의 분업을 크게 촉진했다는 의미에서 이다. 따라서 국외시장보다 국내시장이 매뉴팩쳐 시대 성립에 있어 더 큰 조건을 이루는 상황 또한 가능하다. 마르크스도 '예를 들면 영국과 프랑스에서는—매뉴팩쳐가 초기에 국내시장에 한정되어 있었다.'라고 말한다.[1] 일본의 경우, 가령 백사 白糸의 수입 제한이 화사 和糸 생산을 증대시킨 것처럼 쇄국이라는 조건이 오히려 사회 내부의 분업과 국내시장의 발전 등을 가져왔다. 여기까지가 핫토리의 새 주장의 요지이다.

2. '엄밀한 매뉴팩쳐'설을 둘러싼 논쟁

핫토리의 이러한 주장에 대해, 이어질 긴 논쟁에서 반反강좌파 입장에 서게 되는 츠치야가 즉각 다른 의견을 내세웠다. 츠치야의 핫토리 설에 대한 첫 비판 논고는 「도쿠가와 시대의 매뉴팩쳐 徳川時代のマニュファクチュア」[2]이다. 여기에서 츠치야는 핫토리가 기존 역사가들의 막말에 대한 무지를 겨냥한 것은 적절하다며 일단 제언의 타당성을 인정하였지만, 핫토리가 여기서 더 나아가 막말을 엄밀한 매뉴팩쳐 시대라 규정하는 것에 여전히 많은 의문이 있으며, 이는

---

1   『칼맑스 프리드리히 엥겔스 저작선집-독일 이데올로기』 제1권(박종철출판사), 236쪽._옮긴이

2   『개조』, 1933년 9월.

주로 실증의 불충분에 따른 것이라 말한다. "기계제 이전의 자본주의적 경영의 형태는 다음의 세 가지로 볼 수 있다. 첫째, 장인이 도제 대신 고용 노동을 사용하거나, 혹은 도제와 더불어 고용 노동을 사용하여 경영하는 수공업. 둘째, 가내 제작방식 혹은 자본주의적 가내노동. 셋째, 매뉴팩쳐. 그리고 위의 세 형태 중에서도 세 번째 것이 첫 번째와 두 번째 것보다 지배적인 시기가 '엄밀한 매뉴팩쳐 시대'이다. 따라서 특정 시기를 '엄밀한 매뉴팩쳐 시대'라고 학문적으로 규정하려면 위의 세 형태에 관한 주도적인 연구와 분석을 할 필요가 있다. 그렇지 않다면 어느 것이 지배적인지 결정적으로 규정하는 것은 불가능하다." 그런데 핫토리는 첫째와 둘째 형태에 관한 실증이 거의 없고 오직 셋째에서 약간의 예시를 들고 있을 뿐이다. 거기에, 핫토리는 너무나 쉽게 매뉴팩쳐가 지배적이라고 단정하고 있는데, 이것은 매우 위험하다. 이상과 같은 비판에 기초하여 츠치야는 핫토리의 실증부족을 보충하기 위해 수많은 매뉴팩쳐의 사례를 소개하며, 이러한 검증을 거친다면 가내공업적 경영이 극히 다수였던 사실을 알 수 있기에 자신은 매뉴팩쳐가 지배적이었다고 단정할 수 없다고 결론지었다.

츠치야는 막말의 생산단계가 무엇인지 적극적으로 규정하지는 않는다. 막말은 봉건적 소생산이라는 설이 폐기되었다 할지라도 '훗날의 연구에 의해 그의 주장(핫토리의 엄밀한 매뉴팩쳐설-인용자)이 충분히 실증될지, 혹은 부정될지 모른다.'라고 그는 말한다. 이 밖에도 츠치야는 핫토리가 제사공장 기계화의 사례를 통해 '엄밀한 매뉴팩쳐 시대'가 끝나는 '일정한 발전 정도'에 있었다고 보는 것은 '기계산업'과 일정한 발전 정도—즉 '매뉴팩쳐 자체에 의한 도구와 기계 생산'을 혼동하고 있다는 점에서 모순이라 비판하고, 또 핫토리가 내세운 사철제련업의 매뉴팩쳐에 관한 예시는 번영 藩營[1]이기 때문에 '이러한 형태를 어떤 성질을 갖는 것으로 볼 것인지 또한 별개의 문제일 것이다.'라고 비판했다.

위와 같은 비판이 제기되자 핫토리는 즉시 자신의 주장을 보충하며 대답했다. 우선 핫토리는 츠치야가 규정한 전 前 기계제적 자본주의 경영의 세 형태(세 단계)에서, 츠치야가 자본주의적 가내노동과 매뉴팩쳐가 상호보충적이며 경제사적으로 동일한 특정 단계를 나타낸다는 것을 이해하지 못하여 그것을 별개의 것으로, 각각 다른 발전단계에 속하는 것으로 보는 것은 이론적으로 근본적인 오류가 아니냐며 반격한다. 레닌 또한 '농민적 소경영 또는 기계적 대공업은 가내노동이 없어도 손쉽게 이뤄질 수 있다. 그러나 자본주의의 매뉴팩쳐 시대 … 는, 가내노동이 없다면 거의 혹은 전혀 성립될 수 없다.'라고 말한 바 있다. 그래서 핫토리는 츠치야가 제기한 실증이 부족하다는 식의 비판을 의미 없는 비판으로 보고 이렇게 재반박한다. 자본주의적 가내노동과 매뉴팩쳐가 불가분의 관계에 있음을 이해한다면 비록 그 실례의 수가 적을지라도 이것이 과학적 방법으로 정립된 '엄밀한 매뉴팩쳐 시대'의 증명에 기여하고 있는 것을 알 수 있을 것이다. 그런데 츠치야는 수많은 매뉴팩쳐의 사례를 들었지만 매뉴팩쳐의 본질을 잘 이해하지 못했기에 그러한 사례들을 통해 '엄밀한 매뉴팩쳐 시대'를 검출해내지 못한다.

핫토리는 이렇게 자신에 대한 비판에 재반박했을 뿐 아니라, 지난 논고보다 한 걸음 더 나아가 엄밀한 매뉴팩쳐 시대 설의 기본조건을 다음과 같이 해명했다. "내가 전개하는 막말 매뉴팩쳐 시대론의 기본조건은 전국적 대시장의 존재, 임노동자를 사용하는 대경영의 존재, 매점 買占 상업자본과 밀접하게 결탁한 (산업) 자본의 발생,

1   에도시대 말기부터 이뤄진, 번 藩 에서 직영하는 형태의 매뉴팩쳐. _옮긴이

이에 따른 매뉴팩쳐와 가내노동의 광범한 결합의 문제 등에 있다. 나아가 더욱 기본적인 문제들, 가령 한 국가 안에서 국내시장만을 전제로 하여 과연 '엄밀한 의미에서의 매뉴팩쳐 시대'가 성립될 수 있는지, 쇄국 도쿠가와 시대에 발생한 사회적 분업이 어느 정도로 엄밀한 가내공업 및 수공업을 분해했고 그 안에서 독립성을 상실하게 되는 소경영, 자본주의적 가내노동 및 매뉴팩쳐를 어떻게 전화시켜 나갔는지에 관한 점을 통해 논증을 진행하고 있는 것…" 등이 고려되어야 한다. 즉 그는 엄밀한 매뉴팩쳐 시대를 입증하기 위한 역사적 조건을 위와 같이 제시한다. 핫토리는 이 관점에서 보면 츠치야가 오히려 거꾸로 나열한 예시를 통해 엄밀한 매뉴팩쳐 시대를 입증해내고 있다고 강하게 단정한다.

마지막으로, 츠치야의 '일정한 발전 정도'와 '기계산업화'를 동일시한다는 비난에 대해서는, 핫토리는 자신이 양자를 혼동한 것이 아니라 매뉴팩쳐의 기계산업으로의 전화가 매뉴팩쳐에 의한 도구와 기계의 생산, 즉 '일정한 발전 정도'에 의해 가능하게 된다고 논한 것에 불과하다고 답하였고, 또한 '번영 매뉴팩쳐' 문제의 본질은 착취의 양식에 있지, 임금 지불자가 봉건영주인지 누구인지는 구별될 필요가 없다고 답한다.[1]

그런데 주목할 점은, 위의 핫토리의 소론에 대해 같은 강좌파 진영에서도 다양한 이견과 반대 의견이 나왔다는 것이다. 우선 처음으로 핫토리에게 물음을 던진 사람은 같은 『강좌』 집필자 중 한 명인 야마다 카츠지로 山田勝次郎 로, 그는 해당 논문에서 다음과 같이 말한다. '이제 막말(유신) 당시에 있어서는, … 선대제 問屋制 자본으로부터 매뉴팩쳐 자본으로의 전화, 발생은 대체로 염직-주조-채광야금 방면의 일부분에만 한정적으로 나타나고 있고, 아직 일반적(본격

---

1 「방법 및 재료의 문제 方法及び材料の問題」, 『역사과학』, 1933년 10월.

적) 의미에서의 단계에는 도달하지 않았다.' "핫토리는 … 막말 유신 당시의 일본의 자본주의 생산의 발달이 이미 '엄밀한 매뉴팩쳐 시대'에 도달했다고 주장하지만, 이는 사실을 과도하게 강조했다는 혐의가 있다는 주장이다."[1]

다음으로, 나가타 히로시永田広志는 핫토리의 '자본주의 가내노동과 매뉴팩쳐는 불가분이므로 전자의 광범한 존재는 후자가 지배적이라는 것을 뒷받침하는 유력한 지표'라는 주장에 적확한 비판을 가했다. 그는 우선 레닌이 '매뉴팩쳐의 부속물로서의 가내노동'에 대해 규정한 정확한 특징들과 조건들을 든 후, 다음과 같이 핫토리를 비판한다. '그러니, 이들 특징(이들 중 일부는 소공업에도 수반된다)과 조건을 충분히 음미하지 않았고, 자본주의적 가내노동에다 추가로 상인의 생산에 대한 직접적 지배 또한 포함하여 가정했다면, 이러한 자본주의적 가내노동이 어느 정도 보급되었다는 사실에서 그 시대 공업에서 매뉴팩쳐가 지배적 역할을 가졌음을 추론해내는 것은 불가능하다. 요약하자면, 매뉴팩쳐의 지배 아래 있는 가내노동에 대해 말하려면 자본주의적 가내노동을 형식적으로 정의하는 것만으로는 부족하다고 결론지을 수 있다.'[2]

그러나 이들 중 가장 중요했던 이견은 「자유민권自由民権」에 수록된 히라노 요시타로平野義太郎의 논문이었다.[3] 히라노는 이 논문에서 '(막말 매뉴팩쳐에 관한 방법적 과제는) 막말에 매뉴팩쳐가 지배적으로 다수였는지 여부를 다루는 수량 문제도 아니고, 분업에 기초한 협업의 형태였는지 여부에 모든 것이 달린 것 또한 아니다.'라며 츠치야의 앞선 논문이 소박한 경험주의적 무방법으로 전락하고 있다는 점을 비

---

1   「농업에서의 자본주의의 발달 農業における資本主義の発達」, 1933년 8월.

2   「매뉴팩쳐에 관하여マニュファクチュアについて」, 『역사과학』, 1934년 3월.

3   『개조』, 1933년 12월.

판한 후, 핫토리의 주장에도 비판을 가한다.

그는 다음과 같이 말한다. '(막말 매뉴팩쳐에 대한) 파악은 당연히 전全 기구적이고 발전적으로 이뤄져야 하고, 또한 이 발전을 저해하는 봉건적 농노제와 매뉴팩쳐 사이의 대립에 관점을 두고 이뤄져야 한다. 따라서 (막말 매뉴팩쳐의 파악은) 매뉴팩쳐, 수공업, 선대제 공업 등 세 가지 기본형 사이의 보완 및 연관만을 보는 것이 아니라, 매뉴팩쳐에서 공장제공업으로, 선대제 공업에서 매뉴팩쳐로 전화의 필연성, 매뉴팩쳐와 그 발달을 저지하는 요인들과의 대립, 또 그러한 요인과 대립들의 현실에서의 뒤얽힘 등을 통해 확정되어가야 한다.'

그렇다면 히라노는 이러한 전화발전의 필연적 요인과 저지적 요인을 구체적으로 어떻게 제시하는가. 우선 그는 필연적 요인으로 다음의 두 점을 지적한다. 첫째, 자본주의 발달의 지표이기도 한 '노동기구 자체를 생산하는 작업장'의 존재 여부. 이 관점에서 볼 때 츠치야가 제시한 밀랍 제조 매뉴팩쳐 및 요업(도자기 제조), 양조업 등에는 중요성이 없고, 광산 방면에서는 금, 은 등의 화폐 재화가 아닌 기타 생산수단 생산을 위한 소재 채굴업이 지표가 되어야 한다. 둘째, 대공업으로 직접 전화하기 위한 기술적 기초가 되는 '작업기계를 갖는 매뉴팩쳐'의 존재 여부. 이 관점에서 볼 때 작업기계를 사용하는 매뉴팩쳐 가운데에도 그것이 공장제공업으로 전화하는 직접적 실마리가 되는 최고형태로서의 매뉴팩쳐만이 '정상적인 자주적 자본주의 발전의 지표이다.'

위에 이어, 반대되는 개념인 저지적 요인에 대해서도 그는 다음의 두 점을 지적한다. 첫째는 '아시아적으로 지연된 영세 경작 위에 세워진 봉건제에 의한, 부르주아적 발전의 모태 내부의 불구적 상태'로, 이것은 야금, 광산, 조선 등은 물론, 제사업 매뉴팩쳐에까지 번영 내지 반쯤 관官적인 것이 존재하고, 부르주아지의 성숙을 나타내는 민영 매뉴팩쳐가 전혀 발달하지 않은 사실에서 드러난다.

이 관점에서 볼 때 핫토리와는 반대로 매뉴팩쳐의 번영 및 민영 여부는 엄격하게 구별되어야 한다. 아마 이러한 방법을 통해서만 메이지 유신에 시민의 부르주아 민주주의적 의식이 성숙하지 못한 특징을 파악할 수 있으리라 생각했기 때문일 것이다. 둘째, 봉건적 지배자의 이익을 위해 세계시장으로부터의 격리가 강행되었다는 점, 즉 쇄국이다. 이것에 의해 상업자본의 산업자본으로의 전화의 조건이 상실되었다. 또한 선대제 공업은 매뉴팩쳐로 전화가 저지되었고, 현저히 아시아적 영세농경 위에 기생하게 된다. 그러한 관계 아래에서 양조 매뉴팩쳐 등은 지주적 경영의 성질을 동시에 띠게 되기도 하는데, 그렇다고 해서 이것이 산업과 가장家長적 지주 사이의 미성숙한 분리 일반으로 환원되는 것은 아니다.

이상이 대략적인 히라노의 견해이며, 여기에 핫토리에 대한 상당한 비판이 내포되어 있음은 명료하다. 이 외에도 같은 강좌파였던 카자하야 야소지風早八十二의 '막말 매뉴팩쳐는 수치상으로는 민영의 형태로도 다소 발생하고 있었지만, 본질적으로 번주(봉건적 토지 영유자)를 중심으로 한 … 말하자면 아시아적 수공업, 매뉴팩쳐에 지나지 않기 때문에', 막말을 엄밀한 매뉴팩쳐 시대라 규정하는 것은 불가능하다는 비판 등도 제기되었다.[1]

1   『일본사회정책사 日本社会政策史』, 1937년 12월 간행, 50쪽.

3. 츠치야, 핫토리의 논전과 논쟁의 종결

핫토리의 전면적인 반론에 대하여 츠치야는 「에도시대의 경영江
戸時代の経営」[1] 등을 통해 앞선 논문과 별다른 차이가 없는 견해만을
주장하고 있었다. 하지만 히라노의 「자유민권」 논문이 발표되자, 히
라노의 핫토리 비판에서 힘을 얻었는지 츠치야는 잇따라 핫토리를
비판하는 논고들을 발표하며 갑자기 반격에 나서기 시작했다.[2]

첫 번째 논고에서 츠치야는 히라노의 자신에 대한 비판에 대하여
'전화의 정도가 문제인 이상, 분량이라는 범주가 제외될 수 없고, 여
기에서의 분량이란 매뉴팩쳐의 숫자가 아니라 매뉴팩쳐적 생산이
지배하는 원료시장 혹은 판매시장의 크기이다.'라고 반박한다. 그리
고는 히라노의 핫토리 비판 부분에는 동감하며 핫토리의 공격에 대
응한다. 첫째, 핫토리는 노동기구 그 자체를 생산하는 작업장에 대
한 구체적 구명이 충분하지 못하다. 이 점과 관련하여 자신은 앞선
논고에서 일정한 발전 정도와 기계산업화의 혼동을 지적했는데, 이
에 대한 핫토리는 명확하지 못한 해명을 내놓았다. 두 번째로, 동력
의 크고 작음은 작업기계의 규모에 따라 결정되기 때문에, 동력 기
계를 부당하게 경시하는 것은 옳지 않다. 셋째, 번영 매뉴팩쳐와 민
영 매뉴팩쳐 구별의 중요성 여부와는 별개로, 핫토리가 '위로부터
의 온실적 육성'의 면만을 강조하며, 히라노가 지적하듯 저지적 역
할을 무시하는 것은 정당하지 않다. 넷째로 핫토리는 마르크스를
인용하여 엄밀한 매뉴팩쳐 시대의 조건에 반드시 외국시장이 필요
하지는 않다고 주장하는데, 마르크스의 주장은 '매뉴팩쳐는 초기

---

1   『역사지리 歷史地理』, 10월 월례회 강연.

2   「유신사 연구의 중심논점-막말 매뉴팩쳐의 제문제 維新史研究の中心論点—幕末マニュの諸
     問題」, 『개조』, 1934년 1월, 『일본 매뉴팩쳐 도설 日本マニュファクチュア図説』, 『역사학연
     구』, 1934년 2월.

에 국내시장에 자신을 한정하고 있었다.'이지, '국내시장 없이도 엄
밀한 매뉴팩쳐 시대가 발생했다.'라는 뜻을 내포하지는 않는다. 따
라서 쇄국을 매뉴팩쳐의 저지 요인으로 보는 히라노 설은 핫토리의
'엄밀한 매뉴팩쳐 설'에 치명타를 가했다.

이상과 같은 반박을 가한 츠치야는 이어지는 두 번째 논고에서
또다시 막말 매뉴팩쳐 자료들을 풍부하게 소개한 후, 다음과 같은
총괄적 평가를 내렸다. '지금까지 살펴본 자료의 범주 안에서의 (아
직은 결론에 이른 것은 아니나) 감상을 말하자면, 우선 작업기계 생산의 매
뉴팩쳐라 볼 수 있는 것은 대체로 없었다고 생각된다. … 그리고 실
제로 없었다고 한다면, 막말 개항 이전 일본의 산업은 결코 자생적
으로 산업혁명이 요구되는 지점까지 나아가지 못했다고 보아야 한
다.', "요약하자면 단순한 영세 매뉴팩쳐가 대부분이었고, 또한 기
타 산업 부문에 종속되지 않은 가내노동이 오히려 소수라 생각된
다. 가령 몇 보 양보하여 당시를 '매뉴팩쳐의 시대'라 규정한다고
해도, 그 매뉴팩쳐 자체는 서구에서의 매뉴팩쳐 시기와는 비교할
수 없을 정도로 낮은 수준이었다고 생각된다." 이상이 츠치야의 평
가이다. 이제 매뉴팩쳐를 둘러싼 의논은 핫토리가 제기한 이론의
수준에 걸맞은 위치까지 올라가게 되었다고 할 수 있다.

이러한 히라노 및 강좌파와 핫토리 사이에 나타난 의견의 간극에
편승한 츠치야의 폭로전에 대해, 핫토리는 마지막 논고「엄밀한 매
뉴팩쳐 시대의 역사적 조건 嚴マニュ時代の歷史的条件」[1]을 통해 응전했다.
이 논고는 단순히 츠치야에 대한 반론에 그친 것이 아니라, 그의
'엄밀한 매뉴팩쳐 시대'론을 극한까지 밀어붙여 연구한 것이란 점
에서 주목해야 할 업적이다. 우선 그는 엄밀한 매뉴팩쳐 시대를 덴

---

1   『역사과학』, 1934년 3~4월.

포 시대[1]에서 메이지 20년대[2]까지, 약 반세기에 해당하는 것으로 보고, 다음과 같이 츠치야와 히라노의 비판에 답한다.

첫째, '엄밀한 매뉴팩쳐 시대'는 자본주의 생산 이전의 역사가 아니라 자본주의 생산의 단계에 해당하고, 따라서 상품경제는 이 단계에 이르러 이미 지배적인 경제형태가 되어 있다. 그러므로 자연경제가 지배적이었다는 견해들(츠치야, 이시하마(石浜), 하니 고로(羽仁五朗)의 견해 및 자신의 기존 저작)은 곧 단순 상품경제 단계에서 수공업이 지배적이라는 설로 이어지는 주장이며, 이는 엄격하게 비판받아야 한다.

둘째, 과연 츠치야의 주장대로 국외시장의 문제가 본인의 주장에 치명타를 가했는가. 이 문제를 해명하려면 우선 엄밀한 매뉴팩쳐 시대의 결정적인 역사적 조건이 사회 내부 분업의 발전에 따른 노동력의 상품화, 즉 원시적 축적과정 그 자체임을 확인해야 한다. 이를 확인해야만 매뉴팩쳐 시대론에 대한 이론적 고찰이 유통과정에서 생산과정으로 이행할 수 있다. 여기에서의 문제는 본래 매뉴팩쳐를 무대로 진행되는 본원적, 원시적 축적이 아니라, '자본주의 생산의 한 종류인 매뉴팩쳐'의 시대에 선행하는 원시적 축적과정(물론 이 둘은 상보적 관계에 있다)이다. 이 단초적 원시 축적은 단초적 자본주의 생산으로의 변화 과정 위에 있으며, 기본적으로 다음 두 가지 경로에 따라 진행된다. 하나는 춘프트 Zunft [3] 조직에 대한 공연한 부정을 통해 자라나는 '초기 매뉴팩쳐', 다른 하나는 겉으로는 춘프트 조직이 존속되고 있지만, '사실상의 임노동'의 창출을 통해 실질적으로는 그것이 부정되는 '자본주의적 가내노동'이다.

---

1 1831~1845년.

2 1886~1896년.

3 중세 말기에 독일 도시에 형성되었던 수공업자들의 동업 조합. 조합 내부에 대해서는 모든 성원 成員 간의 평등을, 외부에 대해서는 배타적 독점을 원칙으로 하였다. 출처 표준국어대사전

그러나 어느 쪽이든 이 단초적 원시축적(매뉴팩쳐 시대가 성립하기 위한 결정적 조건)의 진행은 옛 생산방법이 어떠한 성질을 갖는지에 달렸고, 그것이 허용하는 경우에만 상업의 발전이 매뉴팩쳐 시대 성립의 불가결한 일반적 조건이 된다는 점을 유의해야 한다. 여기에 이르러, 애초에 쟁점이었던 '국외시장이 매뉴팩쳐 시대의 결정적 조건인가'라는 문제는 이 경우에서 원시축적 과정 촉진의 일반적 계기인 상업이 대외무역이냐 혹은 국내상업이냐는 문제에 귀착되어버린다. 하지만 잘 알려져 있듯이 일반적으로 국외시장을 잉여가치가 실현되는 계기로 드는 것은 오류이다. 따라서 엄밀한 매뉴팩쳐 시대가 성립되기 위한 결정적 조건은 단초적 원시축적 과정이 진행되는 것이며, 그 아래에 형성되는 단초적 국내시장(국내상업)의 발전이다. 이 경우 국외시장은 오히려 자본주의 생산 확립의 결과로서 필연적으로 발전하게 된다.

세 번째 문제는, 어떠한 생산 부문이 매뉴팩쳐 시대의 지표가 되는지이다. 여기에서 중요한 지표는 농민층의 분해 정도를 나타내는 소비재 생산 부문, 특히 의료衣料 부문과 그 원료 부문이며, 노동기구 생산은 매뉴팩쳐 시대가 대산업시대로 이행하는 경우의 지표일지 몰라도 매뉴팩쳐 시대 형성의 경우에는 이를 지표로 볼 수 없다. 우리가 다루는 주제는 후자의 경우이기 때문에 히라노의 견해는 비판받아 마땅하며, 동시에 츠치야의 견해 또한 지표적 부문에 관한 어떠한 측정도 없었고, 국내시장 형성이라는 관점에서 본 것도 아니라는 점에서 방법적 방만이란 비난을 면할 수 없다. 이와 관련해, 매뉴팩쳐에서의 '일정한 발전 정도'와 '기계산업화'를 혼동하였다는 츠치야의 지적은 타당하고, 본인은 이를 인정한다. 그렇다고 해서 이 오류의 정정이 매뉴팩쳐 시대 설에 모순되는 것은 아닌데, 이는 이 문제가 원래 대산업으로 이행의 경우에 관한 문제이지, 매뉴팩쳐 시대 성립에 관한 문제가 아니기 때문이다.

이상이 핫토리의 마지막 입론의 요약으로, 특히 그는 해당 논고의 대부분을 할애하여 츠치야가 치명타를 입힌 국외시장의 문제를 규명했다. 이 논문에서 중요한 점들을 꼽자면 다음과 같다. 첫째, 핫토리가 처음으로 국외시장 사상捨象론을 명확하게 내세웠고, 당초의 외부적 계기의 사상捨象이라는 문제 제기를 더욱 철저히 했다는 점이다. 이것은 내재적 계기를 밝힌다는 최초의 방법적 제언을 이론화시켰다는 점에서 공적이라 할 수 있지만, 한편으로는 이후에 이뤄진 막말 유신사 연구에서 대외적 계기를 경시하거나 혹은 무시하는 식의 잘못된 방법론이 생겨나는 원인이 되었다. 둘째, 핫토리는 반복해서 매뉴팩쳐에서 대공업으로의 이행이라는 것이 문제가 아니라고 강조하는데, 그 경우 핫토리 자신이 처음 제기했던 중국과 일본과의 발전의 차이는 어디서 비롯되었느냐는 과제의 해결에는 충실하지 않게 된다는 점이다. 즉 그는 의식적이든 무의식적이든 단순히 매뉴팩쳐가 성립되었음을 증명하는 것으로 이 문제가 해결될 수 있다는 식의 독단론에 빠져 있었고, 대공업으로의 이행발전이라는 관점이 아니라면 매뉴팩쳐 문제 자체가 무의미하다는 점을, 그리고 대공업이 성립된 이후에도 중국과 일본의 차이를 결정하는 요인이 있다는 점을 놓쳐버린 것이다. 이러한 점들은 이후에 이어진 기나긴 매뉴팩쳐 논쟁에서도 무시되었고, 이는 논쟁이 점차 매뉴팩쳐에 대한 자료적 탐색과 단순한 경영 형태 고찰에 국한되고 편향되는 원인이 되었다.

어쨌든 핫토리는 이 논고를 통해 엄밀한 매뉴팩쳐 시대를 위한 방법론적 논의와의 단절을 선언했고, 이후 오로지 자료적 확증을 위한 구체적 연구에만 전념했다. 이 연구에 따라 텐포 시대 아키타번의 무명 생산에 관한 분석, 메이지 시대 매뉴팩쳐 분석 등의 성과가 차례차례 공표되었다. 그는 메이지 시대 매뉴팩쳐 문제에서는 막말에 시작된 엄밀한 매뉴팩쳐가 메이지 10년대(1877~1886년)

에 '원시적 산업혁명'에 해당하는 근대적 매뉴팩쳐 형태로 재편성되고, 그것에 의해 막말 엄밀한 매뉴팩쳐 단계와 메이지 20년대 (1887~1896년) 이후의 대산업단계가 연결된다는 것을 실증하려 했다.[1]

핫토리는 아키타 무명을 분석한 『역사과학』에 게재된 마지막 논고를 통해 자신과 히라노의 견해차가 주안점의 차이(히라노는 매뉴팩쳐 시대의 지양[2]의 계기가 무엇인지에, 자신은 매뉴팩쳐 시대의 생성과 발전의 계기가 무엇인지에 주안점을 두었다)에 기초한 것임을 또다시 강조하고, 이 관점에서 볼 때 번영 매뉴팩쳐와 민영 매뉴팩쳐를 구별하는 문제에서 히라노가 막말 번영 매뉴팩쳐를 저지 요인으로만 보는 것은 메이지 초기의 관영 매뉴팩쳐를 저지 요인으로만 보는 것과 마찬가지로 오류라고 비판했다.[3] 그러나 실제로는 이것이 단순한 주안점의 차이가 아니라 방법론의 차이에서 비롯된 결정적인 지점이었다는 점은, 이후 사학에서 전후 연구가 발전하며 번영이 갖는 의의를 크게 평가하는 것을 통해서도 알 수 있다.

핫토리가 자료에 몰두하자 츠치야 또한 '매뉴팩쳐 논쟁의 결산 マニュ論争の決算'이라는 연구성과를 공개했다. 그는 여기서 종래의 방법론적 관점—선대제 가내공업(자본주의적 가내노동)을 매뉴팩쳐에 선행하는 특정한 형태로 두고, 양자의 비교를 통해 생산단계를 결정한다—을 유지하며, 북쪽 아키타에서 서쪽 오와리[4]에 이르는 지역의 직물업에 대한 자료들을 고증하였고, 이들 지역의 직물업을 대부분 선

---

1   「메이지 전반기의 매뉴팩쳐 明治前半期のマニュファクチュア」, 『六甲台』, 1935년 10월호 수록, 「일본매뉴팩쳐사론 日本マニュファクチュア史論」, 1937년 5월, 「메이지 염직경영사 明治染織経営史」, 1937년 5월.

2   독일어 'Aufheben'

3   『역사과학』, 1935년 7월.

4   현재의 아이치현 서부._옮긴이

대제 가내공업이라 결론지은 핫토리와 상반되는 결론을 내렸다.[1]

이렇게 논쟁은 양측 의견이 팽팽히 대립한 채 일단 진정되었다. 그런데 마지막에 한 비판자가 나타나 핫토리 설을 전면적으로 비판했는데, 이를 간단히 소개해보겠다.[2] 기무라(본명 가와이 에츠조(河合悦三))에 따르면, 막말 생산단계는 '엄밀한 매뉴팩쳐 시대'보다는 '매뉴팩쳐의 초기 시대'로 가정하는 편이 정당하고, 이러한 '막말 엄밀한 매뉴팩쳐 시대의 발단설'에 따르면 봉건적 소생산 단계와 엄밀한 매뉴팩쳐 시대 사이에 자본주의 생산의 제1단계로서 자본주의 소경영(단순한 협업에 기초한 자본주의적 생산), 그리고 이와 결합된 자본주의적 가내노동 단계가 존재하며, 이것은 엄밀한 매뉴팩쳐 시대와 구분되어야 한다.

이후 기무라의 새로운 제언에 관한 어떠한 추가적인 논쟁이 전개되진 않았지만, 전후 논쟁을 통해 새롭게 제기된 '소경영 단계설 小営業段階説 (호리에 히데이치(堀江英一))'이, 비록 시각이 맹아적이나 이 당시에 제기되었다는 사실에는 주목할 필요가 있다.

---

1   「도쿠가와 시대의 직물업에서의 선대제 가내공업 德川時代の織物業に於ける問屋制家内工業」, 『경제』, 1934년 7~8월.

2   기무라 소우노스케, 『일본소작제도론 日本小作制度論』 상권, 1936년 9월 간행.

막말 토지문제 논쟁

1. 논쟁의 발단

앞선 절의 매뉴팩쳐 논쟁의 쟁점이 막말에 자본주의 생산이 발전했는지에 있었으므로, 그 일반적 존재 조건인 국내시장의 형성이 이뤄졌는지를 보기 위해 필연적으로 막말 시기 봉건적 농업의 분해에 관한 문제가 제기될 수밖에 없었다. 여기서 다루는 막말의 토지문제에 관한 논쟁은 본래 이러한 논리적이고 필연적인 관계에서 이뤄져야 한다. 하지만 현실에서 이 논쟁은 이러한 맥락이 아닌, 메이지 유신, 특히 지조(토지세) 개정 이후 일본의 토지 소유 및 농업 생산 관계의 범주 규정에 관한 논쟁[1]과 관련하여, 그것의 단초가 되는 막말 토지 소유관계, 그중에서도 이른바 '신 지주'의 성격에 관한 문제가 제기됨에 따라 촉발되었다.

이 논쟁의 도화선은 일본의 농촌 경제에 관해 막말과 메이지 유신 이후 양 시대를 구분하면서도 통일적으로 종합한『근대 일본 농촌 경제사론 近世日本農村経済史論 (츠치야, 오노 공저)』[2] 이었다. 이 공저에서 지조 개정 이후 부분을 담당한 오노의 주장은, 개정된 후의 지조와

---

1   본서 제5장.

2   1933년 3월 간행.

그것이 실질적으로 옮겨간 소작료 모두 봉건성과 근대성이라는 이 중적 성격을 갖고 있다는 것으로 요약할 수 있다. 이러한 오노의 이 중 성격론에 대해 핫토리는 그것의 모든 규정이 논거가 틀렸거나 논증이 결여되어 있다며 통렬히 비판했다. 나아가 핫토리는 오노의 그릇된 소작료 이론을 역사적 증거를 통해 뒷받침한 것이 츠치야의 '막말 농촌 경제사론'이라 지적하며 논쟁이 일어나게 된다.[1] 여기서 잠시 이 책에서 츠치야가 어떤 주장을 했는지 살펴보자.

도쿠가와 시대 중기 이래 상품화폐경제가 농촌에 침투되고 공조 (공물, 조세)가 과중하게 부과되며 토지 금융의 필요성이 증대되었고, 이에 따라 영구적인 토지 매매가 금지되고 분지 分地가 제한되는 등 의 조치에도 불구하고 농촌에서는 유질 流質[2] 및 기타 비합법적 매매 를 통한 토지병합이 증가했고, 다른 한 편으로는 토지를 상실한 농 민이 소작인으로 전락하기 시작했다. 즉 농민층의 계급분화가 나타 난 것이다. 따라서 당시의 지주소작 관계에는 영주와 농민 사이의 봉건적 착취관계에 화폐 소유자이며 고리대금업자인 지주가 기생 하며 새롭게 중간착취자로서 나타나게 되었다.

그렇다면 이러한 지주경영의 성질은 무엇이었을까. 이는 '정인청 부신전 町人請負新田[3] 경영이든 토지병합 지주의 경영이든, 봉건적 농 업 생산관계에 대한 상업자본, 고리대자본의 침식이라 보아야 한다. 또한, 여기에서는 자본가적 토지 소유 및 자본가적 농업경영의 맹아 를 찾을 수 있다.' 또한, 소작인과 그 가족이 소작 관계 외에 속하게

---

1   『역사과학』, 1933년 6~7월.

2   돈을 빌린 사람이 빚을 갚지 아니하는 경우에, 빌려준 사람이 담보로 맡긴 물건의 소유권
     을 취득하거나 물건을 팔아서 그 돈을 가지는 일. 출처 표준국어대사전.

3   에도시대에 촌인이 막부, 번으로부터 청부받아 스스로의 자본으로 개발한 새로운 밭. 출
     처 디지털 대사전, 소학관.

된 또 다른 관계는 '봉공인[1]적 농업노동 관계'인데, 보제 譜第 봉공[2]과 질봉공[3]등에는 예속적 색채[4]가 짙게 나타나지만, 계절 봉공[5]과 일고 봉공[6] 등은 쌍방 계약에 기초한 것이 다수인 비교적 자유로운 관계였다. 그러나 당시의 농업 생산관계의 특질에서 볼 때, 아직은 항시적인 농업 프롤레타리아트는 거의 존재하지 않았다고 여겨진다. 이상이 당면한 논쟁 대상이 되었던 츠치야의 주장의 요지이다.

그런데, 이 막말의 소위 '신 지주'에서 자본가의 맹아를 보는 츠치야의 견해는, 우연히도 그 직전에 나온 핫토리의 『강좌』 논문에서 이미 철저히 부정되어 있었다. 완전히 상반된 견해가 동시에 출현하게 된 것이다. 잠시 핫토리의 주장을 살펴보겠다. "여기서 종전에 여러 차례 진행된 '신 지주'론에 대한 비판적 사견을 제시해야만 할 것이다. 도쿠가와 시대의 농공상민의 지주적 토지소유를 두고 이를 어떠한 근대적 토지 소유라 보는 견해는 잘못된 것이다. 이러한 소유가 농업에 대한 화폐 투자로써 다수 발생했다는 사실은 전혀 그것이 봉건적 지주 소유성을 부정한다는 것을 의미하지 않는다. 농민의 토지에 대한 종속을 전제하는 농노제 착취—모든 잉여노동의 수탈—의 실현이 그러한 토지 소유의 본질을 이루는 것이기 때문이다. … 무사 武士 적 토지 소유는 처음에 지대율(연공률)[7]을 '죽지 않을 정도' 수준으로—달리 말하면, 잉여노동의 모든 부분을 수탈

---

1   무사, 상인, 장인, 농가 등에 더부살이하며 일을 하던 사람._옮긴이

2   대를 이어 한 집안에서 봉공하는 봉공인._옮긴이

3   에도시대 채무이행을 담보로 하여 인신을 채권자에게 맡긴 것. 봉공인은 일정 기간 채권자의 집에서 거주하며 일하고, 채무(인신 대금) 변제를 통해 해방되었다._옮긴이

4   일반적으로 보제봉공인과 질봉공인은 급료를 받지 않고 집안에 종속되었다.

5   1년 혹은 계절을 단위로 계약하던 봉공인.

6   하루 단위 봉공 계약 봉공인.

7   연간 공납률.

하는 재생산을 목표로 설정했다. 높은 연공이 고정된 상태에서 생산성이 증대하여 연공률이 상대적으로 감소함에 따라 경작 농민에게 잉여노동의 생산물이 남게 되자, 이 잉여분을 다른 방식으로 수탈하는 것을 통해 농노적 착취율을 현실화하고 회복해낸 것이 소위 '신 지주'이다. 도쿠가와 시대의 봉건적 토지 소유는 이중화된 상태로 실현되었다. 따라서 제후의 대토지소유와 민간의(마을 쪽(村方)) 지주적 토지 소유의 차이는 본질적인 것이 아니며, 이들 사이에서 일어난 대립은 단순히 몫을 둘러싼 경합에 지나지 않는다. 이에 반해 위의 두 가지 형태로 이뤄진 봉건적 토지 소유와 순수한 농민(경작농)적 토지 소유의 요구 사이에는 결정적인 대립이 이뤄진다."[1]

이렇게 상세히 '신 지주'의 근대성을 말살한 핫토리는 그 후 앞서 살펴본 오노의 주장을 비판한 『역사과학』 논문[2]에서도 거의 같은 논지를 전개했는데, 여기서 그는 나아가 츠치야의 견해를 언급하며 그와 같이 자본가적 경영의 맹아를 인정한다면 소작료를 지대에 대한 이윤으로써 여기는 것인가, 라고 물으며 다음과 같이 규명한다. 봉건지대의 본질은 원칙적으로 잉여노동 전부를 점하는 것이며, 가령 일부가 직접생산자의 수중에 남아있다고 하더라도 그것은 우연에 지나지 않는다. 따라서 이 경우 중간착취인 신 지주가 취득한 부분은 본질적으로는 봉건지대의 일부이며, 영주의 연공과 함께 원칙적인 봉건지대를 실현하는 것이다. 가령 고리대 지주가 그것을 이자로 여길지라도 그것의 본질은 조금도 변하지 않는다. 이상이 핫토리의 비판을 요약한 것이다.

---

1   「메이지 유신의 혁명 및 반혁명 明治維新の革命及び反革命」, 같은 책, 10~12쪽.

2   1933년 7월.

2. 강좌파의 총공격

이상과 같은 핫토리의 츠치야, 오노 비판 이후, 야마다 모리타로 山田盛太郎 또한 이 문제에 대해 추가로 약간의 비판을 가했다.[1] 하지만 당시의 츠치야는 앞선 절에서 다룬 매뉴팩처 논쟁 때문에 분주했는지 침묵을 지키고 있었다. 그런데 매뉴팩처 논쟁이 드디어 종결될 즈음, 츠치야는 '일단 나에게 있어서는 (매뉴팩처 논쟁이) 해결되었다.'라고 선언하고는 자신에게 가해진 토지문제에 대한 비판에 반박하기 시작한다. 「'신 지주'론의 재검토 『新地主』論の再検討」[2]가 바로 그것이다.

우선 츠치야는 매뉴팩처 논쟁과 마찬가지로 핫토리의 주장은 논증이 부족하다며 비난한다. 즉 영주와 농민의 관계는 경제외적 강제에 기초한 무상의 착취인 것에 반해, 신 지주와 농민의 관계는 경제외적 강제가 없는 자유계약의 맹아이다. 물론 후자 가운데에는 봉건적 인신 종속관계나 가부장적 관계도 포함되어 있지만, 토지에 대한 종속은 이미 사라진 상태로, 고용기간이 끝난 이후에는 소작인이 마음대로 소작을 그만두거나 갱신할 수 있다. 또한 신 지주가 소작료를 이자로서 징수하는 경우, 소작 관계를 무상의 관계라 볼 수 없다. 따라서 핫토리의 실증에서 부족한 부분은 영주와 신 지주의 차이를 인정하지 않고 이들을 동일시해버리는 것이다. 또, 핫토리가 봉건 권력과 신 지주의 결합만을 보고 그 대립의 계기—가령 지주의 토지를 몰수하여 소작인에게 분배하는 경우—를 보지 않는 것은 일면적인 태도이다.

나아가 츠치야는 적극적으로 막말에 자본가적 경영이 맹아적으

---

1 『일본 자본주의 분석 日本資本主義分析』, 1934년 2월 간행, 179쪽.

2 『개조』, 1934년 6월.

로 성립되었다고 주장한다. '도쿠가와 시대와 같이 농업을 희생으로 삼아 공업의 발전을 촉진해야 하는 필요가 있지 않은 시대의 경우, 만약 공업의 자본주의 생산의 맹아가 발전했다면 농업에서 또한 그러한 맹아가 없었을 리 없다.', '이미 어느정도 금납화 金納化 와 매뉴팩쳐가 발전되어 있었기에 자본주의적 농업경영의 맹아 또한 어느 정도 발생해 있었다.' 등등. 그리고, 이를 실증하는 사례로 도쿠가와 시대 봉공인의 자료를 제시하며 그것이 프롤레타리아의 맹아라 지적하고, 또 토지의 '매매 가격 売値段', '질적 가격 質値段'이 생겨났던 사실을 제시하며 이를 자본가적 토지 소유의 맹아가 존재한 증거라 단정하였다.

마지막으로, 츠치야는 핫토리의 억측(지대의 성격은 이윤)과 달리 이러한 신 지주가 걷는 지대를 이윤의 맹아라 생각한다고 말하고, 그것을 마르크스에 따라 '태아적 이윤'이라 명명한다. 마르크스는 초과노동의 일부가 맹아적 이윤으로써 노동지대, 현물지대, 화폐지대 형태의 지대를 통해, 그리고 동시에 이들에 의해 일반적인 제한을 받으며 생겨난다고 말했다. 만약 핫토리가 주장하는 것처럼 봉건지대가 생산성의 증대에 따라 늘어나는 잉여분을 지속적으로 흡수하는 성질을 가진 것이라면, 일본뿐 아니라 유럽에서도 애초부터 자본가적 농업경영이 봉건사회 속에서 싹트는 것이 영원히 불가능하지 않은가. 이상이 츠치야가 반박한 논리의 요지이다.

핫토리는 츠치야의 반박을 딱히 재비판하지는 않았다. 그 대신 강좌파의 코바야시 小林良正, 아이카와 相川春喜 등 두 논객이 총공격을 가했다. 우선 코바야시는 츠치야의 주장을 네 개의 논점을 통해 비판한다. 첫째, 지주, 소작인의 관계를 경제외적 강제에 기초한 것이 아니라, '맹아적인 자유계약에 의한 것'이라 여기는 것은 소작료 체납에 뒤따르는 소작인에 대한 각종 봉건적 제재, 지주에 대한 소작인의 신분상의 지위, 공권력의 소작쟁의[1]에 대한 진정, 소작미 징수에 대한 각종 공권력적 옹호 등등의 사실을 무시하는 것이다. 둘째로, 막말의 봉공인은 츠치야가 열거한 사례 속에도 나타나 있듯 비참한 상태에 놓여 있었으며, 이것을 프롤레타리아의 맹아로 보는 것은 불가능하다. 셋째로, 츠치야가 주장하듯 소작료가 이윤의 맹아라면, 이는 곧 영주가 취득한 부분이 자본주의 지대가 된다는 것인데, 이 경우 앞뒤가 맞지 않는다. 소작료의 봉건적 성질은 당시의 소작료 납입 방법에 단적으로 나타나 있다. 넷째로, 토지가격은 화폐경제가 침투된 후 지주가 기생적 취득을 위해 화폐를 얼마나 지출했는지의 액수에 따라 성립되는 것이기 때문에, 근대적 토지 소유의 맹아로 볼 수 없다.[2]

아이카와 또한 다음과 같이 츠치야를 비판한다. 첫째로 츠치야는 '경제외적 강제'와 '공권력'이 다른 범주에 있음을 이해하지 못했다. 즉 경제외적 강제가 농노적 생산관계가 갖는 본질이란 것을 이해하지 못했다. 따라서 이러한 관점에 따라 영주와 지주의 차이를 주장하는 것은 큰 오류이다. '관계에 수반된 힘' 또한 경제외적 강제를 만들어내기 때문에 지주에 의한 경제외적 강제 또한 엄연히 존재한다. 또한 츠치야는 핫토리가 영주와 지주가 대립하는 성질을 무시한다며 비난하는데, 핫토리의 주장은 근본적이고 기본적인 대항 관계가 영주(지주)와 농민 사이에 있다는 것을 강조하는 것이지, 결코 영주와 지주 사이의 상대적 대립성을 사상하는 것이 아니다.

다음으로, 맹아적 이윤이 성립된다는 주장은 츠치야의 궤변에 지나지 않는다. 실제 현실에서 잉여노동 전체가 흡수되고 있다는 점은 모두가 인정하는 사실일 것이다. 또한, 츠치야가 자본가적 경영

---

1   원문은 '소작분의 小作紛議'로 표기
2   「토지문제왜곡의 막말판 土地問題歪曲の幕末版 」, 『독서 読書』, 1934년 7월.

의 맹아로 제시한 것들은 메이지 유신 이후 자본가적 경영으로 싹트지를 않았는데 이것을 어떻게 맹아라 부를 수 있는가? 이 점에서 츠치야의 주장은 최근의 '일본 소작료의 봉건성 해소론'과 일맥상통하며, 또한 토지의 상품화 하나만으로 곧장 근대성으로 도출해내는 방식 또한 쿠시다櫛田 설과 일맥상통하다고 할 수 있다.[1]

마지막으로 아이카와는 이렇게 비판한다. '(츠치야는) 공업에서 자본주의 생산의 맹아가 발전했다면 농업에서 또한 그러한 맹아가 없었을 리 없다고 생각하고 있다. 하물며 매뉴팩쳐도 어느 정도 발전한 상태였으므로 더욱 그러하다.'라고 하지만, 이런 무의미한 입론이 또 있을까? '매뉴팩쳐 형태의 산업자본을 관통하는 자본의 운동법칙과 반半농노제적 농경에서 나타나는 영세농민 경제의 비참한 재생산과정 사이에 대체 어떠한 역사적인 관련이 있다는 것인가?'[2]

츠치야는 위와 같은 고바야시와 아이카와의 공격에 대해 '진지하게 논쟁하지 않는 자세'를 취했다. 이후 어느 정도 시간이 지나고 그가 발표한 논고에는 앞선 논고와 거의 같은 주장이 추가된 자료와 함께 되풀이된다. 다만 여기에 나온 '만약 메이지 이후의 공업과 같은 방식으로 농업에서도 완전한 자본가적 대 경영이 발전할 수 있는 조건이 있었다면 연계年季 고용인은 즉시 본격적인 농업노동자가 되었으리라는 것을 상상하는 것은 어렵지 않다.'라는 말은, 막말 봉공인을 임노동의 맹아로서 보는 주장의 당연한 논리적 결과이면서, 동시에 '유신 후 자본가적 경영으로 성장하지 않은 요소를 맹아 운운하는 것은 무의미하지 않냐.'는 아이카와의 공격에 대한 답변이기도 하다는 점에서 주목할 만하다.[3]

---

1   이 점에 대해서는 후에 히라노 平野 또한 지적했다. 「도호쿠 지방의 흉작 東北地方の凶作」, 『경제평론』, 1935년 2월.

2   「지대의 역사적 형태 地代の歴史的形態」, 『유물론연구』, 1934년 7월.

3   「유신전후의 일본농업에서의 임노동 維新前後の日本農業に於ける賃労働」, 『개조』, 1934년

이상으로 논쟁은 일단락되었지만, 강좌파의 츠치야 비판은 아직 끝나지 않았다. 츠치야 설을 비판한 마지막 강좌파는 사쿠라이 桜井武雄였다.[1] 그는 상업(고리대자본)이 농업으로 침투하며 농민층이 분화했고 자본가적 경영의 맹아와 프롤레타리아의 맹아가 발생한다는 츠치야 설은 상업(고리대자본)의 독립된 발전이 농민층의 분해를 저지한다는 레닌의 주장과 상반된다고 지적했다. 이어서, 매뉴팩쳐의 발전과 더불어 농업에서도 자본가적 경영의 맹아가 존재할 것이라는 츠치야의 견해에 대하여 아이카와는 이 논쟁의 핵심을 찌르는 반박을 전개한다. 상업(고리대자본)이 산업자본(자본가적 생산)으로 전화 혹은 결합하는 방식은 공업과 농업에서 극히 다른 경로를 취한다. 막말에는 공업 부문이 일부 발전할 수 있었지만 농업의 자본주의화는 완전히 저지되었고, 그 결과 국내시장의 형성은 불구화되었다. 쇄국 하의 막말 일본에서 매뉴팩쳐가 발생할 수 있었던 전제조건인 국내시장 형성의 특질을 파악하는 것이 중요하다. 공업에서 존재했으니 농업에서도 존재했을 것이라는 식의 츠치야 이론은 성립될 수 없다.

사쿠라이의 논고에 이어 고바야시도 거의 같은 관점에서 츠치야 설을 비판했다.[2] 어쨌든 우리는 논쟁이 여기까지 진행되고 나서야 본 절의 맨 앞에서 지적한 막말 토지문제의 본래의 과제—막말의 자본주의 생산의 발전, 특히 그 일반적 성립 조건으로써의 국내시장형성의 문제, 그리고 이것과의 상관관계에서 봉건적 농업의 분해를 다루는 것—에 비로소 도달했음을 알 수 있다. 하지만 아이러니

12월.

[1]　「일본 농업에 있어서의 자본주의 日本農業に於ける資本主義」, 『역사과학』, 1935년 1월, 『농촌문제 農村問題』, 1936년 6월 간행.

[2]　「도쿠가와=막번치하에서의 "정인청부신전"의 성질에 관하여 徳川=幕藩治下における『町人請負新田』の性質について」, 『역사과학』, 1935년 12월.

하게도 이렇게 논쟁이 본래 과제에 도달한 순간은 동시에 논쟁 자체가 종결된 순간이기도 했다. 논쟁이 전혀 다른 지점에서 시작되고 전개되었으니 이는 불가피한 결과였다.

이 본래의 과제는 매뉴팩쳐 논쟁 초기에 고바야시가 엄밀한 매뉴팩쳐 설을 옹호하며 츠치야를 비판했을 때 이미 한 번 거쳤던 바 있다. 고바야시는 일본의 매뉴팩쳐가 유럽과 달리 "'아시아적으로 지연된' 봉건적 진창 속에 발이 묶여 있었기 때문에 이를 보충하기 위해 가내노동이 광범하게 잔존되어야만 했다."고 말하며, 일본의 매뉴팩쳐와 그 이전 시대 토지소유관계 사이의 특수한 연관, 매뉴팩쳐와 가내노동의 단단한 결합 등이 갖는 중요성을 지적했다.[1] 그러나 이 중대한 과제는 이후 전면적으로 제기되지 않았기 때문에 매뉴팩쳐 논쟁과 토지문제 논쟁은 평행선을 달리며 전개되었고, 결국 양자가 본래 가진 내적 연관성은 마지막까지 놓쳐지게 되었다. 이러한 경향은 본질적으로 강좌파의 농업 방법론의 결함에서 기인했는데, 이는 논쟁이 끝난 후 이론적인 발전이 이뤄짐에 따라 점차 극복되어갔다.[2]

3. 새로운 논객의 등장과 논쟁의 종결

이렇게 막말의 토지문제 논쟁은 일단락되었다. 비록 이 문제에 관해 직접적으로 논쟁에 뛰어들지 않았던 이부치 케이타로飯淵敬太郎의 「일본 신용체계 분석 논고日本信用体系分析論稿」[3]와 같은 논고도

---

1   「막말 길드의 특질에 관한 한 고찰 幕末ギルドの特質に関する一考察」, 『개조』, 1933년 10월.

2   제7장 제2절 참고.

3   『경제평론』, 1935년 5월 이후.

있었지만, 전체적으로는 토지문제 논쟁은 논단에서 자취를 감췄다. 그런데 1936년 중반에 갑자기 두 명의 신진이론가가 등장하는데, 이들은 노농파와의 이론논쟁 과정에서 드러난 강좌파의 약점을 비판적으로 극복하고, 과거의 논쟁을 다루면서도 동시에 자신의 적극적인 견해를 전개한다. 바로 『일본농업론日本農業論』[1]을 저술한 도다 신타로戸田慎太郎와 『일본소작제도론日本小作制度論』 상권[2]을 쓴 기무라 소우노스케木村莊之助이다. 이들이 내세운 새로운 설을 간단히 살펴보자. "요약하자면, 그것은 아직 수직적(영주-고지(高持)지주-예속 농민이라는 구조에서의 착취관계)으로도, 수평적(분포적, 지리적)으로도 잉여노동의 일부를 점유하는 상태에 지나지 않는다. 따라서 신 지주의 잉여노동 수탈은 그들 스스로가 직접 행사하는 권력이나 경제외적 강제 따위를 통해 일어나는 것이 아니라, 많든 적든 기존의 봉건적 권력에 의한 지원을 통해 실현되는 것이다. 그들은 토지에서 일부 '작덕미作德米'[3]를 징수해갈 뿐이다. 이외에 모든 잉여노동을 수취할 권리, 토지를 처분할 자유, 그리고 무엇보다도 이들 일체를 보증하는 정치적 권력, 이들은 모두 번주와 막부에 있었다는 사실엔 의문의 여지가 없다. 이러한 점에서 고지 지주의 본질은, 아직 '토지소유자'라기보다 오히려 토지를 점유하는 수탈자이다. 이들의 '작덕미 수취자'로써의 성질이 전면에 나타나는 것은 당연한 것이다." 막말 토지 관계에 관한 도다의 견해는 이상의 인용문에 거의 다 드러나 있는데, 원칙적으로는 강좌파의 소론과 일치하고 있다고 할 수 있다.

다음으로 기무라의 견해를 살펴보자. 그는 막말 소작제도의 성질에 대해 다음과 같이 말한다. "직접생산자는 백성의 신분이며, 영주

---

1   1936년 5월 간행.

2   1936년 9월 간행.

3   ① 자작농이 영주에게 연공을 내고 남은 쌀 ② 소작농이 영주와 지주에게 소작료를 내고 남은 쌀 ③ 소작인이 지주에게 내는 쌀. 출처 weblio.

의 '경제외적 강제' 아래에 있다. 백성이 토지에 묶여 있기에 소위 지주가 소작 백성을 더 잘 발견해낼 수 있는 것이며, 이러한 의미에서 소작제도는 간접적으로 '경제외적 강제'에 의해 유지됐다고 할 수 있다 … 소위 지주가 연공에 상당하는 소작료를 징수하는 것은 영주의 '경제외적 강제(즉 권력)'에 직간접적으로 보증된 부분이다. 하지만 그것 이상으로 자신이 취득하는 부분은 영주의 경제외적 강제에 의해 보증되지 않기에, 계약을 통한 그들 자신의 경제적 실력에 의해 보증되어야 한다.", '도쿠가와 시대 봉건제의 소작료 징수자는 … 토지 용익권 소유자이며, 고리대와 마찬가지로 자급자족경제를 경영하는 직접생산자로부터 잉여생산물 일부를 계약에 의해 소작료로써 징수하고 있는 자이므로, 이는 봉건적, 고리대적 토지 용익권 소유자로 규정'될 수 있다.

이러한 입장을 통해 기무라 핫토리를 비판한다. 첫째로, 핫토리는 영주와 백성, 영주와 고리대간의 착취양식이 완전히 다르다는 점을 인식하지 못하여, 동일한 토지를 두 주체가 소유한다고 보거나, 국가가 직접생산자를 관리하는 경우 다른 주체가 토지를 소유한다고 보는 등 오류를 일으키고 있다. 둘째로, 핫토리는 잉여노동 전부를 필연적으로 봉건지대로 차지된다고 고정적으로 생각한 나머지 봉건지대가 해체함에 따라 이윤이 발생한다는 점을 이해하지 못하고 있는데, 이것은 마르크스에 대한 오해에서 비롯된 그릇된 견해이다. 그 외에도 막말에는 채무노예 또는 소작 백성이 지배적이었지만, 엄연히 임노동도 존재했다는 것 또한 사실이다. 그러한 임노동을 사용하는 경영은 자본주의 생산방법의 맹아라고 볼 수 있고, 이것이 개화되고 발전하지 않았다고 해서 그것이 맹아라는 점을 완전히 부정하는 것은 옳지 않다.

위의 새로운 비판자들의 견해는 부분적으로 차이가 있을지라도 근본적으로는 신 지주가 봉건적 성격을 가짐을 확인하고, 그러면서도 강좌파의 고정적인 사고에서 탈피하려 한다는 공통점을 갖는다. 그러나 앞선 문제와 마찬가지로 이러한 노력이 올바른 방향으로 발전되고 심화될 틈도 없이 중일전쟁 후에 곤란한 시기가 시작된다. 아무튼 이 시기에 노농파의 원로격 인물인 이노마타 츠나오가 등장하는데, 이 인물에 대해 간단히 다뤄보겠다. 1931년 노죠와의 논쟁에서 격하게 깨진 후, 『강좌』 이후의 논쟁에는 거의 직접적으로 관여하지 않았던 이노마타는, 1936년 여름의 강좌파 탄압 이후 갑자기 긴 논고를 발표하며 노농파 구원에 나선다.

그는 말한다. '도쿠가와 후기의 지주는 예농이었다 … 스스로가 예농인 이상 그들의 소작인을 자신의 농노로 삼을 수 있을 리 없다. 또한 그렇기에 그들은 농노제 특유의 경제외적 강제를 통해 소작인을 대하는 것이 불가능했다. 그러한 강제력은 봉건영주가 독점했다. 오히려 금양[1]과 소작지 회수와 같은 관행은 이미 도쿠가와 시대에 소작 관계가 계약관계였다는 점을 말해준다.' 즉 신 지주라는 것은 '부유한 예농'이며, 그렇기에 그들은 자유로운 토지소유자가 되고자 봉건적 속박으로부터 해방되기를 원하는 부르주아 민주주의적 세력으로 성립되었기에 많은 경우 막말의 농민 무장봉기를 지도한 것이며, 그것은 후에 '부르주아화된 지주'로 성장하게 되는 '농촌 부르주아의 태아'였다—라고.[2] 이와 관련해 이노마타는 이듬해인 1937년 노농파의 농업 문제에 관한 체계적인 결산이라 할 수 있는 『농촌문제 입문農村問題入門』[3]을 발표하는데, 그 내용은 위의 주장이 자세하게 반복된 정도에 지나지 않으므로 여기서는 생략하도록 하겠다.

---

1   나무나 풀을 베는 것을 금지함.

2   「봉건유제논쟁에 부쳐 封建遺制論争に寄せて 」, 『경제평론』, 1936년 12월.

3   1937년 4월 간행.

제4장

1945

'일본 자본주의
분석' 논쟁

전기-강좌파의 노농파 비판

1. 강좌파의 대표 노작

앞선 장에서 우리는 『발달사강좌』를 둘러싼 논쟁에 이어, 1933년 중반 핫토리의 문제제기를 시작으로 일본 자본주의의 전사前史이자 기점인 막말 유신사에 대한 논쟁이 (『강좌』가 간행중에 있던) 그 후 2년여 간 격렬하게 이어진 것을 살펴보았다. 하지만 일본 자본주의의 본사에 해당하는 메이지 이후의 시기, 특히 산업자본이 확립되고 그것이 독점자본으로의 전화하는 시기, 여기에 나타난 일본 자본주의의 구조적 특질 및 이것의 규정에 사용되는 방법론 등의 문제들에 관한 논쟁이 제기되고 전개된 것은 『강좌』가 간행되고 상당한 기간이 지난 후였다. 1934년에는 『강좌』의 중심이었던 야마다 모리타로, 히라다 平田義太郎의 논문이 각각 통합되어 『일본 자본주의 분석 日本資本主義分析』[1](이하 분석), 『일본 자본주의 사회의 기구 日本資本主義社会の機構』[2](이하 기구)라는 두 저작으로 출판되는데, 주로 전자를 대상으로 노농파와 해

---

1   1934년 2월 간행.

2   1934년 4월 간행.

당파의 공격이 시작되었고, 이에 대한 강좌파 이론가들의 반격, 논쟁 자체에 대한 노동자들의 비판, 중간파 논객의 등장, 강좌파의 이론적 수정 등의 과정을 거치며 자본주의 논쟁이 전개된다. 여기서 우선 강좌파의 주요 노작의 내용을 살펴보도록 하자.

처음으로 살펴볼 내용은 야마다의 '분석'이다. 야마다는 『발달사 강좌』에서 공업에서의 자본주의 형성 및 확립을 「공업에서 자본주의의 단초적 제 형태, 매뉴팩쳐·가내공업 工業における資本主義の端初的諸形態,マニュファクチュア·家内工業」[1] 및 「공장공업의 발달 工場工業の発達」[2]의 두 논고를 통해 분석했고, 당초 야마다 카츠지로 山田勝次郎가 분담했던 농업 부문에 대한 분석 또한 대신 집필하여 「메이지 유신에 관한 농업상의 변혁들 明治維新における農業上の諸変革」[3]이라는 이름으로 발표했다. '분석'에서는 위의 세 논문에 몇 개의 소논문이 추가되었다. 그러나 이 저서는 단순히 『강좌』에서 비롯된 논문집이 아니라 새로운 통일적이고 독자적인 저서라 할 수 있는데, '제1편 생산선회 生産旋回', '제2편 선회토대. 군사기구 旋回基軸。軍事機構', '제3편 기저. 반봉건적 토지소유제 基底。半封建的土地所有制'으로 구성되었던 『강좌』의 목차가 이 책에서는 각각 '매뉴팩쳐·가내공업의 제형태 マニュファクチュア·家内工業の諸形態', '기간산업의 구성 キイ産業の構成', '반농노제적 영세농경 反農奴制的零細農耕'이라 개정되면서 각각 편들의 구성이 상호 연관 되게 바뀌었다는 점을 확인할 수 있다.

이 책은 앞에서 다룬 노로 에이타로의 '일본 자본주의 발달사' 이후 다시 한 번 과학적 방법으로 일본 자본주의를 전체적으로 파악하려 시도했다. 즉 저자는 일본 자본주의의 역사적, 구조적 특질을

1   1932년 5월.
2   1933년 2월.
3   1933년 8월.

분석하고, 일본형 자본주의가 군사적 반농노제적 형태라는 것을 도출해내고, 그것을 '군사적 반농노제적 일본 자본주의'라 규정하고, 여기에 성립되는 기본적인 계급대립, 그리고 거기에서 비롯되는 자본주의 붕괴라는 전망을 통일적으로 보여주려 했다. 이 목적을 위해 야마다는 자신의 독자적이고 특수한 방법론을 통해 하나의 필연적인 체계를 구성하는데, 일본 자본주의에 대한 이러한 체계적인 분석은 곧 강좌파의 대표적 견해로 받아들여진다.

그는 우선 '재생산론을 일본의 자본주의에서 구체화한다.'라는 독자적 방법에 기초하여 전_숲_기구적이고 통일적인 파악을 시도한다. 이런 독특한 방법에 따르면 분석의 주안점은 필연적으로 '사회적 총자본의, 본격적인 의미에서의 재생산 궤도로의 정립'에서 나타나는 산업자본 확립의 과정에 놓이게 된다. 그는 이렇게 말한다. "본서는 산업자본 확립의 과정을 규정하기 위한 열쇠를 찾아냈다. 마치 재생산론에서 '단순재생산'을 분석하는 것이 일반적 기초인 것과 같이 말이다. 또, 마치 농민 문제에서 '소농'의 범주 검토가 모든 문제를 해결하는 열쇠인 것과 같이 말이다. 군사적 반╪농노제적 일본 자본주의 '내부'에서의 '경제적 관계들의 조합'은 산업자본이 확립되는 과정에서 경로지어지는 구성의 구조(범주, 편성)를 파악함으로써 알 수 있다." 그리고 일본의 경우 이 과정은 제국주의로의 동시적 전화 과정이기도 하기에, 이 과정을 파악함으로써 여기에 선행하는 원시적 축적부터 여기에 후행하는 일반적 위기에 이르기까지의 전 생애를 합리적으로 파악할 수 있다.

좀 더 깊게 다뤄보면, 야마다는 재생산론을 두 부문으로 나누며 산업자본이 확립되는 과정을 다음과 같이 규정한다. '종합하자면, 일반적으로는 산업자본의 확립은 생산수단 생산 부문과 소비재 생산 부문의 총괄로 표현되는 사회적 총자본이, 본격적인 의미에서의 재생산 궤도로 정착하는 것에 따라 나타나고, 특수적으로는 의료衣料 생산의 양적 질적 발전을 전제로 하는 노동수단 생산이 예측될 때 나타난다. 일본의 경우 이러한 시기가 약 메이지 30~40년경(1897~1907년)이었다고 추정할 수 있다.' 야마다에 따르면 이 두 부문이 정착하는 과정에서의 특수성이 '일본형' 자본주의, 즉 군사적 반半농노제적 형제型制를 '종국적으로 결정'한다. 이러한 방법론적 관점에 따라 제1편과 제2편은 소비재와 생산수단이라는 2대 생산부문 분석에 할애된다.

제1편에서는, 유신 후의 생산 회전을 분석한 결과, 그 바탕이 제사업, 방적업 및 직물업(견직업과 면직업) 등 3개 산업이 기준이 된 의료생산에 있었다는 것이 밝혀진다. 여기서 중요한 것은 이 의료 생산 재편성의 과정이 '반예농적 영세 경작농 및 반노예적 임금노동자를 자본의 제약과 속박 하에 재편성하는 과정으로서 일어나는 것이고, 따라서 높은 비율의 반예농적 소작료와 저렴한 반노예적 노동임금이라는 이중관계를 동시에 창조하는 과정으로 나타난다.'는 점이다.

즉, 의료 생산 부문을 산업자본 확립기라는 관점에서 분석하면, 방적업이 주도하는 면업綿業의 삼분화三分化 공정과 제사업이 주도하는 견직업 삼분화 공정에서 4개 형태로 편제되어 있음을 발견할수 있다. 첫째, 양잠의 형태—순수 일본형의 '비참한 집惨苦の茅屋'인 영세농의 생계 보충형 부업, 둘째, 직물업의 형태—전형적인 '비참한 집'인 선대제적 가내공업, 셋째, 제사업의 형태—순수하게 일본형인 특수 노역제적 매뉴팩쳐, 넷째, 방적업의 형태—전형적인 인도보다 못한 노동임금 및 육체 소모적 노동조건을 갖는 대공업 등이다. 이 4개 형태는 의료생산 뿐 아니라 일본 자본주의의 모든 기구에 통틀어 규정된 정형이다. 그리고 여기에 일관되게 나타나는 특징은 '(일본에서) 유례없이 높은 반예농적 소작료와 인도보다도 낮은 반노예적 노동임금의 상호규정', 즉 '임금의 보충에 의해 높은 소작료가 가능해지고, 거꾸로 이를 보충하기 위해 임금이 낮아지는 관계'가 존재한다는 사실이다.

마지막으로, 생산 회전(재편성)과 일반적 위기가 어떠한 연관을 가지는지가 문제가 된다. 산업자본 확립 단계에서 이미 확립된 위의 생산 회전에서의 4개 형태는, 금융자본 단계(메이지 40년(1907년)에 시작되어 다이쇼 7년경(1918년) 본격적으로 확립됨)에 분해되어가고, 일반적 위기 단계는 이것이 완전히 분해된 것을 기초로 성립한다. 즉, 미국 자본주의의 공황[1]과 중국, 인도에서 일어난 민족적 항쟁[2]에 의해 촉진되는 '형태 분해'에 따라, 일본 자본주의가 융성할 수 있었던 절대적 조건인 '반예농적 소작료와 반노예적 노동임금간의 상호규정 관계'가 해체되고, 그 기초 위에 일반적 위기가 진행된다.

이어지는 제2편에서는 의료생산에서 생산 회전의 축을 담당하는 군사기구(기간산업)가 갖는 특질에 대한 연구가 이뤄진다. 이 군사기구 즉 기간산업이 창출되는 과정의 특질을 파악하는 것은, 동시에 일본 자본주의가 갖는 군사적 특질에 대한 파악이기도 하다. 국내적으로는 노역자층의 저항을 진압하고, 대외적으로는 선진제국주의의 침략을 막고, 협소한 국내시장을 보상받기 위한 식민지 시장을 확보하고, 국내에 부족한 철이나 석탄을 확보하기 위해, 일본 자본주의에서는 초기부터 군사 기구를 구축하는 지상목표에 복무하게 된다. 하지만 유신 당시의 미성숙한 자본주의 생산 하에서 대공업의 자생적 발전을 기대하는 것은 불가능했기에, 이러한 대공업은 육해군 공창工廠, 제철소, 철도, 통신 등 관이 운영하는 군사 기구, 거대재벌의 창설을 통한 기간산업(광산, 조선, 기계공업)의 군사적 통제 등 두 가지 형태를 통해 강력하게 창출된다.

이러한 근대적 대공업을 기조로 하는 군사기구(기간산업)의 창출과

---

1   특히 견직업에 영향.

2   특히 면업에 영향.

달리, 의료 생산은 앞서 살펴본 대로 매뉴팩처, 가내공업을 기조로
한다. 그리고 여기에서 일본 산업구성의 파행적 발전이 규정된다.
이러한 파행적 발전의 기본특질은, 노동수단 설치의 전도적 형태(방
적기계보다 군사용 공작기계가 먼저 설치된다), 군사 공장의 생산과 장비 설치의
우위와 일반적 생산의 저위라는 전도적 모순, 금속기계공업의 쇠약
성에 따른 해륙장비의 제약성 등에 표현되고 반영되어 있다.

일본 자본주의의 축을 이루는 군사 기구(기간산업)는 필연적으로 위
기의 전망을 만들어내는 동시에 질적·양적 노동력을 만들어냈다.
그 노동력군은 선반공과 동력공 순의 기본적인 서열을 갖는데, 이
러한 서열을 갖는 프롤레타리아트의 기본적인 경로는, 앞서 서술
한 바와 같은 소작료와 노임의 상호규정관계에 의해, 반예농적영세
경작농민의 기본적인 경로와 객관적으로 통합된다. 그리고, 양자의
통합은 전력電力화에 따라 원동력이 집중되고 통일되며, 그리고 일
본형 합리화가 진행되며 구조를 지양하는 전망을 갖게 된다.

마지막 제3편에서는, 위와 같은 자본주의의 발전을 역사적, 범주
적으로 제약하고 특징짓는 농업의 봉건적 생산관계 및 소유관계, 즉
'반봉건적 토지 소유제 및 반농노제적 영세 농경'에 대한 분석이 이
뤄진다. 역사적으로나 이론적으로나 자본의 운동을 유일하게 제약하
는 토지 소유, 즉 지대가 어떠한 범주적 성질을 갖는지가 곧 자본주의
의 특질을 근본적으로 규정한다. 따라서 '반봉건적 토지 소유제·반농
노제적 영세농경은 군사적 반농노제적 일본 자본주의의 기본규정'이
다. 여기에 대한 분석은 다음 두 가지 문제를 통해 이뤄진다.

첫 번째 문제는 성질의 문제, 즉 지조地租 개정에서 나타난 토지
소유(잉여노동 징수)가 갖는 반봉건적 특질을 규정하는 문제이다. 여기
에서 중요한 점으로는 '34%의 지조 징수와 68%의 지대 징수를 모
두 포괄하는 두 층위의 종속규정'에 나타난 '경작자에 대해 토지소
유자가 갖는 지위가 압도적으로 큰 사실', 그리고 필요노동까지 갚

아먹을 정도로 잉여노동을 과하게 흡수하는 지대 범주가 성립된 것, 그리고 그것이 경제외적 강제 및 그와 연관된 힘을 통해 확보되어 있는 것 등을 꼽을 수 있다. 이 때문에 필연적으로 지주의 기생화와 경작 농민의 채무농노화(즉 반(半)프롤레타리아화), 자본주의 대농경영으로의 발전 저해, 독립자영농민(즉 소농 범주) 성립의 불가 등의 사태가 발생한다. 또 위의 종속관계와의 상호규정에 따라 필연적으로 경작 규모가 소규모로 된다. 이 소규모성에 관해선, 일본농업을 두 가지 형태(도호쿠(東北)형과 긴키(近畿)형)로 나눈 분석이 이뤄지는데, 이를 통해 일본농업이 아일랜드나 구 러시아와 차이가 있음이 밝혀진다.

두 번째는 형태의 문제, 즉 잉여노동 징수의 형태를 규정하는 문제이다. 잉여노동 징수는 반예농적 종속관계의 표상인 현물 연공(생산물지대)과 그 종속관계의 한 극인 부역노동[1](노동지대)의 두 형태로 나뉜다. 특히 전자에서 중요한 부분은, 지대의 현물납 형태와 지조의 금납 형태의 대립이라는 모순으로 인해, 쌀값의 변동을 거치며 중소 영세토지소유자와 자작농이 부단히 몰락적 지위에 놓인다는 점이다.

야마다는 위와 같은 분석에 근거하여 농업의 근간과 전망을 밝힌다. '일반적으로 반예농적 영세경작농민은 동시에 반프롤레타리아이며, 그 반예농적 영세경작농민으로서의 지위가 토지 분할로 나아갈 가능성을 열고, 그 반프롤레타리아로서의 지위는 이러한 전망에 결정성을 부여한다. 그리하여 그러한 규정들을 바탕으로 한 계급구성이 특정한 연계를 통해 반봉건적 토지소유제·반농노제적 영세농경에 대한 기본적 전망을 표현한다.'

이상으로 '분석'의 전 3편의 개요를 살펴보았다. 다시 한 번 전체적인 구조를 요약하자면 다음과 같다. 첫째, 일본 자본주의는 농촌에서의 반봉건적 토지 소유를 바탕으로 확립하고 발전했으며, 이 반예농

---

1   원문은 요역 徭役 노동. 노동을 통해 세금이나 공납을 대신하는 것._옮긴이

적 농민에 대한 봉건적 수탈은 다른 한편으로 가내공업, 소小수공업, 영세 매뉴팩쳐 등의 광범한 잔존, 대자본의 기생적 수탈 및 식민지보다 못한 공업노동자 임금의 기저가 되어, 이들과 상호규정적인 관계를 맺는다. 그 결과, 국내시장은 극도로 협소해지고, 자본주의(특히 의료 생산부문)는 필연적으로, 특히 그것이 성립된 초기에 비해 훨씬 더 국외시장을 확보할 필요성을 느낀다(제국주의로의 동시적 전화).

둘째, 이렇게 국외시장과 국내 안보를 확보할 필요가 생기자, 일본 자본주의는 방대한 관료기구와 거대한 군사 기구를 구축할 필요성을 느낀다. 따라서 그 산업구성은, 봉건적 기저 탓에 제약된 협소한 국내시장에 따라 민간부문의 생산성이 낮고, 위로부터 육성된 근대적 대공업인 거대한 군사기구(기간산업)는 압도적으로 우월한, 거꾸로 된 구성을 특징으로 갖는다. 일본 자본주의는 이 파행적이고 협소한 재생산 궤도를 따라 발전하며, 낮은 생산성을 국가의 위로부터의 옹호나 밖으로의 침략을 통해 보충받게 된다.

이상의 관계를 종합하자면, 일본 자본주의는 봉건제(농민에 대한 반농노제적 수탈)와 자본제(노동자에 대한 식민지적 착취)의 상호 규정 관계, 또는 봉건적 기저(농업)와 그 위에 구성된 전도적인 재생산 궤도(공업)의 상호 강화 관계가 특징이며, 그것이 자본주의가 융성하기 위한 절대적 요건이 된다. 따라서 이 상호규정 관계의 분해는 자본주의 융성 조건의 소멸을 의미하고, 동시에 일반적 위기로의 돌입과 그 진행을 의미한다. 이상의 독특한 '분석'에서의 구조론이, 방법론과 함께 그 후 어떻게 격한 논쟁의 대상이 되었는지는 조금 뒤에 다루게 될 것이다.

다음으로 히라노의 저서를 살펴보자. 자본주의 사회는 그것의 고유한 경제적 발전의 합법칙성에 따라 생성하고 발전하며 몰락한다. 본서는 본서의 부제[1]에서도 알 수 있듯, 일본 자본주의의 기초구조,

---

1   역사과정으로부터의 연구.

그 위의 사회관계, 계급분화, 정치적 관계들을 역사적 과정 그 자체로부터 합법칙적으로 연구하고자 했다. 히라노는 유신 변혁에서 시작된 본원적 축적기 단초적인 계급분화의 현실적 과정이, 그 후의 자본주의적 발전에 동반한 계급분화의 기본방향을 이미 취하고 있다는 점을 보이기 위해 힘을 쏟는다. 어쩌면 '이것에 의해서만 자본주의 사회 발전의 일반적 법칙이 일본 사회에서 어떻게 관철되었는지, 그리고 일본 자본주의 사회기구의 역사적 구조가 무엇인지 알 수 있을 것'이기 때문이다. 이러한 방법적 관점에서 앞서 『발달사강좌』에 포함되었던 3개의 원고—「메이지 유신의 변혁에 동반된 새로운 계급분화와 사회적 정치적 운동 明治維新の変革に伴う新しい階級分化と社会的の政治的運動」[1] 「부르주아 민주주의 운동사 ブルジョア民主主義運動史」[2] 「메이지 유신에서의 정치적 지배형태 明治維新における政治的支配形態」[3]— 및 일반적인 이론적 관점을 개괄적으로 설명한 새로운 원고 '자본제 생산의 발달에 관한 전거의 계통적 서열, 부록, 문헌 資本制生産の発達に関する典拠の系統的序列, 付, 文献'을 각각의 편으로 엮어 통일적으로 종합한 것이 본서 '기구'이다.

제1편에서는 저자는 우선 유신 시기 사회 전체의 인구구성 및 분화를 개괄한 후, 당시의 몇 없는 자료를 통해 본원적 축적과정에서 농촌기구가 어떻게 변혁되었는지, 농민층의 계급분화가 어떻게 일어났는지 구체적으로 연구한다. 농촌기구 변혁과 농민층 계급분화를 촉발한 지조 개정은 농촌 경제에 어떠한 결과를 가져왔는가? 첫째, 그것은 본질적으로는 봉건적 공조를 전국적으로 계승한 지조를 금납화하는 것을 통해 농촌에 화폐경제를 도입했고, 농민의 궁핍화

---

1 1932년 5월.

2 1932년 8월.

3 1933년 2월.

를 촉진했다. 둘째, 소유권 확립의 명목으로 소작인으로부터 경작권 보증이 박탈됨과 함께, 지조의 원천인 소작료는 기존과 동일한 가격의 현물지대인 채로 존속되었고, 이것의 징수는 경제외적 강제인 공권적 확보를 통해 이뤄졌다. 셋째로, 이렇게 경작 농민이 무권리적 빈곤 상태에 놓였던 것에 반해, 지주는 쌀값의 등귀와 조세 감소 덕에 자신의 취득분을 늘리며 비정상적으로 부유해졌다.

그러나 이렇게 성립된 반봉건적 소작료 때문에 농업이윤이 성립할 수 없었기 때문에 농업에서 자본주의적 대경영이 제대로 발전하지 못하게 되었고, 지주는 자신이 수취한 소작료를 농업 이외 부문에 투자하게 되었다. 또, 반봉건적 소작료는 농민의 토지 소유를 소규모화하는 동시에 가족노동을 강화한다. 따라서 기술적 진보가 일어나지 않고, 사회적 생산력의 자유로운 발전이 저해된다. 농업에서 이러한 봉건적 소규모 생산양식, 그리고 자본주의의 정체적 발전이라는 양 측면에서의 체제적 특질에 의해, 농촌의 계급분화는 기형적으로 일어나게 된다. 즉 자본주의의 농촌침입은 농촌의 자연경제를 분해했지만, 생산력의 발전이 없었기 때문에 상품생산이 발전하지 못하고, 오히려 화폐의 필요에 따라 대다수 농민이 빈곤한 상태에서 농산물을 매각해야 하는 상황이 그들을 차례차례 궁핍화한다. 이렇게 농민이 궁핍해지자, 지주와 일체화한 고리대가 농민의 토지를 흡수하여 합병한다. 이 과정에서 토지를 잃은 중소 지주, 중간농민층은 급속히 반프롤레타리아적 빈농으로 몰락하고, 영세 빈농은 점차 가내공업적 부업이나 가족의 임노동을 필요로 하게 되었고, 그럼에도 버티지 못한 자들은 농촌을 이탈하여 도시 프롤레타리아로 던져진다.

이렇게 저자는 지금까지 미개척지였던 본원적 축적기의 계급분화를 상세히 분석하고, 이어서 공업 프롤레타리아트의 형성과정을 분석한다. 여기서 공업 프롤레타리아트로 네 가지 기본형태가 제시된다. 첫째, 철공을 전형으로 하는 철공업 프롤레타리아트. 둘째, 면사방적업과 제사업에서의 빈농출신 여공. 셋째, 광산, 철도부설, 토목공사장에서의 노예적 임금노동자. 넷째, 성냥제조업을 전형으로 하는 근대 가내공업(내직(內職)). 이들 중 새로운 기술이 필요한 첫째의 경우를 제외한 나머지 방대한 노동력군은 모두 열악한 노동조건하에 놓인다. 그들은 잠복적 농촌과잉인구와 기계 때문에 쫓겨난 상대적 과잉인구가 합류했기에, 그리고 이들이 발생한 이유가 궁핍한 가계사정을 보완하는 것에 있었기 때문에, 끊임없이 그들이 가진 노동력 가치 이하로 격하되었다.

이렇게 본원적 축적에서의 구체적인 계급분화 과정을 통해 일본 계급구성의 특질을 밝혀낸 저자는, 이어지는 제2편에서 이 계급분화에 기초한 농민 반란 및 자유민권운동을 타협적인 자유주의와 변혁적 민주주의의 대항으로 파악하는 등 독특하고 뛰어난 연구를 보여준다. 하지만 이 점은 당면한 논쟁과 직접적으로는 관계가 없으므로 일단 생략하고, 마지막으로 제3편의 유신 정부의 절대주의적 정치형태를 분석한 부분으로 넘어가겠다.

앞서 밝힌 바와 같이, 유신 이후의 본원적 축적이 농업에서의 반예농제적 관계를 유지하고 그것을 토대로 삼았기에 가능할 수 있었다는 사실은, 그것에 조응하여 형성된 메이지 조정이 절대주의적 정치형태라는 역사적 범주의 성격을 가진다 규정한다. 즉, 유신 시기 절대주의 정부는, 봉건적 공조를 본질적으로 계승한 지조 외에 호별세 戸数割, 간접소비세, 방대한 군사 예산, 의회 예산 거부권의 무력화, 관료적 징세 조직 등 일련의 조세체계에 나타나고 있는 반예농제를 물질적 기초로 하여 성립한다. 여기서 주의할 점은, 공조를 계승한 지조가 그 후 지주에게 있어 근대적 조세로 전화되었지만, 잉여노동 착취관계는 그대로 지주에 의한 소작료 수취 속으로 옮겨가 하나의 봉건적 소작제도로서 고정되었다는 것, 그리고 자작농 또한 그들이 직접생산자이고 반예농제가 존속했기에 지조가 여전히 공조로서의 성격을 가졌다는 점, 이러한 점에서 반예농제적 관계가 전체적으로는 농업 면에서 유지·확대되었다는 점 등이다.

이어서 히라노는, 위의 물질적 기초와 구별되는 절대주의 정권의 사회적 기초로 농업과 공업에서의 반봉건적 소규모 생산자층을 지적한다. 여기서 소규모 생산은 특정한 경제 제도를 뜻하는 것이 아니라 가부장적 사회와 그 관계들에 적응하는 사회상태를 구성하는 것으로서 제시되었다. 일본의 특징은, 반예농제적 관계가 내분적으로 재생산되었기 때문에 그 사회적 기초가 독립분할농민으로 나아가는 자작농민층이 아니라, 부유한 중농의 상층부나 거꾸로 소규모 경영 반봉건지주층에 있었다는 점이다. 예를 들어, 절대주의 정부가 사회적 기초를 유지하기 위해 자작농의 빈농화를 막고자 각종 붕괴 저지 정책을 취했음에도 불구하고, 되려 반봉건적 기생 지주제가 지배적으로 되었고, 자작농민을 위한 정책들은 실질적으로 사적 지주의 반예농 체제를 유지하는 내용을 갖기에 이르렀다.

히라노는 절대주의의 물질적 경제적 기초가 본래 반예농제 자체에 있다는 관점에서, 절대주의가 투쟁하는 부르주아지와 봉건적 대토지 소유자의 균형 위에 성립한다는 카우츠키의 계급 균형론(핫토리의 『메이지 유신사(明治維新史)』 또한 마찬가지의 관점이다)을 비판했다. 어쨌든 이 글에서 드러난 메이지 관부의 절대주의적 본질에 관한 훌륭한 분석은 『강좌』에 포함된 저작들 가운데 주목할 만한 업적 중 하나였다.

이상에서 요약한 야마다, 히라노 양자의 저작으로 대표되는 강좌파의 견해 외에 또 하나의 중요한 논고인 야마다 가츠지로 山田勝次郎의 『농업에 있어서 자본주의의 발달 農業に於ける資本主義の発達』[1]을 요약적으로 다뤄보고자 한다. 그는 여기서 "'자본주의에서의, 또는 자

1　1933년 8월.

본주의와 관련된, 아니면 자본주의의 영향 등에 따른 농업의 진화(레닌)'라는 문제를, 구체적으로, 메이지 유신 이후 일본농업을 분석하여, 틀에 박히지 않은 방식으로, 기계적이지 않게, 유의미하게 파악"하려 시도했다.

야마다 가츠지로는 이렇게 말했다. '산업자본의 확립, 자본주의의 제국주의로의 전화 단계에 들어서면, 그것에 연관되어, 또한 그것의 영향을 받아, 한 축으로는 상업화(소부르주아화), 다른 축으로는 빈궁화(반프롤레타리아화)로의 분화(전형)를 통해, 반농노적 소규모 경작경제가 지배적이었던 농업생산체제의 자본주의적인 재편성이, 부분적이고 미약할지 모르나 일단 수행되었다.' 특히 제1차대전중 현저하게 나타난 농업의 자본주의화가 전후 공황기를 거치며 대부분 이전의 반예농제적 형태로 역전되었을지라도 '세계대전 이후 자본제관계가 비약적으로 발전함에 따라 전기구적으로 그 발전의 지반(기초조건)이 존속(진전)해가는 이상, 농업(농촌 제관계)의 부르주아화는 저해될 순 있어도 그 진행을 멈추는 것이 불가능하다.' 그 결과 '엄밀하게는 프로이센형이나 러시아형과는 다른, 지주적-부농적 농업경영의 결함에 따른 기생적인 발달'이라는 경로를 따르게 된다.

그래서 그는 농산물의 성쇠를 통해 농업 자본주의의 발전을 논증한다. 그는, 그러한 규명을 어디까지나 '반봉건적인 농노제적 관계들 아래에서 소규모 경작경제가 오늘날에도 지배적이라는 점을 염두에 두고' 진행한다는 점에서 기본적으로 강좌파적 입장이지만, 농업생산이 옛 형태의 토지 소유에 저지되면서도 상업화(소부르주아화)하는 점을 중시한다는 점에서, 농업의 진화 자체를 부정하는 야마다 모리타로 등의 봉건제 고정론과는 명백히 다른 입장을 가진다.

2. '분석' 논쟁의 개시

한편 '분석'이 발간된 직후 이 책에 대한 수많은 강좌파와 노농파의 서평이 쏟아져 나왔다. 물론 강좌파의 서평은 대부분 이 책을 무조건적으로 추천하거나 찬양하는 내용이었고, 노농파의 경우는 다소간의 의문점이나 비판점을 내세운 것에 지나지 않았다. 가령, 노농파의 이노마타는 이 책이 전형적으로 '메이지 초기에 나타난 반봉건적 생산관계에 결정적인 중점을 두고, 그것에 의한 제약이 일본 자본주의의 특질을 결정하여 현재에 이르렀다는 경향'이며, 그런 까닭에 전면적인 분석은 아니므로 보강작업이 필요하다고 평했다.[1]

그런데 얼마 지나지 않아, 노농파 진영에서 처음으로 한 논자가 공개적으로 '분석'을 공격한다. 바로 「일본 자본주의의 기초문제 日本資本主義の基礎問題」[2]를 쓴 오카다 소지 岡田宗司이다. 그는 야마다가 규정한 일본 자본주의의 군사적 특질을 중점적으로 비판한다. 가령 일본 자본주의가 일본이 후진국이기 때문에 처음부터 심각하게 군국주의적이었다고 할지라도, 현재의 제국주의 단계에서는 열강 모두가 강대한 군비를 갖추고 있으므로, 현 시점에서도 군사적 특질이 일본을 타국과 구분하는 독자적인 특질이라 규정하는 것은 불가능하다는 것이다.

이어서 오카다는 야마다가 말한 반농노제적 특질, 즉 '분석'에서 말한 '반농노제적 소규모 경작이 일본 자본주의의 기초를 이룬다.'라는 주장을 비판한다. 애초에 자본주의는 일반적으로 임금노동의 착취를 기초로 하는 경제조직이므로, 그것 이외의 노예노동이나 농

---

1   「도쿄 아사히 신문 東京朝日新聞」, 1934년 3월 26일.

2   「개조」, 1934년 6월.

노의 착취를 기초로 한다는 야마다의 주장은 초보적인 오류이다. 가령 이 주장을 수용한다 해도, 일본 자본주의의 발전과 함께 소작제도는 사실상 확대되고 있으므로, '소작제도를 반봉건적 토지 소유관계라 가정할 때, 일본은 자본주의가 발전할수록 그 기초가 점점 더 반봉건적으로 된다는, 실로 기묘한 결론에, 하나의 모순에' 빠져버린다.

따라서 야마다와 같이 일본 소작제도를 자본주의 발전의 기초로 삼는 것이나, 소작제도의 확대를 반봉건적 토지 소유의 확대재생산이라 생각하는 점 또한 오류이다. 이것은 오히려 '억지로 자본주의에 적합하게 되어가는 경제형태'라 보아야 한다. 나아가, 소작료의 자본으로의 전화, 흡수가 자본축적의 근원을 이룬다는 사실 또한, 소작제도가 자본주의 발전의 기초라는 주장을 정당화하지 않는다. 왜냐하면 첫째로, 메이치 초기 본원적 축적기에도 단순히 소작료 뿐 아니라 상인(고리대자본), 내외채, 불환지폐 등도 자본의 형성에 기여였다. 둘째로, 그 후의 자본주의 발전과정에서도, 자본으로 전화한 것은 대부분 임노동의 착취에 기초한 잉여가치분이며, 소작료의 자본으로의 전화는 작은 부분에 지나지 않는다. 그러므로 어떠한 의미로든 자본주의의 기초가 소작제도라는 주장은 불합리하며, 그 기초는 임금노동이어야 한다.

이상과 같이, 소작제도가 일본 자본주의의 기초가 아니라는 점을 주장한 오카다는, 여기부터 일본의 부르주아지를 '반농노주적'이라 규정하는 야마다 설은 망상에 지나지 않는다고 단정하고, '분석'에는 일본 부르주아지의 발생, 발전, 성질, 강도 등에 대한 분석과 논증이 결여되었다 비판한다. 그리고 마지막으로, 부르주아지와 지주와의 관계를 다음과 같이 평가한다. '금융 부르주아지의 지배가 확립된 오늘날 일본에서 이미 지주계급은 부르주아지에 대해 독립적이고 대등한 지위를 갖지 않는다. 지주가 부르주아지에 종속되는

과정에서, 지주의 부르주아화는 이러한 계급관계 변화의 경제적 근거이다.'

오카다는 왜 전략논쟁 이래 노농파 반혁명 이론의 주요한 논거 중 하나인 '지주의 부르주아화(부르주아 정권설을 뒷받침하는 논거)'를 또다시 꺼냈을까? 오카다는 주석을 통해 야마다가 '지주라는 범주의 부르주아화'는 없다고 부정한 것은 지배계급의 성질을 올바르게 인식하는 것을 방해하는 것이다, 당연히 자본주의적으로 경영되는 토지는 적지만, 이 사실만을 들어 '지주의 부르주아화'는 없다고 하며, 이것이 갖는 지주의 부르주아지로의 종속화의 경제적 근거라는 중대한 의의를 모른 체하는 것은 완전히 바보같은 짓이라고 말한다. 요약하자면, 오카다의 의도는 지주의 부르주아화에 정확한 과학적 내용이 아닌 다른 이유를 붙여, 다시금 노농파-해당파 전략을 뒷받침하려는 것이다.[1]

오카다의 비판이 있은 직후, 강좌파 진영에서 두 논객이 '분석'을 옹호하기 위해 나섰다. 이들은 『역사과학』지에 글을 게재한 사카모토 미요시坂本三善, 새롭게 창간된 『경제평론』지에 글을 게재한 야지마 준지로矢島淳次郎로, 각각 격렬하게 오카다에 반박했다.[2]

우선 군사적 특질 규정에 관하여, 두 사람은 함께 '일본에서의 군사기구(기간산업)의 파행적 발달은 반예농제적, 반노예제적 노역을 유지하고, 협소한 국내시장을 극복하기 위해 식민지 권역을 확보할 필요성에서 기인한다.'라는 '분석'의 논리를 충실하게 해설하고, 여기서 군사적이라는 점은 '성질 규정'이며, 이는 오카다가 말하듯 군

---

1 오카다의 비판에 있어서의 '부역노동', '경제외적 강제' 등의 문제에 관해서는, 제6장 제2절을 보라.

2 「일본 자본주의의 구체적파악에 관하여 日本資本主義の具体的把握について」, 『역사과학』, 1934년 9월, 「일본 자본주의의 구조적 특질에 관하여 日本資本主義の構造的等質について」, 『경제평론』, 1934년 9월.

비의 양적 비중에 따라 간단히 해소되어버리는 것이 아님을 역설한다. 그리고 이 '군사적 특질'이 과거의 특징이었을지라도 현재에 해당하지 않는다는 오카다의 주장을 다음과 같이 반박한다. 오카다 또한 일본 자본주의가 발단부터 군국주의적 색채가 강했다는 점은 인정하고 있다. 하지만, 자본주의 생산 자체도 거의 없고, 당연히 독점자본도 없던 당시 일본의 군사적 특질이 무엇을 기초로 존재할 수 있었다고 생각하는가. '군사적 성질이란, 그것의 기저에 반농노제적 소규모 경작이 서 있다는 사실과 연관지어 이해해야 하고, 또한 (이것은) 일본 자본주의가 전능하지 않음을 의미한다. 이 특징이야말로 지금 타국에서는 볼 수 없는 유형이다. 자본이 전능한 영국, 미국과 비교해보라. 농촌의 파국적 궁핍과 대조적으로, 타국을 능가하는 군사산업 생산 곡선의 상승과, 거대재벌의 해당 관부에 대한 종속, 그들 재벌의 상품생산물이 실현되는 과정을 보라. 두말할 것도 없이 이것은 과거의 사실로서 뿐 아니라, 현재에 있어서 더욱 여실히 나타나고 있다.'[1]

다음으로, 소작제도가 자본주의의 기초가 아니라는 견해에 대한 두 사람의 반박을 살펴보자. 자본주의 생산의 발전과 함께 토지제도가 자본주의에 적합한 형태로 변화해간다는 것은 일반적인 상황에서는 확실하지만, 특수한 상황에서는 역으로 전前자본주의적 토지 형태를 이용하는 것이 유리하다면 자본주의가 자체적인 필요에 따라 이것의 유지, 확장에 복무하는 경우가 가능하다. 가령 식민지 지배를 받는 국가들에서는 제국주의의 필요에 따라 이러한 현상이 나타난다. 그러니 오카다처럼 이를 도식적으로만 바라본다면 일본 자본주의가 갖는 특수성은 결코 파악할 수 없다. 즉 반봉건적 토지 소유가 일본 자본주의의 기초가 되어 있다는 사실은, 일본 자본주

---

1   『역사과학』, 158쪽.

의가 노예노동이나 농노의 노동을 직접적으로 착취한다는 것이 아니라, '반예농적 소규모 경작에 따라 규정된 반노예적 임금노동자의 자본에 의한 사용, 반봉건적 토지 소유 하에서의 농업 잉여노동의 자본으로의 전화' 등이 일본 자본주의의 존립조건이 되어 있다는 것이다. 이러한 반예농적 소규모 경작의 토대에 의존하여 재생산 궤도가 성립되어 있는 이상, 자본주의의 발전이 반예농적 소작농을 증대시키고 확대시켰다는 명제는 결코 모순이 아니다.

소작료의 자본 전화 문제에 관해서는, 사카모토가 다음과 같이 반박한다. 첫째, 현물 연공이 얼마나 자본으로 전화했는지의 양이 문제가 아니라는 점. 둘째, 일본의 임노동이 반농노제적 소규모 농경과 상관되어 규정되는 반노예적 임노동이라는 점. 따라서 자본주의의 기초가 소작제도가 아닌 근대적 임노동이라고 하는 오카다의 논리는, 일본 자본주의의 구체성을 자본 일반 속으로 해소시키는 것이다. 따라서 일본 부르주아지가 직접적으로 임노동의 착취에 근거했다고 해서 그들이 지닌 반농노주적 특질이 부정될 수는 없다. 왜냐하면, 이것은 일본 자본주의의 군사적 반농노제적 특질을 다르게 표현한 말일 뿐이기 때문이다.

마지막으로 '지주의 부르주아화'에 대해서는, 야지마가 다음과 같이 반박한다. 지주가 토지소유자인 한, 현물 연공을 농업 이외 부문에 투자한다고 해도 그들이 오카다의 주장처럼 부르주아화되지는 않는다는 것은 명백하다. 노농파가 이것을 집요하게 내세우는 이유는 무엇인가. 그들은 어떻게든 일본농업이 자본주의적 농업이라는 것을 증명하고(그리고 그것에 의해 천황제가 갖는 특질적 기초를 말살하고) 싶어하는데, 그것이 도무지 불가능하니 '지주의 부르주아화'라는 비슷한 말을 가져와 일본 농업의 부르주아화(자본주의화)를 끼워넣으려

는 것이다.[1]

이렇게 '분석' 논쟁은 끝을 맺는다. 여기서 제기된 일본 자본주의의 군사적 특질이라는 문제는, 이것이 강좌파 이론의 중핵에 해당하는 문제라는 점에서 매우 중요하다. 그러나 이 문제는 이후 다시 제기되지는 않았고, 조금 뒤에 다룰 '군사적·봉건적 제국주의'와 관련한 작은 논쟁을 분출시켰을 뿐이었다.

3. '분석'에 대한 전면적 비판과 반박

이후 노농파의 '분석'에 대한 비판은 잠시 사그라드는 듯 했으나, 이후 1년이 지나자 본격적인 공격이 시작된다. 사키사카 이츠로向坂逸郎가 두 논고를 통해 '분석'에 대한 전면적인 비판을 시도한 것이다.[2]

사키사카는 야마다가 말하는 일본 자본주의에 발전이 없다고 주장하는 점이 '분석'에서 근본적으로 결여된 지점이라고 비판한다. '분석'에 따르면 메이지 30~40년경(1897~1907년)에 한 번 결정된 반농노제적 군사적 자본주의의 형태는 그 후 자본주의가 발전했음에도 본질적으로는 변화하지 않았고, 따라서 자본주의가 본격적 금융자본주의 단계까지 도달해 있지만, 메이지 30~40년경까지 잔존한 반봉건적 지주, 반농노적 농민, 반노예적 임노동자 등 봉건적인 요소들은 그대로 고정된 채 오늘날에도 자본주의화하지 않는다. 이것은 과연 올바른 주장인가?

물론 각국의 자본주의는 각각의 발전과정에서 특수성을 가지기

---

1   『경제평론』, 72~73쪽.

2   「일본 자본주의 분석」에서 방법론『日本資本主義分析』に於ける方法論」, 『개조』, 1935년 10월,
     「일본에서의 봉건세력의 문제 日本に於ける封建勢力の問題」, 『선구 先驅』, 1935년 10월.

에 봉건적 잔재가 많이 남는 경우도 가능하지만, 일반적으로 자본주의의 발전은 이 잔재를 파괴하고 자본주의화의 과정을 거치며—즉 사회를 부르주아지와 프롤레타리아트로 분해해간다. "특수한 각각의 구조는 자본주의의 발전과 함께 자본주의의 일반적 경향—두 진영이 대립하는 경향—에 가까워진다. 특수성을 본다는 것은 곧 일반적 경향으로 특수성이 해소되는 경향을 '검출'하는 것이다. 이러한 관점을 따르지 않으면 자본주의의 발전을 관찰할 수 없다." 그런데 '분석'은 그러한 방법적 시각을 따르지 않는다. 따라서 야마다는 일본 자본주의를 관찰할 수 없다.

둘째로, 이렇게 발전의 관점을 취하지 않은 결과, '분석'에는 계급 간의 대립이 명백하지 않다. "가령 메이지 30~40년경 확립된 산업자본이 야마다가 생각하는 만큼이나 반봉건적이라 해도, 30년간 이뤄진 자본의 집적과 집중, 이들이 대항하여 필연적으로 동반되는 프롤레타리아트의 집적은 일본 자본주의의 '반봉건적' 구조를 바꿨어야 했다. 그러한 구조는 그 사회를 구성하는 각 사회계층 중 어느 것이 결정적인지에 따라 변화하는 것이기 때문이다."[1]

그런데, 어느 계급이 결정적으로 지배적인지, 어느 정도로 지배적인지를 규정하는 것은 프롤레타리아트의 전략을 결정함에 있어 절대적으로 필요하다. 예를 들면 레닌은 1905년 러시아 농민이 '자본의 압제보다 더 많은 대지주의 압제와 농노제의 잔존물 아래에 신음하고 있다.'라고 진단하고 1905년 혁명이 부르주아 민주주의 혁명이어야 한다 지시했고, 그 후 1917년에는 '1905년 이래 자본주의적 제관계의 발전에서 현저한 진전을 이룬 러시아에서의 제국주의의 발전(포포프(Konstantin Alekseevich Popov))'에 의해 농민은 봉건적 대지주 소유와 대립함과 동시에 더욱 첨예하게 자본에 대립하기에 이

1   『선구』, 21쪽.

르렀기 때문에, 부르주아 민주주의 혁명에서 프롤레타리아 혁명으로의 전환 과정이 수개월로 단축될 수 있다고 생각하기에 이르렀다. 이를 통해 볼 때, 봉건적 잔재가 러시아보다 약한 시기에 프롤레타리아 혁명은 부르주아 민주주의 혁명을 동시에 실현하여 러시아처럼 2단계를 거칠 필요가 없어질 수 있고, 반대로 그것이 러시아보다 강한 시기에는 그 역이 될 것이다. 따라서 '야마다처럼 무엇이든 반봉건이고 어느 것이 결정적인지 불명확하다면 역사가 어느 방향으로 움직일 수 있는지 파악하기에 난감할 것이다.'

셋째, 발전이 결여된 전형적인 예시인 '범주로서의 지주의 부르주아화는 없다.'라는 야마다의 견해에 관하여. 과거 엥겔스는 독일에 대해 '현재의 체제가 이어진다면 그 결말은 봉건적 지주 및 농민의 몰락과 부르주아적 지주의 발생일 것이다.'[1]라고 했고, 또 레닌은 러시아에 대해 '농노제적 지주경제가, … 서서히 부르주아적, 융커 Junker 적 지주경제로 진화해간다.'[2]라고 했는데, 양자 모두 자본주의의 발전과 함께 부르주아화한 지주가 생성되리라 전망하고 있다. 그런데 야마다는 이를 부정한다. 엥겔스, 레닌의 방법과 '정반대'이지 않은가.

그래서 마지막으로 사키사카는 "야마다의 '일본 자본주의'는 어째서 발전할 수 없는 존재인가"라는 물음을 던지고 이에 답변한다. "마르크스주의에서는 강제력보다 경제가 우위를 갖는다. 그렇기에 어떤 특수한 경우 자본주의에 강제력이 설정된다고 해도, 여기에 상관없이 경제적 법칙은 자체적인 필연성에 따라, 강제력에도 불구하고, 진전된다. 야마다가 '강제력을 통해 창출'된 것으로 여기는 일본 자본주의는, 그러한 필연적 진전을 이룰 수 없다. 여기서는 강제

---

1   『마르크스·엥겔스 전집 マル·エン全集』, 제21권 185쪽.

2   원문에서 지은이가 인용한 일역판 레닌이 아닌, 이미 한국에 국역된 레닌 저서를 그대로 인용했습니다. 레닌 저·김인식 역, 『사회민주주의 농업강령』(도서출판 백두), 1989년, 29쪽.

력이 경제보다 결정적이다. 이 점에서 야마다는 뒤링의 재현이다. … 야마다는 역사에서 정치, 강제력이 갖는 중요한 역할을 관념적으로 사고한 나머지 그 상대적 독립성을 결국에는 절대적 독립성으로 바꿔버렸다. 엥겔스의 방법과 '정반대'이다."[1]

사키사카는 대체로 위의 네 가지 점을 통해 야마다를 비판한다. 여기에 더해, 사키사카는 '분석'이 특이한 단어와 문체를 쓰는 등 과거 후쿠모토주의와 마찬가지로 '성도단'의 신앙고백이 되어버렸기에, 이 책에는 논증이 일체 결여되어 있다고 비난하며, 그 예로 두 가지를 든다. 첫째는 일본의 노동임금이 식민지(인도) 이하라는 성질을 검증하는 '분석' 24쪽에 실린 통계표로, 이것은 일본의 반노예적 노동자라는 한 형태를 규정하는 것이기에 중요한데, 그런데도 이것이 극히 불충하다는 점이다.[2] 둘째로 일본의 농민이 반농노적이라는 것을 논증하기 위해 야마다 등은 그 이유로 '소규모 경작, 비싼 현물 연공'을 드는데, 이러한 사정은 과소농경영 내지 자본가적 경영에도 있을 수 있는 것이므로, 이유로 들기에는 빈약하다. 또 가령 그 봉건성이 입증되었다 해도, 그것은 반봉건적인 것이 아니라 온전히 봉건적인 것으로, 절반의 봉건이라고 규정해놓은 의미가 없어진다. 이는 도쿠가와 시대의 농노부터 현재의 반농노로 어떻게 전화했는지 그 논증이 없기 때문이다. 여기서 처음으로 강좌파의 '반'의 의미가 문제로 제기되었다.[3] 마지막으로 사키사카는 야마다의 두 저서, 『재생산과정 표식 분석 서론 再生産過程表式分析序論』과 『일본 자본주의 분석』 사이에 야마다가 주장하듯 관련이 있는지 논증되지 않았다고 비판한다.

1   『개조』, 82쪽.

2   이에 대해서는 본서 제6장 1절을 참조하라.

3   여기에 대한 지대 범주의 규정 심화가 주로 히라노에 의해 이뤄졌다는 점은 본서 제5장 2절을 참고하라.

이러한 '분석'에 대한 전면적 비판에, 강좌파에서는 아이카와, 사카모토 등의 직계 논객이 즉시 반격에 나섰다.[1]

이들은 '분석'에는 발전이 없다는 사키사카의 비판에 어떻게 대답하였는가. 아이카와는 이렇게 이야기했다. "일본 자본주의의 군사적 반농노제적 형제는 그 특수한 구성을 기초로 특징적으로 발전의 성질을 제약하는 것이며, 이는 실로 기본적인 규정이다. 이 의미는, 한편으로 이 반예농주적, 기생 지주적 토지 소유 제관계의 '현저한 독립적 역할'과 함께 독점자본(금융자본)이 고도로 발전했음을 부정하는 것이 아니다." 그런데 "사키사카는 자본주의 발전은 반드시 봉건적 잔재를 해소한다고 주장하는데, 이는 지주적 토지 소유와 자본주의 발전의 독점단계 모두를 해소해버리면서, 아무것도 '평가'하지 않고 흐지부지 끝난 주장이다."[2] 즉, 오카다의 경우와 마찬가지로 그 일반적 공식주의가 비판될 수밖에 없었다.

다음으로, '발전의 관점'을 취하지 않았기에 계급대립의 구성이 명백하지 않다는 비판에 대해서는 어떠한가. 그는 '분석'에는 이미 '반예농적 소규모 경작 농민의 기본적인 경로는 그것(프롤레타리아트) 아래 통합하는 것으로 된다.'[3]라고 나와 있으므로, 계급대립은 극히 명료하다, 라고 말한다. 오히려 이 문제에서는 사키사카가 내세운 예시나 논거가 수상해진다. 가령, 1905년과 1917년의 혁명에 관해 '과정 단축'이 전망되었다는 사키사카의 견해에는 레닌이 이야기한 '농민의 갖는 중요한 역할을 이해하지 못하고, 농노제가 잔존하는 사실을 놓치고, 그 결과 프롤레타리아트의 능력—즉 헤게모니를 과

---

1   아이카와 相川, 「독점자본주의와 반봉건적 토지소유 独占資本主義と半封建的土地所有」, 『경제평론』, 1935년 11월, 사카모토 坂本, 「일본금융자본의 특질에 관하여 日本金融資本の特質について」, 『역사과학』, 1935년 11월.

2   『경제평론』, 38~39쪽.

3   『일본 자본주의 분석』, 160쪽.

소평가'하는 오류가 포함되어 있다.

　나아가, 사키사카가 독일과 러시아의 사례를 통해 자본주의의 발전과 함께 봉건적 잔재가 해소되고, 지주가 부르주아화해간다고 주장하는 점도 이상하다. 아이카와는 이렇게 반박한다.—독일에서는 1848년 이후 비록 위로부터 일어난 느린 과정이기는 하나, 자유로운 소규모 토지 소유가 나타날 정도로 부르주아적 토지변혁이 완료되었고, 반농노제적 관계는 지배적이지 않게 되었으며, 지주의 부르주아화가 일어났다. 이 점에서 프로이센-독일형과 일본의 농촌은 근본적인 차이가 있으므로, 일본의 특수성을 부정하기 위해 독일의 사례를 가져오는 것은 소용없다. 그렇다면 러시아는 어떠한가. 일본농촌과 가장 유사한 반농노제적 토지 소유가 있던 제정 러시아조차 일본에는 없던 지주경영(융커 경영)이 있었고, 그 경작 규모도 더 컸고, 한 가구당 가축의 수도 더 많았다. 이것과 비교할 때 일본의 반농노제적 관계가 더 강력하므로 러시아의 사례 또한 일본의 특수성을 도출해내기에 적당하지 못한 사례이다. 요약하자면, 따라서 "엉뚱한 곳을 보며 딴소리를 하는 식으로 글을 쓰는 사키사카는, 자본주의 발달의 일국적 특수성을 국제적 일반성으로 '해소'하고는 자신이 할 일을 다 했다고 여긴다. … 그는 특수성, 구체성 속에서 일반성을 도출해내는 능력이 없고, 일본 자본주의가 가진 특수성 속에서 세계사적 의의를 알아차리지 못하고 있다."

　그렇다면 사키사카가 부족한 논증의 한 예로 드는 '반'의 의미에 관하여서는 어떨까. 아이카와는 이렇게 반론한다.—사키사카는 이것을 단순히 양적 비중으로 생각하는 모양인데, 문제는 질적·사회적 성질이다. "반봉건적 토지 소유에서의 '반'은 봉건적 사회구조의 기초범주인 봉건적 토지 소유가, 이어서 자본주의적 구조가 창설될 때 지양되지 않고 재편성되어 다시 나타났음을 의미한다. 그렇기에 이는 자본주의적 구조가 지배적으로 된, 여전히 자본주의화 되지 못한 봉건적인 재생산법칙에서 관철되는 잔재(유제(遺制))이고, 봉건적 농노제적 잔재를 출현시킨다. 따라서, 반봉건적 토지 소유란 즉 봉건적 토지 소유 자체가 재편성되어 다시 출현했음을 의미함과 동시에, 그러한 재생보존이 불가피한, 불철저한 기형적 '토지변혁'을 본원적 축적의 기초로 하여 창설된 자본주의 자신의 성질의 특성을 나타내는 것이다. 이 경우 주의할 점은, 반봉건적 토지 소유제가 다시 출현할 때 보존되어 나타나는 예농주적 '경제외적 강제'가 자본주의를 육성하는 본원적 축적기 국가 '공권력'의 체제적 기초가 된다는 점이고, 거꾸로 이러한 기형적 '토지변혁'의 경우 이것이 '경제외적 강제'가 지양되지 못하게 막고 유지하는 관계에 놓이면서 양자의 상관관계가 성립되었기에 그러한 '변혁'이 확보되었다는 것이다."[1]

이상과 같은 아이카와와 사카모토의 전면적 반박에 대해 사키사카는 한 달이 지난 후 두 편의 논고를 통해 더욱 상세히 '분석'을 비판했다.[2] 하지만 이 논고들은 한두 가지를 제외하고는 이전 논고에서의 논지를 반복하는 것에 지나지 않았다. 새로운 논점은 다음과 같다. 첫째, 구조적 변혁의 의미에 관하여. 이것은 봉건적인 요소가 자본주의적으로 분화하는 것을 뜻하는데, 중요한 것은 이러한 분화가 극도로 진행된 끝에 대립하는 두 요소가 되어야지 자본주의의 변혁이 일어난다는 것이 아니라, 단지 이러한 변혁이 있기까지 자본주의적 분화의 과정은 이어지고, 이 분화과정이 어느 정도로 진행되었는지에 따라 자본주의 변혁의 형태가 규정된다는 것을 말한다. 둘째, 이러한 구조적 변혁이라는 방법적 관점을 통해 일본의 자본주의 형성을 보려면, 우선 농촌에서 어떠한 자본주의화, 또는 자

---

1   『경제평론』, 54쪽.

2   「자본주의의 구조적 변혁의 문제 資本主義の構造的変革の問題」, 『개조』, 1935년 12월, 「'나폴레옹 관념'에 관하여『ナポレオン観念』に就いて」, 『샐러리맨 サラリーマン』, 1935년 12월.

본주의화의 전제(봉건제가 붕괴하기 위한 조건)가 생성되고 있다는 것을 보여주어야 한다. 야마다가 주장하듯 봉건제가 조금도 붕괴하지 않았다면 어떻게 일본 자본주의가 태어났다는 것인가.

셋째, 일본의 '나폴레옹 관념'의 정수가 중견 자작농, 중농 상층부라는 야마다 설에 관하여. 마르크스는 '반¥농노적 농민들을 자유로운 토지 소유자들로 바꾸어 놓은 이후', '농민들이 이제서야 손에 넣게 된 프랑스의 토지를 자유로이 경작할 수 있게 하고 그들의 앳된 소유욕을 만족시킬 수 있는 조건들을 확립하고 정비'했던 사실이 나폴레옹을 황제로 만든 물질적 조건들이라고 언급했다.[1] 이 나폴레옹 관념의 물질적 기초인 소규모 토지 소유 농민은 다름 아닌 자유로운 자영농이다. 그런데 야마다는 한편으로 일본의 농촌에는 '독립적이고 자유로운 자영농이 성립될 여지가 없다.'[2]라면서도, 한편으로는 "일본의 '나폴레옹적 관념'의 정수는, 중견 자작농, 중농 상층부"[3]라고 하는 등, 앞뒤가 맞지 않는다.

위와 같은 사키사카의 재비판에 대해, 이듬해 강좌파 세키네 에츠로關根悅郎, 타치다 시노부立田信夫의 반박이 이뤄졌는데, 이들은 다음 절에 다뤄보기로 하자. 여기서는 사키사카의 비판 직후 그때까지 침묵을 지키던 야마다 모리타로의 공개 강연을 살펴보도록 하겠다.[4] 이 강연의 내용은 사실상 사키사카의 비판에 답한 것이라는 점에서 중요하다. 그는 이렇게 말했다. '일본이 융커 형태까지 나아가지 않았던 점을 주목해야 한다. 이 경우, 자본주의의 불가피성은

---

1 『칼맑스 프리드리히 엥겔스 저작선집-루이 보나빠르뜨의 브뤼메르 18일』 제2권(박종철출판사), 385쪽.

2 『일본 자본주의 분석』, 215쪽.

3 『일본 자본주의 분석』, 34쪽.

4 도쿄제국대학 강연 '재생산표식과 지대범주-자본주의경제구조와 농업형태 再生産表式と地代範疇ー資本主義経済構造と農業形態', 1935년 12월 12일.

문제가 아니다. 레닌도 강조하듯이 발전 일반, 발전 자체가 문제가 아니라, 발전의 형태가 문제이다. 우리는 구조를 문제삼아야 한다. 모든 구조를 통해 보지 않는다면, 그것이 발전인지 분해인지 알 수 없다. 가령 현재의 관계를 기준으로 종래의 관계가 무너져간다고 할 때, 그것만 보고 바로 그것이 자본주의화라고 할 수 없을 수도 있다. 일반적 위기로 인해 한 요소가 분해되는 것일 수도 있다. 그렇기에 모든 구조를 파악하는 것이 필요하다. 나는 모든 구조를 파악하기 위해 산업자본 확립 과정을 파악하고자 한다.', '러시아의 경우에는 발전을 저지하는 고역 제도 Otrabotka [1]라는 요인이 있었다. 일본의 경우 이와 달리 반봉건적 지대 관계가 그러한 요인이 된다.' 그는 이후 이러한 반봉건적 관계를 잔존시키는 '경제외적 강제'의 방식에 대해 논하고, 자본주의는 계속해서 농업으로 침투해가고 있지만, 그러한 '강제'가 장애요인이 되기에 어느 정도 이상으로 발전할 수 없다고 강조한다. 이것은 사키사카의 공격에 대응하는 내용이 틀림없다.[2]

1 　농노해방 이후 중앙 러시아에 널리 보급되었던, 지주 직영 농장에서 농민이 저임금 노동을 하는 제도. 엄밀하게는 〈고역〉은 고용노동을 의미하기 때문에 적절하지 않은 번역이며, 〈채무변제 노동〉에 가깝다. 농민은 부족한 토지, 경제적 곤궁, 높은 세금에 따른 부담 때문에 지주로부터 땅이나 금전, 작물을 빌렸는데, 이에 따른 높은 토지 차용비와 이자를 지불하기 위해 점차 고역 노동을 하게 되었다. 출처 세계 대백과사전 제2판(https://kotobank.jp/word/%E3%82%AA%E3%83%88%E3%83%A9%E3%83%9C%E3%83%88%E3%82%AB-1151996).＿옮긴이

2 　『시국신문 時局新聞』, 1935년 12월 23일, 강연의 요지에 따름.

후기
-강좌파 이론에 대한 반성

1. 근로대중의 논쟁 비판

야마다의 '분석'을 중심으로 한 강좌파와 노농파의 정면충돌은, 이상과 같이 1934년에서 1935년에 걸쳐 전개되었다. 앞선 막말 유신사 논쟁, 이 '분석' 논쟁, 그리고 다음 장에서 다룰 농업문제 논쟁 등, 일본 자본주의 논쟁은 이제는 모든 면에 걸쳐 번져나갔고, 두 정파의 싸움은 1934~1935년에 걸친 두 해 동안 최고조에 이르렀다. 그 때문에 진보적인 관·민의 학계와 언론의 관심도 집중되었고, 광범한 지식계급층이나 선진적 노동자들 또한 여기에 주목했다.

그러나 논쟁이 언론의 무대에 오름과 동시에, 논쟁에 본래 있었던 정치적 의의나 당파적 성격은 후순위로 밀려났다. 한편 노동자 운동은 만주 침략 확대에 따른 배외적 풍조와 정부의 압박으로 인한 험난한 싸움에 돌입했고, 특히 재건된 혁명운동이 차례차례 탄압되어감에 맞물려, 강좌파 및 그 주위의 이론 전선은 차례차례 실천 투쟁에서 이탈하고 만다. 외면적 外面的 으로 강좌파는 이 시기 노농파-해당파 진영의 집요한 이론적 책동을 거의 극복하고, '정통파' 의 입장을 확립한 것처럼 보였지만, 실상은 정반대로 이론과 실천의 통일을 상실하고, 이론의 당파성이 애매해지며, 단순히 언론의 이용대상이 되어버리는 경향이 강해지고 있었다. 이것을 반영하듯, 1935년 말부터 종래의 논쟁 자체에 비판적인 제삼자적, 중간적인 논평이나, 비생산적인 비판을 위한 비판, 강좌파의 추상화되고 고정화된 이론구조를 내부에서 수정하려는 시도 등 새로운 현상들이 나타나기 시작했다. 그리하여 적극적이든 소극적이든 이론 전선에 전환기가 찾아오게 되었다.

논쟁에서 이론과 실천의 통일이 느슨해지고, 강좌파가 당파성을 상실해가는 경향들에 대하여, 먼저 직장에서 일하는 노동자 가운데서 날이 선 비난의 목소리가 튀어나온 것은 당연한 일이었다. 1935년 말부터 1936년 2월경까지 타블로이드지『시국신문』지면상에서 투서의 형태로 전개된 일련의 비판은, 노동자들의 논쟁에 대한 불만이 집중적으로 반영된 것이라 할 수 있다.

처음으로 비판의 불을 지핀 논자인 기시오카 게이스케는 '분석' 논쟁 자체의 정치적 의의를 다룬다. '이론이나 연구가 옳은지 그른지가 아니라, 저들 양 정파의 정치적 필연성에 따라 문제가 생겨난다. … 즉 노농파가 강좌파를 비판함은, 이론을 위한 것도 아니거니와, 자신의 주장을 발전시키기 위한 것도 아니다. 그것은 이제 모든 노동조합이 전면적으로 합동하려는 시기에 즈음하여, … 노농파의 합리성과 타당성을 대중에게 알리려는 것이다. 노농파는 이 수단으로서 강좌파에 대항한 논쟁을 전개한 것이다.', '그런데도 강좌파는, 전체 노조 합동에 관한 정치적 동향에 대해 한 마디도, … 대중에게 지시하지 않고 있고, 혹은 하려고도 하지 않는다.'[1] 즉 이 논자는, 붕괴하는 노농파 이론의 정치적 의의를 강조하면서 역으로 강좌파의

1 　기시오카 케이스케 岸岡啓助, '자본주의분석논쟁비판 資本主義分析論争批判', 『시국신문』, 1935년 12월 9일.

대중운동으로부터의 유리와 애매한 당파성을 공격한 것이다.

이것에 대해 즉시 날카로운 비판이 같은 지면에서 이뤄졌다. 혼다 아키라本田明는, 기시오카가 말하는 양 정파의 정치적 필연성이란 고작 노동조합의 합동 문제에 대한 이론적 지도권의 쟁탈을 의미하는 것에 불과하나, 논쟁의 진정한 의의는 오히려 그 발전과정에서 하나의 정치투쟁으로 전화하여 전략·전술의 계급적·정치적 지점을 설정할 필요를 의식하게 된다는 점이라고 지적한다. 이어서 그는 이렇게 말한다. '이론과 실천의 결과는, … 마르크스주의 이론가 집단이 있고, 거기서 완벽한 마르크스주의적 지도이론이 등장하여, 대중은 그 지시에 따르는 식이 아니다. 이론과 실천의 결과는 하나의 역사적인 대중조직 안에서만 실현될 수 있는 관계이다.' 따라서 기시오카처럼 '프롤레타리아의 대중적 조직이 아닌 어떤 다른 성질의 집단에게 계급적 대중적 지도를 요구하는 것은, 논쟁의 의의를 인식하지 못한다는 증거이다.' 나아가 혼다는, 노동자계급은 투쟁 속에서 자신의 실천을 통해 확인한 사실에서 출발해 계급투쟁의 기본방향을 밝히기 위한 전략을 설정해야 한다는 관점에서 노농파나 강좌파를 비판하는 것이고, 이를 통해 이론과 실천의 진정한 결합이 이뤄진다고 주장했다. 이는 기본적 조직 및 실천 활동의 우위를 강조하며 기시오카의 거꾸로 된 인식을 훌륭하게 논파해낸 것이다.[1]

이렇게 이론과 실천의 결합이라는 관점에서 이뤄진 논쟁에 대한 비판은, 그 후 한층 심화하였다. 한 선원이 직장의 현실을 통해 본 논쟁에 대한 전반적 평가와 비판이 곧이어 게재한 것이다.[2] 선원 요시오카는 '선원과 선사 사이의 관계에서 또한 나타나는 수화부장[3] 등에 의한

---

1   혼다 「'분석' 독자의 질문 『分析』読者の質問 」, 『시국신문』, 1935년 12월 23일.

2   요시오카 吉岡, 「선원의 입장에서 '분석' 논쟁을 평하다 船員の立場より『分析』論争を評す」, 『시국신문』, 1936년 1월 13일.

3   기관장 혹은 갑판장등으로 여겨짐._옮긴이

야만적 통제, 중간 착취'에서도, 노농파 공식주의 이론의 오류와 강좌파의 정당성이 입증된다며, 구체적 사례를 든다(다만, 그는 '분석'이 항만해안 노동력 서열의 '기축'이 하역 인부 석탄계[1], 기관부 화부, 취사부 요리인 등의 계열이라 보는 점을 비판하고, 이것을 하역 인부 잡화계, 갑판부 수부, 기관부 화부로 정정해야 한다고 주장한다).

이어서 그는 '현실적 문제의 해결은 이론적 연구를 통해 즉시 이룰 수 있는 것은 아니다. 실천적 투쟁의 담지자야말로 그 투쟁의 과정에 있어 전술의 이론적 설정을 수행한다.'라며 기시오카를 비판한 혼다에게 근본적으로 동의하며 다음과 같이 말한다. '우리가 야마다 등에게 요구하고 싶은 것은, 이론의 당파성을 한층 전진시키는 것이다. 이론의 당파성이 갖는 의의는, … 논쟁 적수의 이론에 포함된 반계급적 역할과 그 부르주아 계급적 기초를 항상 철저하게 폭로하고 명시하고 명확히 하는 점에 있다. 현재의 분석 논쟁이 … 주로 한 종류의 그룹별·당파별 학자들 사이의 이론적 문제에 지나지 않는다는 시각이 생기거나, 혹은 그렇게 볼 구실이 생기는 것도, 절반의 원인은 그들이 정말로 이러한 이론의 당파성이 갖는 의의를 철저하게 파악하지 못하고, 이를 밀어붙이지 않았기 때문이다.', "여기서 우리는 그들이 '서재에 틀어박혀 있음'을, 혹은 '현실적 문제에 지시를 내리지 않음'을 비난하는 것이 아니라, 반대로 자기가 서 있는 곳의 지위와 역할을 자각하지 못하고 있던 점을 비난한다." 이는 기시오카의 입장과 반대로 강좌파가 이론의 당파성과 실천의 우위성에 있어 갖는 근본결함을 명백히 밝히고, 나아가 전 논쟁의 방식에 대해 평가한 것이다.

---

1   하역노동자. 沖人夫.

2. '분석' 논쟁의 새로운 개입자

이상과 같이 이론투쟁 방식의 반성을 촉구하는 노동자들의 비판을 전후하여, 강좌파·노농파 쌍방에 대한 새로운 비판자들이 등장한다. 우선 야마다의 특징적인 분석방법론을 문제 삼은 아카기 슌이치 赤木 俊一, 요코세 타케야 橫瀨毅八 (본명 츠시마 타다유키(対馬忠行)) 등을 살펴보자.

아카기는 사키사카가 야마다의 주장에 논증이 부족하고, 발전이 없고, 계급대립이 명백하지 않다고 비판한 것은 애매하다고 보고, '일본 자본주의를 재생산론이라는 협소한 틀 안에서 분석하려는 시도는 실제로는 무리이다.'라며 다음과 같은 자신의 견해를 밝힌다. 대체로 자본주의의 성립과정은 직접생산자로부터 생산수단이 수탈되고, 자본가와 노동자가 형성되는 과정임에도 불구하고, 야마다의 방법론은 이를 재생산론의 구체화라는 문제로서 파악하려 하므로, 이 과정이 생산 회전이라고 하는 자연적 과정으로 그려지고, 사람과 사람 사이의 사회적 관계가 사물과 사물 사이의 물적 관계의 배후로 떨어져 버리며, 그렇기에 계급대립을 보는 시야가 사라지고, 발전의 계기가 없어지게 된다.[1] 여기서 처음으로 재생산론의 적용이라는 야마다의 독자적인 방법론을 본격적인 비판의 대상으로 삼는 관점이 등장했다.

요코세도 마찬가지로 야마다의 방법론적 약점을 지적한다. 그는 야마다의 '일본 자본주의의 기초규정으로서의 반봉건적 토지 소유제'라는 구조론을, 오카다·사키사카와 다른 시각에서 비판한다. 즉, 반봉건제가 잔존함을 인정하는 것은 좋으나, 그것이 일본 자본주의의 '기저'라 평가하는 것은 과도한 이론적 비약이며, 다음과 같이 그 이유를 말한다. "다들 알다시피 레닌은 '자본주의의 기초를 겨눈

---

1   「『일본 자본주의 분석』 논쟁의 초점, 의의 및 발전방향『日本資本主義分析』論争の焦点·意義 及び発展方向」, 『샐러리맨』, 1935년 11월.

투쟁'과 '농노제의 다양한 잔존물에서 자본주의의 기초를 닦기 위한 투쟁'을 분명하게 이론적으로 구별하는데, 소위 '기저설'에서는 이론적·필연적으로 이러한 구별이 나올 수 없다. 또한 후자의 투쟁에 있어서 프롤레타리아 헤게모니가 괴상해지고, 오히려 농민의 헤게모니가 현실적으로 된다. 그뿐만 아니라, 후자의 투쟁은 그것 자체가 전자의 투쟁이기도 한 것이 된다. 반농노제야말로 자본주의의 '기초규정'이라고 보기 때문이다."라는 것이다.[1] 여기서는 야마다 방법론의 편향이 '기저로서의 반농노제'라는 구조론의 편향 탓에 생겨난다는 점이 비판의 도마 위에 올려진다.

한편 세키네 에츠로, 타치다 시노부(본명 이노우에 하루마루(井上晴丸)) 등의 논객은 노농파, 특히 사키사카의 방법론 속의 오류를 밝히며 강좌파의 기본 이론을 옹호한다.

우선 세키네는 사키사카가 방법적으로 무지하다 비판하며 이렇게 말한다. ─사키사카는 '분석'의 방법론을 문제삼으면서도, 중요한 문제이기도 한 이를 분석하기 위한 단서, 즉 야마다가 말한 '산업자본이 확립되는 과정에서, 형태, 즉 자본주의의 구조적 특질이 규정'되는 점을 놓치고 있다. 그리고는 갑자기 형태의 변화를 문제로 삼는다. 이것은 근본적인 지점을 건너뛴 피상적인 관찰이다(사키사카의 방법적 무지는, 이미 그가 야마다의 두 저서 사이에 어떠한 관련이 있는지에 관한 논증이 없다고 비판한 것 자체에 폭로되어 있다).

세키네는 이어서 이렇게 말한다. 자본주의의 특질을 규정하는 형태는, 사키사카가 주장하는 것처럼 자본주의의 발전과 함께 변화하는 비본질적인 것이 아니며, 그렇기에 발전을 형태라 보는 사키사카는 형태를 구조적 특질의 진정한 의미를 이해하고 있지 않다. 이는 형태와 발전에 관한 내용, 즉 위 논쟁의 핵심을 찌른 것이다. 그

---

1   「일본 자본주의 논쟁 개관 日本資本主義論争概観」, 『사회평론』, 1936년 3월.

러나 세키네가 '이 특질은 자본주의 고유의 것이고 내재적인 것이기 때문에 어느 정도 본질적인 것으로, 이 특질은 한 발전 시기에도, 다른 발전 시기를 통해서도, 경우에 따라서는 자본주의의 모든 시기를 통해서도 존재'하므로, 따라서 '최초의 특질을 규정하는 것이 가장 중요하고, 야마다는 산업자본 확립기를 통해 이 점을 분석하기 위해 힘을 쏟았다.'라는 등의 얘기를 한 것은, 명백하게 야마다 적 방법론에 포섭된 나머지 문제를 역전시켜버렸다.[1]

타치다의 사키사카 비판은 그보다 체계적이다. 그는 각종 저서와 논문을 통해 단순히 방법론뿐이 아니라 구조론·농업론 전반에 걸쳐 강좌파의 입론을 심화하며 사키사카 이론의 오류를 밝히고자 했다. 첫째는 사키사카의 방법론의 오류에 대한 것이다. 문제는 '자본주의의 구조적 특질이, 어째서 일본에서는 산업자본 확립 과정에 관한 규정 속에 결정적으로 응집되어 있는가'라는 점이다. 이것을 이해하기 위해서는 범주적·단계적 시각 모두를 통해 이 과정을 보아야 한다. 그런데 사키사카 등은 그 후자, 즉 단계적 시각을 결여했다는 점에서 오류이다. 그 때문에 산업자본이 확립되고 제국주의로 전화하는 단계에서 제국주의의 본격적 확립, 일반적 위기로의 돌입단계로 향하는 과정을 '구조적 변혁'이라는 식의 두루뭉술한 일반성으로 단순하게 해소해 버린다. 또, 일본 자본주의의 진정한 특질이나 그 해체의 특질, 필연성도 이해할 수 없는 것이 되어버린다.

둘째는 사키사카 이론에서 자본주의의 발전과 함께 농노제는 해체되고 농업이 자본주의화한다는 오류에 대하여서이다. 여기서도 문제는 '반농노제 붕괴를 항시적으로 촉발하고 있는 자본주의가, 어째서 농노제의 패퇴와 농업 자본주의의 승리를 통해 자기를 실현하지 않는가'라는 점이다. 이 경우 '하나의 구성에서 다른 구성으로의 과도기

---

1 「일본 자본주의 분석 논쟁의 전망 日本資本主義分析論争の展望」, 『샐러리맨』, 1936년 2월.

를 이해할 때 절대적으로 필요한, 우클라드(경제 제도)에 관한 레닌주의 적 학설'을 습득하는 것이 중요하다. 상품경제가 반농노제적 농업으로 침투하면, 이는 생산력들의 발전에 어떠한 형태로든 강력한 자극을 준다. 하지만 이 상품경제의 발전은, '재판再版' 농노제적 구성 속에서는 하나의 상품적 우클라드로서 전개될 수 없다. 이 '재판' 농노제의 기본모순은, 어디까지나 반예농주적 지주와 반농노적 빈농 간의 적대적 모순이지, 상품적 생산과 반농노제적 농경 간의 모순이 아니기 때문이다. 단지 전자의 모순이 상품적 우클라드를 통해 격렬하게 발생하고, 농노제의 위기를 고조시키는 것일 뿐이다. 따라서 반농노제적 농업의 분해와 파괴가 곧 자본주의로의 이행을 의미한다는 식으로 해석하는 사키사카의 주장은 옳지 않다.[1]

셋째는 단계적 파악에서 일본 농업 자본주의화를 저지하는 요인에 관하여서이다. 타치다는 또 다른 논고를 통해 사키사카 등은 단계적인 시각이 결여되어 있으므로 현실에서 일본 농업 자본주의화를 저지하는 요인이 무엇인지 파악할 수 없다고 주장한다. 그는 이렇게 말한다. ―산업자본이 자생적으로 생성되는 경우, 우선 농경이 각종 산업부문으로 분기된다. 그것에 의해 농노제적 소경영이 해체되고, 농경의 상품 생산화가 촉진된다. 동시에, 각각의 산업자본 사이에서 자유경쟁이 전개되고, 자본이 농업을 포함한 사회의 모든 방면으로 침투하게 된다. 그런데 일본처럼 자본의 자유경쟁 단계가 생략되어 처음부터 독점자본적 구성이 취해진 경우, 산업자본이 자생적으로 생성되는 것을 의미하는 농경의 가공산업으로의 분기가 독점자본의 지배 때문에 정체되고, 농경 내부의 (상품으로서의 노동력을 포함한)상품화가 기형적으로 일어난다. 그렇기에 일본과 같은 반봉건적 독점자본주의에

1　「반봉건적농업분괴의 일본적특질에 관한 시론 半封建的農業分壞の日本的特質に關する試論」, 『경제평론』, 1936년 4월.

서 농업의 자본주의화를 저지하는 요인은, 높은 가격의 봉건지대가 이윤이 발생하는 것을 허용하지 않는다는 점 뿐 아니라, 이 때문에 독점자본으로 인한 제약과 속박이 가내수공업이나 가공산업이 농경으로부터 분기·독립하는 것을 정체시킨다는 점에도 있다.[1] 요약하자면, 타치다는 농업의 자본주의적 발전이 반농노제와 독점자본 쌍방의 상호규정적 관계 탓에 저지된다는 것은, 일본 자본주의가 자유경쟁 단계를 건너뛰며 동시에 제국주의로의 전화가 일어났기 때문이라는 단계적 파악을 통해 비로소 밝혀진다는 점을 실증한 것이다.

마지막으로 타치다는 사키사카가 제출한 '나폴레옹 관념'의 기초에 대한 문제에 대해서도 다음과 같이 회답한다. 이른바 '나폴레옹 관념'은, 프랑스적 소농의 사회적 성질—자급자족경제가 갖는 고립 분산성으로 인한 강권에 대한 의존, 소규모 토지 소유에 체화된 신성한 재산의 방위와 그것의 연장인 국토방위 관념 등—에 기초한다. 사키사카는 이것을 근거로, 일본에 소농이 존재하지 않는다면 '나폴레옹 관념'도 존재하지 않아야 한다고 주장한다. 물론 일본에 소농은 존재하지 않는다. 그러나 '나폴레옹 관념'은 엄연히 존재한다—일본적 특수성을 띤 채로 말이다. 이 특수성은, 일본 자작농의 특수한 지위와 역할에서 나온다. 자작농의 관념은 본질적으론 봉건적이고 지주의 기생적 행태에 대한 동경으로 가득하므로, 그것은 지주에 대한 소작농의 투쟁으로 인한 반봉건적 생산관계의 동요에 대항하는 가장 유력한 요새가 된다. 프랑스에서 소농의 분할지소유가 봉건적 지배세력을 일소하는 공격점을 부여했다면, 일본에서는 역으로 자작농의 토지 소유가 봉건적 지배세력이 부르주아 사회에도 지속될 수 있도록 하는 엄호체가 된 것이다. 다만, 이 중견 자작농, 즉 중농의 상층이 관료기구의 사회적 기

---

1   「독점자본과 봉건적토지소유의 상관관계에 의한 일본농업자본주의화의 저해 独占資本と封建的土地所有との相関に因る日本農業資本主義の障碍」, 『경제평론』, 1936년 8월.

초를 이루고 있는 점, 이들이 정예 군대의 공급원인 점에 있어서는 프랑스 소농의 경우와 동일하다.[1] 요약하자면 프랑스 보나파르티즘의 사회적 기초가 소농층의 지지였던 것과 마찬가지로, 일본의 절대주의 권력도 그 사회적 기초로 중견 자작농(중농 상층)에 의존했다.

이러한 타치다의 입론은 사키사카에 대한 전면적인 반격을 시도한 것이라 할 수 있고, 그의 마지막 노작이기도 했다.

3. 강좌파 검거 후의 논쟁

타치다의 마지막 반박 논고가 발표된 지 얼마 지나지 않은 1936년 6, 7월 강좌파의 중심인물(히라노, 야마다, 고바야시, 아이카와 등)이 일제 검거되었기 때문에 노농파-해당파와의 이론투쟁은 갑작스럽게 중지된다. 일본 정부는 1935년 후반 공산당 재건조직을 탄압했고, 이어서 실천활동에서 한 걸음 비껴나 있던 강좌파 및 그 주위의 지식분자들을 재차 탄압했다. 이러한 사정 때문에 모든 논쟁은 흐지부지되리라 여겨졌지만, 10월에 이르러 앞선 장에서 소개하였듯 이노마타 츠나오가 재등장하며 '분석' 논쟁이 (비록 소규모이지만) 재개되었다.

그러나 여기서 이노마타가 제기한 비판은, 전략논쟁 이래 그가 반복적으로 주장한 기초적인 논점과 거의 차이가 없었다. 따라서 그가 야마다의 '분석'이 도식화이며 기계적인 파악이라며 지적한 사례들, 그리고 유신 이후의 토지제도나 지주계급의 특질에 있어 야마다-히라노 설에 대해 행한 반박들은 그때까지의 노농파적 비판의 내용과 거의 다르지 않다. 그러나, 이노마타는 '일본의 고비율 소작료의 결정적 요인인 소작인 간의 경쟁이 반봉건적인 제조건 하에

---

1   『일본산업조합론 日本産業組合論』, 1937년 8월 간행. 81~82쪽.

서 일어났다는 점이 중요하다.'라며 새롭게 문제를 제기하였는데, 여기에 소개해두도록 하겠다.

이노마타는 이렇게 말했다. "일본에서 고리대자본의 독특한 발전 형태, 일본 촌락공동체의 독특한 구성, 이 양자를 연관지어 분석해야 한다. 그러한 촌락공동체 … 에는 본래적 의미의 '경제외적 강제'와 혼동되는 관행적 질서마저 보여진다. 게다가, 그러한 구성의 촌락공동체가 발달한 자본주의의 환경 가운데 놓였음에도 완강한 자기 보존성을 나타내고 있다. 일본의 촌락공동체는 어떤 면에서 항상 세계적으로 유례없이 발전한 수전 경작(논농사) 방법에 의해 제약되는 요구들을 체현하고 있기 때문이다. 나는 어쨌든 이 촌락공동체의 내부구조를 적확하게 도출해낸다면, 현재의 토지 소유관계에 있어서 '반봉건적인 것'의 정체 또한 알아낼 수 있다고 생각한다."[1] 단, 이노마타에 따르면 이 촌락공동체에서의 반봉건적 관계는, 자본주의의 발달에 따른 자연적 해소가 불가능함에도, 범주로서 봉건적인 것이 아니라 '중간적인 것'에 지나지 않는다. 결국, 이노마타는 마지막까지 노농파인 것이다.

이러한 이노마타의 주장에 대해, '분석'은 결코 도식화가 아니라며 야마다를 옹호하는 우치다 죠키치 内田穣吉, 이노마타의 비판은 충분치 않다고 주장한 기무라 木村荘之助 등에 의한 반박이 이뤄졌으나, 지금까지 반복된 내용과 별로 다르지 않으므로 여기서는 생략한다.[2]

이노마타를 비판한 기무라는, 그의 저서 『일본소작제도론 日本小作制度論』에서 강좌파 중에서도 특히 야마다의 '분석' 및 그 계통을 잇는 특징적인 방법론에 대한 체계적인 비판과 재검토를 시도하기도 했다. 이는 후기에 두드러지게 되는 중간파적 비판의 집대성이라

---

1   「봉건유제논쟁에 대하여 封建遺制論争に寄せて」, 『중앙공론』, 1936년 10월.

2   우치다, 『일본 자본주의 논쟁 日本資本主義論争』, 1937년 2월 간행, 기무라, 「봉건유제논쟁에 대하여」, 『중앙공론』, 1936년 12월.

할 수 있는데, 다음과 같이 요약할 수 있다.

첫째, 지금까지 계속해서 제기된 재생산론의 구체화 문제에 대해, 기무라는 다음과 같이 '분석'을 비판한다. "마르크스의 '재생산론'은, … 많은 사상과 가정을 통해, 자본주의 생산에서의 순수한 범주, 순수한 형태를 밝히고, 확정한다. 그러나 구체적으로는, 특수한 자본주의의 재생산에 있어서는, 위와 같은 범주와 형태는 특수성을 띤 채 나타나며, 내재된 법칙은 일반적 경향으로서 나타난다." 즉 순수한 '자본제 형태'라는 것은, 자본주의 생산 일반을 관통하고 또 그것의 모든 생애에서 통용되는 형태인데, 특수 '자본제 형', 가령 '일본형'이라는 것은, 정확하게는 고작 일본 자본주의에서만 통용되는 형태일 뿐 아니라, 그 형태가 분석된 시기(메이지 30~40년)에만 통용될 수 있는 형태이다. 그런데 '분석'은 단순히 산업자본 확립기의 '재생산과정 파악'만을 했음에도, 그것을 통해 모든 생애의 분석이 완성되었다고 생각한 나머지 메이지 시대와 쇼와 시대를 동일한 하나의 형태로 만들어버리는 등, 재생산론의 구체화도 올바르게 진행하지 않았다. 일본 자본주의의 전체 생애를 파악하기 위해서는 '분석'이 아니라 '역사적 분석', 즉 발달사가 필요하다.

둘째, 이러한 방법에서 비롯된 구조론 전체의 파악을 위한 방법론에 대하여 기무라는 이렇게 말한다. "'봉건파(강좌파_옮긴이)'의 오류는, 자본제 생산방법의 지배하에 봉건적 생산양식이 존속 혹은 잔존할 수 있다(소극적 의미)는 올바른 견해에서 한발 나아가 봉건적 생산양식이 자본제 생산방법의 지배에 필요한 존재 혹은 불가결한 것이 될 수 있다(적극적 의미)는 잘못된 견해로 전화한 점이다. … '봉건파'에게 이 중대한 원칙적 오류가 존재하는 까닭에 '노농파'의 일반론적인 '봉건파' 비판도 일정 정도의 타당성을 확보할 수 있었고, 그렇기에 계급적 함의와 풍부한 자료에 근거하고 있었음에도 '봉건파'의 견해는 온전히 타당한 것이 될 수 없다."

이렇게 강좌파의 약점을 짚고, 기무라는 이어서 이러한 원칙적 오류를 구체적으로 설명한다. '농노제의 유물이 자본주의의 발달로 인해 필연적으로 소멸하는 것은, 움직일 수 없는 원칙, 불변의 법칙이다.', '그러나, 만약 이러한 일반적 법칙이 일본에서 특수성을 띤 채 발현된다는 식이 아니라, 일반적 법칙이 발현하지 않는 것이 특수성이라고 주장한다면, 그것은 그저 특수성을 규명하는 것을 넘어 일반적 법칙을 부인하는 것임을 명심해야 한다.' 요약하자면, 야마다가 말한 '특수성(일본형)'이, 자본주의 발전의 일반적 법칙을 부정하는 것이라는 점에서 방법론에 근본적인 오류가 있다는 것이다.

셋째, 그렇다면 기무라는 '특수성'을 어떻게 파악하는가. 그는 특수성이란 '후진성'일 뿐이라 단언한다. 레닌은 "러시아의 '특수성'은 러시아의 후진성을 의미한다. 농민의 앞에는 자본가적 지주가 서 있는 것이 아니라, 러시아의 경제적·정치적 후진성을 유지시키는 농노제적 대지주가 서 있다."[1]라고 했으며, 또한 '자본주의적 발전은 서유럽 국가들의 일반적 경제적 구조를 상호 접근시킬 뿐 아니라, 또한 러시아의 그것을 서유럽과 접근시킨 …'[2]라는 말에서 보이듯 자본주의의 발전과 함께 특수성은 해소되므로, 그것은 또한 후진성이기도 하다.

이것을 일본에 대입할 경우, 봉건파가 일본의 특수성이라 강조하는 노동자·농민의 반노예적, 반예농적 상태는, 유럽 선진국에서 과거 존재했던 상태이다. 그 '특수성(일본형)'은, 결국 자본주의의 발달이 자생적이지 않고 외국 자본제 생산양식의 이식에 의존한다는 일반적 특수성(후진성) 외에, 봉건성이 극히 짧은 기간 내에 급속히 붕괴했다는 일본적 특수성(후진성)에 기초한다.

기무라에 따르면, 산업자본과 제국주의의 동시적 확립이라는 것

---

1   『농민층과 노동자계급』
2   『농업문제와 마르크스 비판가』

또한, '반봉건성 비해소'론의 논거가 될 수 없다. 아마도 제국주의 단계에서도 봉건제의 분해는 진행되며, 그 증거로 레닌이 구 러시아의 제국주의 단계를 다룬 많은 저작에서 봉건제의 붕괴에 대해 말하고 있다는 점을 들 수 있다.

마지막으로 그는, 부르주아지와 지주의 관계에 대해 말한다. 이 양자는 본래 소작료와 쌀값을 둘러싼 이해관계의 대립이 있었다. 그런데도 그들이 타협한 것은, 타협 자체에 이익이 있어서가 아니라 프롤레타리아트의 등장이 두려웠기 때문이다. 그러나 이러한 타협의 정치적 필요에도 불구하고 자본주의가 발전하기 위해서는 봉건적 토지 소유가 해체될 필요가 있었다. 그렇기에 '반봉건적 소작료가 일본 자본주의의 발달에 필요했다고 적극적으로 주장하는 것'은 '오류'이다.

4. '분석' 논쟁의 종결

이상과 같이 후기 '분석' 논쟁에서는 노동자로부터의 논쟁 비판, 중간파적 이론가의 등장, 강좌파 이론의 발전·수정·심화를 위한 노력, 강좌파 주력의 권력에 의한 괴멸, 노농파 원로의 복귀 등 많은 상황이 극히 복잡하게 전개되었다. 개중에는 이미 종결된 논점을 다시 끄집어내는 것에 지나지 않는 사건이나, 부분적으로는 강좌파에 결여된 부분을 날카롭게 짚어내어, 이것을 수정하고 심화시킨 사건도 있었다. 그러나, 전체적으로 볼 때 강좌파가 잃어버린 이론과 실천의 결합은, 두 번 다시 회복되지 않는다. 차츰 논쟁 자체가 갖는 당파성조차 변질되었고, 그저 이론만을 위한 이론의 경향이 강해지고, 노농파의 책팔이식 책동만이 보이게 되었다. 때문에 논전은 외면상으론 화려했지만 내면은 활기를 잃고, 논점이 말소되고, 올바르게 나아갈 방향을 잃었다. 정치정세 위기가 고조되고 중일전쟁이 가까워짐에 따라, 이론 논전은 말기적 징후를 보이기 시작했다. 당시의 상태를 간단히 살펴보자.

앞서 다룬 기무라의 강좌파 비판이 나온 시점에서 이미 야마다 등 강좌파 주요 이론가들은 자유를 빼앗긴 상태였기에 더 이상 유의미한 반박을 낼 수 없었다. 니시무라 쇼우西村將 등이 「『경제외적 강제』에 관한 비망록『経済外的強制』に関する覚書」[1]을 통해 기무라의 '특수성-후진성'설에 대한 약간의 반박을 시도했을 뿐이었다. 니시무라는 이렇게 말한다. 특수성이 후진성이라는 주장은 개별 산업부문 각각의 생산양식을 다룰 때 한해서 타당하며(레닌의 앞선 인용문도 러시아의 농업에 대해 말하고 있다), 그러한 개별 특수성의 종합 위에 자리한 총구조의 특수성을 다룰 경우에는 통용되지 않는다. 야마다 등이 주장하는 특수성은 이 후자의 의미의 것이며, 이러한 특수성은 아무리 노력한들 개별 산업부문에서 발견되는 부분적 후진성을 통해서는 결코 산출해낼 수 없다.

기무라는 즉시 이에 답했고[2], 이후 니시무라, 기무라, 나카가와 키요시中川清 (본명 구리하라 하쿠쥬(栗原白寿)) 사이에 이 문제를 둘러싼 수차례에 걸친 논쟁이 반복되었다. 그러나 이미 해당 논쟁의 논점은 극히 사소해졌고, 일본의 문제에 직접적으로 관련된 것은 아니므로 여기서는 생략하겠다.

이상과 같이 논쟁은 차례차례 종결되었다. 이윽고 1937년 7월, 중일전쟁의 총성이 울렸고, 일본의 지배계급은 아시아를 피로 얼룩지게 만든 무시무시한 침략 행동에 돌입했다.[3] 곧이어 노농파 일부에게까지도 정부의 검거의 손이 뻗치었고, 모든 논쟁은 완전히 자취를 감추게 된다.

---

1   『경제평론』, 1937년 1월.

2   「특수성과 후진성의 관계에 대하여特殊性と後進性との関係について」, 『경제평론』, 1937년 2월.

3   이 사이의 사정에 대해서는, 제7장 제1절을 보라.

제5장

1945

일본 농업문제에
관한 논쟁

전기

-'전(前)자본주의적 지대설'의 붕괴

1. 쿠시다설에 대한 비판과 반박

앞선 장에서 본 논쟁이 일본 자본주의의 구조적 특질이나 그 분석 방법에 관한 전반적 문제들에 관한 것이라면, 자본주의 논쟁의 또 다른 중심은 일본 농업문제에 관한 논쟁이었다. 일본 자본주의의 성격—나아가 당면한 혁명의 성격—이, 농업 생산관계의 역사적 성격(봉건적인가 자본주의적인가)에 따라 근본적으로 결정되는 것인 이상이 논쟁은 극히 중요하며, 자본주의 논쟁이 '봉건 논쟁'이라고도 불린 이유도 여기에 있었다.

그런데 이 문제에 대해, 전략논쟁 말기에 자본주의 논쟁의 서막으로 전개된 논전, 특히 해당파나 쿠시다의 농업이론에 대한 노로와 '프로과'의 비판에 대해서는, 이미 제2장의 소작료 논쟁에서 살펴본 바 있다. 1931년도에 이뤄진 이 논쟁이 일단 중단되며 쿠시다의 반격에 대한 재비판은 당분간은 등장하지 않았다. 그러다 『발달사강좌』가 간행되며 1933년부터 '매뉴팩쳐 논쟁' 및 기타 논쟁이 화려하게 전개된 것을 전후로, 이 쿠시다설에 대한 강좌파의 집중적인 공격이 이뤄지면서 이에 대한 활발한 논쟁이 다시 시작되었다. 이 농업논쟁은 쿠시다 이론에 대한 단순한 비판으로 끝난 '전기', 쿠시다의 사후 강좌파가 적극적으로 '반봉건지대론'을 전개·확립해간 '후기'로 나눌 수 있다.

1933년, 쿠시다 이론을 비판하는 오치아이 요우조落合洋三의 「일본* 소작료의 지대범주에 관하여吾国小作料の地代範疇について」[1], 핫토리 시소의 「유신사에 있어서의 "봉건성"과 "근대성"維新史に於ける『封建性』と『近代性』」[2], 아이카와 하루키의 「일본 농민의 계급 분화에 대하여日本農民の階級分化に就て」[3] 등 세 논문이 등장한다. 이들 세 명은 거의 동일한 선상에서 쿠시다를 비판하는데, 지대의 성질은 '생산수단의 소유자와 직접생산자의 직접적 관계'에 의해 결정되고, 그러한 관계는 〈봉건적 지주 대 농노〉와 〈농업자본가 대 농업노동자〉라는 두 가지 경우로 정리되므로, 지대는 전자의 상황에 해당하는 '잉여가치의 유일한 지배적 형태'인 봉건지대, 후자의 상황에 해당하는 '평균이윤보다 높은 농업의 평균이윤 초과분'인 자본가적 지대, 이 두 가지만 존재할 뿐 쿠시다가 주장하는 제3지대라는 것은 존재하지 않는다—로 요약할 수 있다.

위의 세 논문 외에도 『발달사강좌』 곳곳에서 단편적이긴 하나 날카롭게 쿠시다를 비판했다는 사실 또한 주목할 필요가 있다.[4]

이러한 비판에 대해, 쿠시다는 즉시 반박 논문을 통해 대답했다.[5] 그의 논지는 기존과 큰 차이가 없지만, 보충적인 설명을 통해 제

---

1   『사회』, 1933년 3월.

2   『역사과학』, 1933년 6월.

3   『무엇을 읽을 것인가何を読むべきか』, 1933년 6월.

4   가령, 히라노 요시타로, 「메이지 유신에서의 정치적 지배형태」, 48쪽. 야마다 모리타로, 「메이지 유신에서의 농업상의 제변혁」, 24쪽. 야마다 카츠지로, 「농업에서의 자본주의의 발달」, 7쪽 등등.

5   「소작료의 지대범주에 관하여小作料の地代範疇について」, 『오오하라 사회문제 연구소 잡지』, 1933년 7월.

3지대(전자본주의적 지대)에 충분한 근거가 있음을 역설한다. 그의 주장은 다음과 같이 요약할 수 있다. 지대가 잉여가치 전체를 흡수하는지, 혹은 일부를 흡수하는지를 기준으로 하여 봉건적 및 자본주의적 토지소유의 두 종류만 존재한다는 주장은 기계적이다. 가령 지대가 잉여가치의 전체 또는 그 이상을 흡수하는 경우에도, 토지의 매매·저당·임대차의 자유가 존재한다면 토지소유가 이미 형식적으로는 자본가적 생산조건에 따르고 있는 것이므로, 이것을 '근대적 토지소유'라 규정하여 '봉건적 토지소유'와 구별해야 한다. 일본의 소작농은 이러한 토지소유 하에 있고, 따라서 이것을 단순히 '생산수단 소유자와 직접생산자의 직접적 관계'라는 공식으로 확정할 순 없다. 그 관계가 갖는 특수한 형태가 문제이기 때문이다. 현재의 소작농으로부터 독립경영자라는 자격을 사상한다면 봉건시대의 소작농이 되고, 또 현재 지주가 갖는 고리대적·화폐관계적 성질을 무시하면 봉건영주와 다를 바 없을 것이다. 그렇기에 이런 특수한 형태의 소작 관계를 규정하는 경우, 지대는 봉건지대이거나 자본주의지대이며 제3지대를 인정할 수 없다는 주장은, 문제를 회피하는 것이다. 봉건지대부터 자본가적 지대로의 갑작스러운 이행 또한 드문 것이므로, 그 과도적 현상으로써 봉건적이지도 자본가적이지도 않은 지대는 존재해야 한다. 쿠시다는 이렇게 주장하고, 세 비판자의 비판이 '공식적', '기계적'이라 회답했다.

쿠시다는 이렇게 자신의 설을 옹호하는 한편, 나아가 강좌파의 일본의 대금납 소작료 또한 봉건적 생산물지대의 가상적 표현의 하나라는 주장에 대해 적극적인 반격을 시도한다.[1] 그는 이렇게 말했다. 애초에 대금납 소작료의 존재 자체가 그 대금 계산의 기초를 이

1   「대금납은 현물연공의 가상이다 代金納は現物年貢の仮想なりや」, 『오오하라 사회문제 연구소 잡지』, 1935년 2월.

루는 현물 소작료가 이미 봉건지대가 아니라는 증거이다. 왜냐하면 봉건적 생산물지대는 그 순수한 형태에 있어서는 자연경제를 기초로 하는 것이므로 가격을 갖지 않고, 따라서 화폐량 계산의 기초가 될 수 없기 때문이다.

이 논문은 그 당시 이미 집필이 끝나 있었지만, 그의 사후에 발표되었기 때문에 당시의 논쟁 대상은 아니었다. 위에서 언급한 그보다 앞선 쿠시다의 논문에 대해서는 아이카와가 간결하게 논박하게 된다.

쿠시다의 논문이 나오고 다음 달 1933년 8월 아이카와는 『발달사강좌 発達史講座月報第七号』(월보 제7호)에 실린 소논문 「소작료의 반예농제적성질 小作料の半隷農制的性質」에서 "쿠시다의 새 글이 의도하는 바는, … 첫째도 둘째도 농촌에 있어서의 잉여노동 흡수양식 혹은 방법의 '특수형태' 규정을 내세우며, 자신이 '반봉건적' 특질을 강조해오던 양 굴지만, 실제로는 이 반봉건적 특질을 해소 및 말살해버리는 것이다."[1]고 지적하며, 쿠시다의 이른바 '특수형태' 주장의 세 측면을 다음과 같이 비판한다. 첫째, 쿠시다는 그저 화폐에 의한 농촌 해체과정의 현상에 지나지 않는 토지의 매매·임대차·저당의 자유를 들어 곧바로 '근대적 토지소유'라 규정하는데, 이것은 생산은 결국 착취양식이라는 기존의 기준을 무시한 오류이다. 둘째, 쿠시다는 현물 소작료를 봉건지대가 아니라 '상품적 현물지대'라 보고, 또한 소작료의 높은 비율을 소작인의 '경쟁' 탓으로 돌리고 있는데, 그는 이를 통해 진정한 착취관계를 말소하고자 한다. 셋째, 쿠시다는 소작농을 '독립적인 경영자'로 여기는 오류를 저질렀다. 쿠시다도 인정하듯이, 잉여노동 전체가 흡수당해 이윤이 성립할 여지가 없는 일본의 소작농의 경우, '경영' 범주의 성립이 불가능하다는

1   「소작료의 반예농제적 성질」, 『발달사강좌』, 월보 제7호, 10쪽.

점은 분명하다. 집이나 농구류 소유는 오히려 소작농의 반예농적 성질을 보여주는 것으로 보아야 한다.

2. 쿠시다 사후의 소작료 논쟁

이상의 아이카와의 비판에 대해 쿠시다가 반박하지 못한 채, 그가 글을 게재하던 『오오하라 사회문제 연구소 잡지』(이하 오오하라 잡지)는 「소작료의 지대 범주에 대하여」를 게재하고 얼마 지나지 않아 휴간해버렸다.[1] 오오하라 잡지는 약 8개월이 지난 1934년 7월에서야 월간지로 재간행된다.[2]

『오오하라 잡지』 재간 제4호 이후 쿠시다의 역작 「쌀생산비에 관하여 米生産費について」가 3회에 걸쳐 연재되었다.[3] 이것은 딱히 논쟁을 목적으로 한 것은 아니고, 그저 그의 지론이었던 제3지대를 구체적으로 입증하기 위해 제국농회 帝国農会[4] 조사자료에 기초해 일본의 자작농이 '현금지출을 가산한 토지 자본과 이자의 비율[5] 측면에서 볼 때 단순한 상품생산자 이상의 존재이며, 자급지출분을 평가하지 않은 측면에서 보면 다분히 봉건적·자연경제적이다.'[6]라는 것을 논증하려 했다. 즉 자작농이 봉건적이지도 자본가적이지도 않은, 거기에 봉건적 요소를 여전히 가지면서 자본주의 경제에 진입하고 있

---

1   1933년 11월, 제10권 제3호.

2   이 사이 논단에서는 막말 유신사 논쟁이 전개되고 있었다.

3   『오오하라 잡지』, 1934년 10월, 11월, 1935년 1월.

4   1910년 설립된 일본 정부의 중앙 농업기구.

5   전집판에서는 토지자본 이자비(比) 평가.

6   『오오하라 잡지』, 1934년, 11월호, 22쪽.

는 '과소농'이라는 점을 논증하려 한 것이었다. 그런 점에 입각한 이상 이 논문은 후에 아이카와가 적절히 지적했듯이 쿠시다 제3지대설의 자작농 판이라 할 수 있는데, 이는 논쟁의 중심에서 약간 벗어나 있으므로 이정도를 다루는 것으로 마무리하겠다.

이렇게 노농파, 해당파 진영을 대표해 농업문제 논쟁 전기에 큰 활약을 한 쿠시다는, 1934년 11월에 「쌀생산비에 관하여」의 후속 논문을 집필하던 중 원고를 안은 채 쓰러진 후 4일 뒤 급사한다. 이후 오오우치 효에이 大內兵衞, 모리토 타츠오 森戸辰男, 곤다 야스노스케 權田保之助, 하세가와 뇨제칸 長谷川如是閑, 하시라이 고조 柱井浩三, 키타 히사카즈 北久一 등의 추도문[1]이 발표되는데, 강좌파는 대표적인 학자들을 통해 쿠시다 이론에 대한 총결산적인 비판을 시도한다. 아이카와 하루키의 「쿠시다 타미조씨의 이론경향 櫛田民藏氏の理論傾向」[2]이 그것이다.

여기서 아이카와는 다시금 이전의 논점을 통해 쿠시다 이론의 결함을 강조했다. 쿠시다 이론에서 지대의 성질이 최초에 지대를 생성하는 생산 및 착취양식의 기초분석에 의해 규정되는 것이 아니라, 토지상품화를 전제로 소작료가 관념적으로 화폐화된다는 유통과정의 계기에 의해 규정되고 있다는 점, 그리고 봉건적 토지소유의 해체로부터 태어난 영국, 프랑스, 서부 독일 등의 독립자영농민의 자유로운 토지소유를 일본의 경우에 그릇되게 유추적용하여 제3지대(전자본주의적 지대)를 도출해내는 점 등을 강조하며, 아이카와는 그의 앞선 논문의 내용을 구체화한다.

이러한 아이카와의 장송곡을 마지막으로 쿠시다 설을 둘러싼 논전은 일단락되었다. 그리고 이 논쟁의 성과 위에서 히라노 등에 의

1   『중앙공론』, 『개조』, 『사회』, 『경제왕래 經濟往来』, 1934년 12월.

2   『경제평론』, 1935년 1, 2월.

한 소위 '반봉건지대론'이 전개되고, 이를 둘러싼 또 하나의 논쟁이 발전하는데, 그것에 대해서는 다른 절에서 다룰 것이다. 여기서는 쿠시다 설을 둘러싼 논쟁 중 마지막으로 쿠시다의 유고 두 편과 그 것에 대한 타치다의 비판[1]을 간단하게 소개해두고자 한다.

첫 번째 유고 「일본농업에 있어서의 자본주의의 발전 日本農業における資本主義の発展」[2]은, 올렉 플레트너[3] 저 『일본의 농업문제』를 평가하며, 자신의 견해를 전개한 것이다. 여기에서의 주요한 논점은, 일본 농업에서 외견상으로는 아직 자본주의적 정형이 존재하지 않지만, 토지의 매매·저당·임대차의 자유에 의해 토지소유가 자본주의적 경영에 적응할 주요 조건은 확립되어 있고, 그 기초 위에서 농업경제의 상품화가 진행되고 있다는 점에서, 농업이 자본주의적 발전과정에 있다는 점이 드러난다—로 요약할 수 있다.

즉 토지상품화에 따른 메이지 전반기 쌀값 상승과 지조 금납화를 통해 얻은 이익으로 자작농 상층이 토지를 구입하여 지주로 전화했고, 자작농 하층은 소작농으로 전락했다고 할 수 있다. 따라서 일본의 지주는 독일이나 러시아의 지주와 달리 봉건적 토지소유의 잔존 세력이 아니고, 소작농 또한 러시아의 고역과 달리 주로 차지 借地 관계로써 발전했다. 그리고 그 차지는 자본주의적 경영을 위한 차지가 아니라 생활을 위한 차지가 지배적이므로, 차지 가격이 극히 높다. 그 결과, 생계 보조를 위해 소작농은 자작농 상층 혹은 자작농 겸 지주경영에 고용된 노동자가 될 수밖에 없다. 여기서 자본주의적 경영이 자작농 가운데 발전하는데, 그것은 결국 불로 지주와 농업 부르주아지 사이의 대립 관계를 촉진한다. 이상과 같이 쿠

---

1   「'전자본주의지대'론의 만가 『前資本主義地代』論の挽歌 」, 『경제평론』, 1935년 3월.

2   『중앙공론』, 1935년 2월.

3   올렉 빅토로비치 플레트너 Oleg Viktorovich Pletner, Олег Викторович Плетнер . 1893~1929년. 러시아의 일본 사학자, 경제학자.

시다는 일본농업에서 자본주의가 발전하고 있다고 보고, 이를 통해 지대 또한 과도적인 전자본주의적 지대에 속한다는 것을 간접적으로 입증하려 한다.

다음으로, 두 번째 유고 「최근의 토지소유의 이행最近時における土地所有の移行」[1]은, 농업공황 과정에서 토지소유의 이동(중소 지주의 감소와 대지주 및 소규모 토지소유자의 증가) 가운데 토지소유가 순수 사유재산의 법칙, 즉 과중한 경쟁에 놓이는 현상이 나타나고 있다고 주장하고, 이를 통해 농업의 자본주의화를 도출하려고 한다.

쿠시다의 미완성 유고에는 정제되지 않은 논리나 문장들이 있었는데, 타치다는 이를 통해 쿠시다의 이론 구성이 오류로 점철되었음을 알 수 있다며 비판한다. 그는 다음과 같이 지적한다. 쿠시다 이론은 일본의 '과소농적 토지소유(독립자영농)'를 가정하는 것에서 시작한다. 그런데, 봉건적 토지 소유가 해체되며 발생한 과소농은 농업 생산물이 상품화함에 따라 농업자본가와 농업노동자로 분화해야 하는데, 일본의 경우 상품화에 따른 자본주의화가 본래 방식대로 진행되는 게 아니라, 자작농이 대부 지주와 소작농으로 분화하고, 이를 토대로 토지 사유화 위에 차지계약 관계가 성립하게 된다. 따라서, 이렇게 자작농을 과소농이라 유추하고, 상품화를 성급하게 자본주의화로 상정하고, 자작농의 토지 소유를 규정한 것에서 지주적 토지 소유라는 규정을 도출해낸다는 거꾸로 된 방식, 이것이 쿠시다의 이론에서 여러 차례 지적되어 온 유통주의적 오류가 생겨난 원인이다. 이렇게 쿠시다 이론의 내면적 연관을 폭로한 타치다는, 봉건적 토지 소유에서 자본주의로의 점차적인 이행이란 개념에 기초한 쿠시다 이론체계는, 봉건적 토지 소유의 붕괴가 본질인 농업위기 문제를 이해하지 못할 뿐 아니라, 이것이 문제라는 것조차 파

---

1   『개조』, 1935년 2월.

악조차 못 한 것 아니냐며 날카롭게 지적했다.

　이상의 타치다의 비판, 그리고 앞서 다루었던 아이카와의 주장은, 제1장에서 다룬 바와 같이 소련에서 플레트너의 유통주의 농업이론에 대한 일련의 비판이 이뤄지고 있었다는 사실에서 또한 힘을 받고 있었다.

후기
-'반(半)봉건 지대론'의 확립

1. 히라노에 의한 농업론의 전면적 전개

앞서 다루었듯 일본의 소작료의 특질에 관한 논쟁은, 이노마타의 '고리지대론' 및 쿠시다의 '전자본주의적 지대론'에 대한 노로, 히라타 등의 비판으로 막을 열어, 『발달사강좌』 간행 후 쿠시다에 대한 비판을 통해 본격적으로 전개되었고, 초반엔 쿠시다와 아이카와 간의 논전을 통해 주로 벌어지다가 쿠시다가 급사한 후에는 타치다가 그의 유고를 비판한 것을 끝으로 일단락된 것으로 여겨졌다.

하지만 이 논쟁의 과정을 살펴보면, 강좌파가 쿠시다 농업이론을 극복하는 과정에서 충분한 이론적 뒷받침을 수행하지 않았음을 눈치챌 수 있다. 잡지 『마르크스주의』에서 비롯된 전통적 규정을 계승한 강좌파 논객들은, 지대의 역사적 성격의 규정은 농업생산과정에서의 착취관계에 의해 결정되어야만 한다고 강하게 주장했다. 그러나, 이 생산(착취관계)의 반봉건적 특질에 관한 본질적 해명이 불충분했기 때문에[1], 쿠시다의 이론을 '생산(착취관계) 자체의―봉건적이지

---

1   가령 다음에 다룰 '경제외적 강제' 등의 규정은 아직은 문제가 되지 않았다.

도 자본주의적이지도 않은—특수성을 파악하는 것이 문제이며, 그렇기에 유통과정의 계기를 두고 사고할 필요가 있다.'라고 변호할 수 있는 여지가 남았고, 이는 논쟁이 다시 불붙을 여지를 남겼다. 그래서 쿠시다 이론에 등장하는 '특수성' 너머에 사실은 생산관계의 본질을 얼버무리려는 의도가 있음을 완벽하게 반박하려면, 일본 농업의 생산관계에 대한 보다 구체적인 해명이 필요했다.

이 이론적 필요에 응답한 것이 약 반년 후 등장한 「근대적 토지소유형태 성립의 조건 近代的土地所有形態成立の条件」[1]에 포함된 히라노의 논문이었다. 이 시점에서 논쟁은 후기 단계에 들어서는데, 히라노를 중심으로 강좌파 이론이 적극적으로 확립되고, 오오우치, 후지이 藤井米蔵 등이 이를 공격하는 양상을 보이게 된다.

히라노는 위의 논문에서 우선 근대적(부르주아적) 토지 소유와 봉건적 토지 소유를 대비시키고, 양자가 생산과정에서의 제관계에 따라 명확히 구별된다는 것을 밝혔다. 근대적 토지 소유의 경우, 토지에 대한 임의의 자본 투하를 제약하는 토지 소유가 제거되기 때문에, 농업 자체가 자본주의적으로 경영되어야만 한다. 그에 반해, 봉건적 토지 소유의 경우, 농민으로부터 잉여노동 전체를 착취하는 과정은 신분적 종속관계에 의해, 나아가 경제외적 강제에 의해 이뤄진다. 히라노는 이렇게 두 생산 관계가 본질적으로 다름을 밝히고, 쿠시다가 '근대적 토지 소유'와 '부르주아적 토지 소유'를 구별하며 제3의 과도적 지대가 있다며 주장하는 것은, 달리 말하면 일본의 토지 소유가 부르주아 민주주의 혁명 없이 부르주아적 토지 소유로 이행했다는 것이라며 비판한다.

나아가 히라노는 이렇게 주장한다. 농업에서의 자본주의 일반이 아니라, 그 형태—즉 어떠한 계급이 어떠한 형태로 농업의 부르주아

1 『경제평론』, 1935년 9월.

민주주의적 변화를 일으키는가가 중요하며, 따라서 쿠시다가 서구의 척도를 근거로 일본의 경우를 유추하고, 일본 농업을 근대적 토지 소유, 혹은 그것의 과도적 형태로 보는 것은 결정적인 오류이다. 또, 쿠시다가 이러한 논리로 러시아의 고역까지도 봉건지대가 아니라 주장하는 것에 대해 '오류라기보다 사실상 사기'라 비판하며 논문을 마무리한다.

위의 주목할만한 논문에 이어, 히라노는 한달 후 『역사과학』 10월호에 발표한 「농노제의 재편성의 기초 위에서 행해진 지주적, 농업경영의 발전 農奴制の再編成の基礎上に行われた地主的=農業経営の発展」을 통해 쿠시다 설을 다음과 같이 비판한다. 영국처럼 매뉴팩쳐 발전이 공동지에 대한 철저한 수탈로 이어지고, 토지를 잃은 농민이 자본주의적 농민 혹은 임노동자로 흡수되는 경우, 근대적 토지 소유가 성립하고 고전적 농업 자본주의 발전이 가능해진다. 이에 반해 프로이센과 같이 매뉴팩쳐가 미발달한 상태에서 공동지 수탈이 이뤄지는 경우, 궁핍화한 농민을 통해 지주적 경영이 발전하고, 이른바 '재판' 농노제, 즉 반봉건적 대토지소유로 재편성된다. 히라노는 이렇게 공동지 수탈이 '서구형'과 '동구형'으로 구별됨을 자세히 논했다. 그리고 이 관점에서 고역 지대가 공동지 수탈로 생겨났으니 자본가적 지대로 가는 과도형태라는 쿠시다의 이론[1]은 그 역사적 형태의 상이함을 이해하지 못한 것이라 비판한다.

히라노의 비판에 대해, 고인이 된 쿠시다 대신 오오우치가 반격에 나선다.[2] 그는 세상을 뜬 자신의 동지의 공적을 기리고는, 세 가지를 들어 히라노에 항변한다. 첫째, 쿠시다가 일본의 토지 소유를 영국을 척도 삼아 보고 있다는 것은 히라노의 억측이고, 쿠시다

1   「과도기에서의 현물지대의 의의」, 『개조』, 1935년 3월.

2   「쿠시다에 대한 『사실상의 허위』의 무고에 대하여 櫛田氏にたいする『事実上の虚偽』の誣告について」, 『개조』, 1935년 11월.

는 오히려 일본의 토지 소유를 프랑스적이라 생각했다. 둘째, 따라서 쿠시다는 일본의 경우를 근대적 토지 소유라고 하지 않았고, 그것으로의 과도형태라고 정의했다. 양자를 동일하게 봤다는 주장은 히라노가 쿠시다의 주장을 잘못 이해했다는 증거이다. 셋째, 러시아의 고역지대가 봉건지대가 아니라는 쿠시다의 주장은 옳다. 러시아의 고역지대는 봉건적 부역의 잔존물이기는 하지만, 그것이 항시 자본가적 착취 형태와 결합하여 있고, 잉여가치의 일반적 형태가 아니라 잉여가치의 일부에 지나지 않기 때문에, 봉건지대라 볼 수 없다.

히라노는 즉시 『개조』 12월호에 게재된 논문 「반봉건지대론」을 통해 답변했다. 이 논문은 오오우치에 대한 단순한 반론이 아니라, 지대에 관한 강좌파의 주장을 적극적으로 전개하고 명확하게 규정한 결정판이었다는 점에서 획기적이다. 히라노는 우선 논쟁이 집중된 최대의 난관이었던 '지대의 과도적 제 형태'에서도 생산 관계가 지대의 성질을 규정한다는 원칙이 적용된다고 명쾌하게 판단했다. 그는 이렇게 말한다. 생산자에 직접 대립하는 것이 자본가인지 토지소유자인지에 따라, 착취가 자본가적인지 봉건적인지가 결정된다.[1] 그리고 농업에 자본가적 생산의 기본적 조건이 갖춰져 있다면, 그것이 개화하거나 성숙하지 않은 과도적 형태에 있다고 해도, 자본가적 생산으로 향하는 경향이 지배적이라 말해야 한다.

이렇게 지대를 규정하는 원칙을 밝힌 이후, 히라노는 봉건지대와 반봉건지대를 구별하는 방식을 논한다. 히라노는 '봉건적 제도가 무너지고, 토지 사적소유가 이뤄지고 있다고 해도, 자신의 재생

---

1   이 경우, 히라노의 문제 설정이 '직접생산자에 대립하는 것은 무엇이냐'라는 것임에 반해, 쿠시다의 문제 설정은 '토지소유자에 대립하는 것이 무엇인가—소작농이냐, 자본가냐'라는, 정반대 논지였음에 주의해야 한다. 앞서 말한 쿠시다의 '생산관계의 특수성론'이 생산 관계를 문제 삼고 있는 것처럼 보이지만 실제로는 그것을 말살하고 있다는 사실을 밝히기 위한 단서가 바로 이것이다.

산에 필요한 노동조건을 점유하고 있는 직접적 생산자가 노동조건인 토지를 소유하는 자에게 잉여노동을 남김없이 바쳐야 하는 계급관계(봉건지대 범주의 기초)가 존속하는 이상, 그것이 잔존물에 불과할지라도 봉건지대 범주에 준한다고 규정해야 한다.'라며, 즉 반봉건지대가 본질적으로는 봉건지대라는 점을 밝힌다. 이어서 그는 그것이 '반'봉건지대라 불리는 의미를 다음과 같이 설명한다. '이미 사회구성으로써의 농노제도가 해체되고, 봉건제도가 해소되고, 신분적 하이어라키(계층구조)와 무사의 권력 조직이 무너져, 토지매매가 허용되고, 할거적·분권적이었던 영주제가 통일되며 중앙집권적 관료제의 엄호를 받고 있다. 그렇지만 이는 공업에서 자본주의 생산양식이 지배적 규칙이 되어 화폐경제와 상품유통이 농촌경제를 그 울타리 안으로 끌고 간 것이기 때문에, 이 지대는 봉건적 사회구성에서의 봉건지대와 구분하여 반봉건지대라 불러야 한다. … (그러나) 이 반봉건지대형태는, 봉건제도가 붕괴하고 자본주의 생산양식이 지배적일 때의 단순한 봉건지대의 잔존물, 즉 점차 해소되어가는 잔존물에 지나지 않는 것은 아니다.'

그는 나아가 반봉건지대가 전체 경제기구와 갖는 관련성에 대해 다음과 같이 주목할 만한 견해를 전개한다. '반봉건지대의 특질은 첫째로 이렇게 말할 수 있다. 자본주의는 자본의 본원적축적의 원천이자 지주제와 내부적 합체를 이룬 상업(고리대자본), 혹은 독점자본 재벌을 통해 성립한다. 반봉건지대의 기구적 특징은 이러한 자본주의의 성질을 특징짓는 자본주의 전체 생산 관계에서 뗄 수 없는 구성요소인 반봉건적 토지 소유의 자기실현이라는 점이다.', '두 번째로, 반봉건지대는 봉건제의 타협적 해소 형태의 결과라는 특징을 갖는다.' 즉 '봉건적 토지 소유가 한꺼번에 청산되는 게 아니라 타협적으로 자본주의에 순응해가는 것으로, 농업에서의 자본주의 발달이 반봉건적 토지 소유로 인해 방해받고, 왜곡되며, 극히 완만해

지고, 임노동 관계가 발생할 때 거기에 반¥ 농노적인 특징을 추가
해간다는 점이 특징이다.'

이렇게 반봉건지대를 처음으로 명확하게 규정하고 강좌파 농업
이론을 더욱 높은 수준으로 끌어올린 히라노는, 이를 기초로 오오
우치의 쿠시다에 대한 변호론을 철저히 반박한다. 우선 히라노는
'쿠시다가 일본의 토지 소유를 영국을 척도로 삼아 유추했기에 이
를 근대적 토지 소유라 규정한 것'이라 주장하고, 그 근거로 쿠시
다의 논문을 인용하여 오오우치를 반박한다. 또한, 제3점인 고역지
대가 단순한 봉건적 부역의 잔존물이 아니라, 일본의 소작료나 다
름없는 '봉건제의 타협적 해소의 재편성 형태에 대응하는 지대', 즉
'반봉건지대'라는 점을 쿠시다, 오오우치는 전혀 이해하지 못하고
있다고 비판한다.

히라노의 이러한 노력으로 강좌파 주장이 갖던 불명료성이 해소
되었고, 해당파와 쿠시다의 이론을 근간부터 반박하는 직접적인 논
거가 부여되었다. 이는 1931년 이래 이어진 일본 프롤레타리아트
의 올바른 혁명전략을 지키기 위한 격렬한 이론전 가운데 피어난
큰 성과였다. 오오우치에 대한 비슷한 비판으로는 노구치 하치로野
口八郎의 「전자본주의지대의 오류前資本主義地代の誤謬」[1]를 들 수 있는
데, 여기서는 언급만 해두는 것으로 한다.

---

1   『역사과학』. 1935년 12월.

2. '반봉건 지대론'을 둘러싼 논쟁

히라노를 중심으로 이뤄진 반봉건지대론의 발전이 해당파 농업 이론에 가한 타격이 워낙 컸기에, 이들 진영에서는 필사적인 반격이 이뤄진다. 당시 논쟁 당사자였던 오오우치를 대신해, 츠치야, 후지이, 사키사카 등의 논객들이 잇따라 비판의 날을 세웠다.

우선 츠치야는 「야마다의 『분석』에 나타난 부역노동론 비판山田氏『分析』におけるょ徭役労働論批判」[1]을 통해, 히라노가 주장한 반봉건지대의 경우, 토지를 처분할 자유나 농민이 이촌의 자유가 존재한다는 점에서 본질적인 경제외적 강제는 없다고 보아야 하며, 따라서 이것이 봉건지대의 본질을 가진다고 규정하는 것은 불가능하다고 주장했다. 경제외적 강제의 존재 여부를 들어 반봉건지대가 본질적으로 봉건지대가 아니라 역설한 것이다.

이어서 히라노를 비판한 후지이의 「『반봉건지대』냐 『전자본주의지대』냐『半封建地代』か『前資本主義地代』か」[2]는, 제목에 드러나 있듯 전자본주의적 지대설에 있어 쿠시다를 잇는 대표적인 논문이다. 후지이는 근본적인 점에서 쿠시다와 같은 의견을 취하나, 히라노의 주장에 대응해 '현시점 일본의 지대는 봉건지대에 속하는 반봉건지대인가, 혹은 봉건지대에 속하지 않는 전자본주의적 지대인가'라는 새로운 논점을 명확하게 제시한 점은, 논쟁이 새로운 단계에 들어섰다는 것을 보여준다는 점에서 주목할 필요가 있다.

후지이는 우선 논문 전반부에서 잉여노동 전체를 흡수할 정도의 지대일지라도 그것이 봉건지대냐의 여부는 그 사회에서 자본가적 생산방법이 어느 정도로 지배적인가에 따라 결정된다고 주장하

---

1   『개조』, 1936년 1월.

2   『개조』, 1936년 3월.

며, 그 점에 있어 히라노가 두 오류를 범한다고 말한다. 우선 첫 번째로, 현재 일본은 자본주의의 일반적 지배가 고도로 진행되어 있고, 봉건지대가 성립되기 위한 기초인 경제외적 강제는 성문법에서는 물론 관습법에서도 예외적인 경우를 제외하면 찾아볼 수 없다. 이 점에서 히라노가 1861년의 개혁 이후 러시아와 현재의 일본을 동일시하고 있는 점은 오류이다. 두 번째 오류는, 히라노가 생산조건 소유자의 직접생산자에 대한 관계를 다룰 때, 전체 사회가 자본주의 사회인지 혹은 봉건사회인지에 따라 생산조건 자체의 내용이 달라진다는 것을 무시한다는 점이다. 즉 봉건사회에서는 주요한 생산수단인 토지 관계가 결정적인 의미를 갖는 데 반해, '자본가적 생산양식이 일반적으로 지배하는 경우 사회 전체적으로 자본은 토지 재산으로부터 독립해있고, 한편으로는 토지가 아니라 자본의 형태를 취하는 그 밖의 생산수단이 결정적으로 주요한 생산수단이며, 국가기구 및 기타 상부구조들은 모두 이 주요한 생산수단인 자본의 소유관계에 의해 근본적으로 정해진다. … 이러한 전체적 관계 아래 포괄될 때, 설령 농업 내부에서 자본가적 경영 방법이 정형화되지 못하고, 소작인이 직접생산자인 채로 머무른다고 가정해도, 이미 토지는 일체를 포함하는 노동조건이 아니다. 그리고 그 밖의 농기구와 가축 등 생산수단은 토지에서 독립해있다. 그리고 소작인은 직접생산자 겸 토지 이외 생산수단의 소유자이며, 이 생산수단의 소유자이기에 실질적으로 사적 경영자이며, 이러한 자격 때문에 지주와 차지借地 관계를 형성한다. 그렇기에 지주는 농업에 있어서 주요한 생산수단의 소유자일지라도 이미 생산과정 내부의 인물이 아니고, 토지 임대 측면에서만 등장하는 것이 된다. 생산과정 내부에서 소작인은 … 자기 자신을 착취하는 소자본가 이므로, 그의 차지借地는 생활을 위한 차지이며, 기업을 위한 차지가 아니다. 이러한 상황에서 일본의 경우처럼 그들 간의 토지에 대한 경쟁이 격화될 때, 전체 잉여노동마저도 지주에게 흡수된다. 그러나 그렇게 되었다고 해도 지주의 착취는 어디까지나 토지 임대라는 유통을 통해 이뤄지는 착취이다. … 이는 일본 농업에서 시장의 힘을 중시하는 관점이며, 일단은 유통이론이기는 하나, 근본적으로는 도시공업의 생산과정에서 출발한 설명이며, 근본적으로는 생산이론이다.'

여기에 굳이 위의 내용을 길게 인용한 것은, 그 속에 후지이의 모든 사상이 들어있기 때문이다. 앞선 츠치야와 마찬가지로 경제외적 강제의 유무를 문제 삼고, 생산관계를 통한 규정을 시도한다는 점에서 그가 마침내 노로 이래 이어진 공격에 굴복한 것처럼 보이기도 한다. 그러나 실제로는 지주의 착취를 유통 관계를 통해 설명한다는 점에는 전혀 변함이 없음에 주목해야 한다.

후지이는 이 논문 후반부에서 쿠시다의 '근대적 토지소유'설을 변호하고, 근대적인 것과 부르주아적인 것을 구분하는 것은 무의미하다고 비판한 히라노에 이렇게 반박했다. 히라노 등은 농업서 자본제 생산이 성립되어 평균이윤이 지배하고 있는 경우에 한정해 근대적 토지 소유라 생각하고 있는데, 그러나 그러한 경우에도 토지 국유, 사적소유 등 각종 형태가 존재하기 때문에, 평균이윤이 성립되지 않았더라도 토지가 상품화되었다면 비록 가장 지연된 형태일지라도 근대적 토지 소유임은 틀림없다.

이 후지이에 이어 한 달 후 4월 『개조』 지면에는 사키사카의 「농민의 역사적 성질 農民の歷史的性質」이라는 글이 발표되었다. 이 글의 논지 또한 후지이와 거의 같은데, 중요한 것은 여기서 사키사카 또한 경제외적 강제의 존재를 부정했다는 것이다. '가령 일본*의 높은 가격의 소작료가 메이지 초기에는 봉건적 관행을 그대로 계승한 것이라 해도 … 상품의 법칙이 농촌에 침입하며 소작료를 결정하는 원리도 변화했다. 마찬가지로 높은 가격일지라도 그것을 결정하는 법칙은 경제외적인 것이 아니라 경제적인 것이었다. 바로 경쟁의

법칙이다.', 따라서 봉건지대와 구별하여 반봉건지대를 규정할 필요는 전혀 없다며 사키사카는 히라노를 비판한다.

이상 3명의 잇따른 비판 또한 결국 쿠시다 이래 이어진 논리의 반복에 지나지 않았지만, 히라노는 「과소농민에 의한 지대過小農民による地代」[1]를 통해 답변한다. 여기서 히라노는 과소농민의 제 형태를 다양한 각도에서 논하며 비판자들의 오류를 지적한다. 일반적으로 소작 형태는 이윤을 목적으로 하는 자본제 차지농업과 생활을 위한 소작 등 두 가지로 구분되는데, 후자는 토지를 소작하지 않고는 굶어 죽을 수밖에 없는 기아적 생활로 인한 소작, 그 밖에도 기아적 생활까지는 아닌 소작, 자본제 농업으로 이행하는 과정에 있는 과도적 소작, 재생산이 어쨌든 이뤄지고 있는 소농의 소작 등으로 구별된다. 또 봉건제의 해체과정에 나타나는 제 지대 형태를 고찰하는 경우, 봉건지대에서 자본제지대의 정칙적 발전과 변칙적 발전 두 종류의 형태를 구분해야 한다.

그런데 후지이, 사키사카 등은 이러한 구분이 필요하다는 것을 모르는 것 같다. 일본의 소작농 대부분은 기아적 생활 탓에 소작인 신분에 있으며, 그들이 생산물을 판매하는 것은 궁핍한 생활의 결과이므로, 판매하는 양만큼 자신의 생활에서 소비할 양을 잃게 된다. 그들이 소유하는 생산수단 또한 자본으로써 성질을 가지기에 부족하고, 그렇기에 그들은 평균이윤은커녕 임금조차 완전히 실현하지 못하고 있다. 그런데도 후지이, 사키사카 등이 그들을 일정한 생산수단을 자유로이 소유하기 때문에 자본가와 동일한 성질을 갖는다고 보는 것은, 자본제 차지 농업과 생계를 영위하기 위한 소작을 혼동하고 있는 것이고, 소작인이 자본제 소작인으로 자생적으로 전화한 영국의 사례에서 발생한 자본제 지대로의 과도형태인 과소

---

1   『경제평론』, 1936년 5월.

농 지대와 일본과 같은 왜곡된 정칙적 발전에서의 소작(특히 기아적 생활로 인한 소작)을 혼동한 것이라는 점에서 오류이다.

이러한 히라노의 비판은, 종래의 생산수단 소유자와 생산자의 직접적 관계를 공식적으로 주장하는 것에서 나아가 과소농 그 자체의 제 형태에 대한 분석까지 진행한 것으로, 일본 소작농이 갖는 성질을 규명했다는 점에서 주목할 만하다.

3. 노농파 최후의 반격과 새로운 비판자의 등장

히라노의 논문이 발표되고 얼마 지나지 않아서 앞서 이야기한 강좌파 검거사건이 일어났기 때문에, 히라노 등은 행동의 자유를 잃게 되었다. 논쟁 후기에 연이어 논문을 발표하며 해당파-노농파의 공세에 홀로 대응하며 이론 수준을 비약적으로 향상하던 히라노가 침묵할 수밖에 없게 된 것이다. 유능한 이론적 지도자를 잃은 강좌파 진영은 별안간 힘이 약해졌다. 상대측인 노농파 또한 이 탄압에 놀라 잠시간 숨을 죽이고 사태가 추이를 지켜보았다. 사태가 진정되자, 노농파는 또다시 저널리즘을 이용해 자신들의 반계급적 이론을 선전하기 시작했다. 이노마타의 「봉건유제논쟁에 관하여封建遺制論爭に寄せて」[1], 사키사카의 「농촌에서의 계급분화의 과정農村における階級分化の過程」[2] 등이 그것이다.

이노마타의 논문에 대해서는 이미 앞선 장 끝부분에서 소개했으므로 생략하기로 하고, 여기서는 사키사카의 논문에서 히라노를 비

1　『중앙공론』, 1936년 10월.

2　『중앙공론』, 1936년 11월.

판한 부분을 살펴보자. '이 계층[1]은 달리 말하면 소농업 경영자로, 가족의 욕구와 경영의 욕구를 타인의 노동을 통해서만 충족시킬 수 있는 지위를 갖는, 작은 땅덩어리의 소유자 혹은 소작자이다. … 이러한 농민을 이렇게 규정했다고 해서 일부 기계적인 논자들처럼 이들이 여유롭게 생존을 확보하고 있다고 생각해서는 안 된다. … 이 사실을 무시하면 농민의 상품생산이 그들이 부유한지 기아 상태인지에 따라 상품생산으로써의 성질이 대단히 특별하게 구분된다는 식으로 여기는, 히라노 일파가 범하고 있는 착각이 발생한다. 자본주의 하의 소경영은 항상 기아 상태로 내몰린다. … 그러나 이 때문에 소경영이 팔고 있는 것이 상품이 아닌 성질을 취한다고는 말할 수 없다.' 앞에서 말한 히라노의 주장과 비교한다면, 이노마타가 히라노와 정반대의 논리를 내세우고 있다는 것을 알 수 있다.

이렇게 이노마타와 사키사카에 의한 기존 논리가 되풀이되는 공격에도, 검거사건의 여파로 강좌파 논객들은 여기에 공개적으로 반박할 수 없었다. 한편, 앞선 장에서 우리는 논쟁 막바지에 노농파 논리를 결정적으로 논파하는 동시에 강좌파 또한 비판하며 등장한 도다, 기무라 등을 다룬 바 있다. 이들은 여기서 다루는 농업 문제에 대해서도 독자적인 견해를 제출했는데, 마지막으로 이것을 간단히 살펴보겠다.

우선은 도다의 『일본 농업론 日本農業論』부터 살펴보자. 그는 지대의 성질을 규정하는 문제에 대해서 이렇게 논한다. "'반봉건은 봉건'이라는 규정은, 소위 소작에서 지대의 범주 분류를 표현하는 한 옳다." 즉, 원칙적으로는 강좌파의 주장을 지지하면서도, 한편으로는 '중요한 문제는 실제 일본의 농업 제관계를 분석하고, 구체적으로 그 봉건적 제 조건을 제시하고, 구체적으로 왜 반봉건적인지, 그

---

[1]   소작농.

리고 반★은 어떠한 조건들에 따르는지 제시하는 것이다.'라며, 강좌파에게 구체적 분석이 부족하다는 점을 지적한다. 도다는 논문 전체에 걸쳐 그러한 구체적 분석을 진행하는데, 여기서는 그 요점만을 밝혀두겠다.

그는 우선 메이지 유신이 강좌파가 주장하듯 봉건제의 타협적 해소가 아니라, 전국적·통일적 규모로 발생한 순수봉건제의 일본적인 개량적·부르주아적 변혁이라 규정한다. 도다에 따르면, 이러한 개량적 변혁의 경우 정치·경제적 제 조건이 부르주아적으로 개량·변혁된다면, 토지 소유 또한—비록 범주적으로 봉건적일지라도—부르주아적 성질을 띠게 된다. 그런데 이 부르주아적 성질이라고 하는 것은 물론 영국적인 것을 의미하는 것이 아니고, 예를 들면 전답승수작[1], 직업 이전의 자유와 계약의 자유 등 지대징수를 위해 조건이 변화했다는 것을 의미할 뿐이다. 이러한 변화는 잔존하는 봉건적 요소에 의해 방해받는다. 그렇지만 이러한 변화는 봉건적 요소의 제약이 약한 경로를 따라서 변화할 때, 그리고 긴밀한 부르주아적 관계 속에서 발전하는 상업적 농업에서, 비교적 명료하게 나타난다.

상업적 농업이 발전한 답원畑園 혹은 도시 근교에서 대금납이나 화폐지대 형태가 다수인 점, 혹은 양잠 등에서—왜곡된 형태이기는 하나—부르주아적 경영이 성립되어 있다는 점 등이 그 증거이다. 물론 이 경향을 '쿠시다처럼 일반적·지배적으로 일본 농업의 생산관계를 상업적 농업 혹은 화폐경영으로 규정해서는 안 된다. 그러한 생산관계가 발전된 상태는 결코 아니다. 그렇다고 야마다 모리타로처럼 이를 죄다 형이상학적인 현물연공 범주로 욱여넣어서도 안 된다. 어디까지나 구체적인, 반봉건적 제약이 약한 경로를 따라 객관

---

1   곡물을 자유롭게 심는 경작. 1643년 쌀 수급을 위해 막부는 전답승수작금지령을 통해 쌀을 심어야 하는 전답에 쌀 이외의 작물을 심는 것을 금지했다. 1871년(메이지 4년) 상품작물 생산 확대로 인해 금지령이 형해화되자 전답승수작허가를 통해 다시 가능해졌다.

적 모순의 모멘트가 발전한 것으로 분석해야 한다.'

요약하자면 도다의 견해는, 봉건적 토지 소유가 일반적으로 지배적이라는 점은 승인하면서도, 그 사이를 비집고 상업적 농업의 형태로 부르주아적 관계가 발전하고 있다는 점을 무시하면 안 된다는 것이다. 이러한 견해는 종전 이후 논쟁에서는 거의 일반적으로 받아들여지는 주장이다. 그러나 도다는 전쟁 이전 강좌파 이론의 전성기라 할 수 있는 시대에 강좌파를 비판하며 이 문제를 제기했다는 점에서 탁월하다고 평가할 수 있다.

도다에 이어 기무라도 『일본소작제도론 상권 日本小作制度論·上券』을 통해 강좌파에 새로이 비판을 가한다. 기무라 또한 농민이 토지소유자에게 잉여노동 전체를 착취당하고 있다는 점에서 지대가 본질적으로 봉건적임을 인정하나, 한편으로는 메이지 유신 이후 상품생산의 발달에 따라 소농민이 소상품생산자로 전화한 것을 강조하며, '직접생산자가 자신의 생활재가 아닌 농업적 상품을 생산하고 있는 경우에는 자본제 지대가 발생할 가능성이 있다.'라며, 일본의 지대를 '반쯤 붕괴 중인 봉건적 지대', 혹은 '본질적으로는 봉건적이지만 과도기적인 지대'로 규정했다.

이러한 논리를 토대로 우선 기무라는 강좌파를 비판한다. 기무라에 따르면, 강좌파는 농민 자체가 가진 성질이 변화(자급자족적 소농민에서 소상품생산자로의 전화)했다는 것을 무시하고, 단순히 직접생산자의 대립항이 토지소유자라는 명제에 따라, 이들을 계속해서 반봉건적 소작농이라 규정하고 있는 점에서 근본적인 오류를 범하고 있다. 이어서 그는 노농파도 다음과 같이 비판한다. "소농민이 소상품생산자로 전화한 '생산의 모멘트'를 명백히 파악하지 못한 채 상품유통이 발달했다는 '유통적 모멘트'에 사로잡힌 나머지, 이것을 봉건제적이기보다 자본제적인 것에 가까운 전자본주의적 소작농이라 규정하는 오류를 범한" 것이 노농파의 오류이다.

강좌파와 노농파를 함께 비판한 기무라는 도다에 대해서도 평가한다. "도다의 견해는 현재로서는 우리에게 가장 근접한 견해이며, 우리는 '일본농업론'의 출현에 진심으로 기쁘다. 그러나, '일본농업론'에는 근본적인 점에서 '봉건파'의 오류가 잔존해 있고, ···'절충주의'적이다." 도다에 대한 구체적인 비판은 다음과 같다. "도다는 일본의 상업적 농업의 발전을 포착해냈음에도, 그것이 '반드시 농업에서의 자본주의적 발전을 의미하는 것은 아니'라는 측면만을 볼 뿐, 그것이 농민을 소상품생산자화 시키고 있다는 점을 인식하지 못한다." 이것의 한 원인은 도다가 양잠용 작물 등에 사로잡힌 나머지 쌀의 상품적 농업화를 과소평가하는 것이다. 결국 도다 또한 봉건성이 얼마나 상업적 농업의 발전을 왜곡했냐는 측면만을 바라볼 뿐, 상업적 농업의 발전으로 봉건성에 가해진 변화의 측면은 놓치고 있다. "이 점에 있어, 도다가 본질적으론 '반봉건·봉건파'면서도 기계적으로 '노농파'의 상품생산의 발달이라는 모멘트를 빌려와 붙이는 '절충주의적' 입장임이 명백해진다."

제3장에서 소개한 바와 같이, 부르주아적 발전의 제1단계로서의 소상품생산에 집중한 것은 도다와 기무라의 훌륭한 점이었다. 그러나 기무라가 소상품생산을 강조하는 것 치고 봉건적 토지소유를 과소평가하고 농업혁명의 필연성을 애매하게 만드는 경향이 있다는 점은 부정할 수 없다. 이것이 당시 그의 입장이라 할 수 있다.

지금까지 살펴본 농업문제에 관한 논쟁은—이노마타와 사키사카 등의 비판을 위한 비판은 차치하고—도다, 기무라 등이 새로운 입장으로 강좌파를 비판한 것을 계기로 더욱 발전하리라 여겨졌으나, 실제로는 이 부분에 대한 논쟁은 전혀 이뤄지지 않은 채 종결되었다. 이후 '경제외적 강제'에 관해서는 기무라, 니시무라, 나카가와 사이에서 약간의 의견교환이 있었는데, 여기에 대해서는 다음 장에서 다루겠다.

제6장

1945

기타 파생된 논쟁

자본주의의
문제들에 관한 논쟁

1. '군사적·봉건적 제국주의' 논쟁

자본주의 논쟁은 큰 줄기는 위의 네 장에서 본 것으로 정리할 수 있다. 이것을 크게 주제별로 보면, 자본주의의 역사적 기점에 관한 2대 논쟁(막말 유신에서의 매뉴팩쳐 문제와 토지문제), 자본주의의 본사 本史에 관한 2대 논쟁(자본주의의 기구 전체 분석의 문제와 농업문제)으로 분류할 수 있다.

그러나 이들 논쟁은 모두 광범위하고 복잡한 논점을 포함하고 있었기에 논쟁 과정에서 내세워진 각종 범주나 규정이 독립적인 하나의 논쟁 대상이 된 것도 적지 않았다. 이번 장에서 다룰 여섯 개의 소논쟁은 그렇게 독립한 논쟁과제 가운데 특히 중요하다고 생각되는 것을 고른 것이다.

야마다가 일본 자본주의의 기초를 '군사적·반농노제적'이라 규정한 것을 둘러싸고 제4장에서 다룬 논쟁이 있었다. 이에 대한 노농파의 반론은 단순히 '군사적'이라는 개념을 소박하게 파악하는 것에 기초한 것이거나(오카다의 경우), 혹은 '반농노제적'이라는 개념을 농업에 한정해버렸던 것으로, 내면적 연관이나 전체적 특징으로 의의를 파악하고 이뤄진 논의가 아니었다. 그랬기에 강좌파의 기초규정에 관한 논쟁은 그것이 갖는 중요성에도 불구하고 매우 불충분한 채로 끝나버린다.

이러한 가운데, 단초적이기는 하나 '군사적·봉건적 제국주의'에 관한 약간의 논의가 일어났던 점은 주목할만하다. '군사적·반농노제적 일본 자본주의'라는 규정이, 레닌이 말한(그리고 32년 테제 및 기타 문서에서 일본을 다룰 때 사용된) '군사적·봉건적 제국주의' 개념과 어떠한 관계에 있는지에 대한 문제는 강좌파 이론의 사활이 걸린 중요한 문제이다. 그렇기에 이 문제는 전후의 논쟁(2부 제2장을 참조)에서 중심적인 논제 중 하나가 된다.

이 문제에 관해, 요코세橫瀨毅八는 강좌파의 규정과 레닌의 용어가 갖는 차이에 처음으로 주목하고 전자에 대한 집념을 표명한다. 그는 야마다, 히라노 두 사람에 대한 서평으로 다음과 같이 말한다. "나는 군사적·반농노적 자본주의와 그 발전으로써의 반농노제적·군사적 제국주의란 규정에 대해, 지금도 '군사적이고 봉건적인 제국주의적' 자본주의와 그 발전으로서의 '악화된 제국주의'라는 규정이 올바르다고 생각하고 있다. … 어쨌든, 우리 자본주의 발전사에 일정한 지울 수 없는 각인을 남긴 '군사적이고 봉건적인 제국주의'의 독자적 역할을 해소해버리는 것, 그리고 과소평가에 입각한 '군사적·반농노적 자본주의-반농노제적·군사적 제국주의론'은, 절대 올바르지 않다고 여긴다."[1]

이 발언은 처음엔 어떠한 반향도 일으키지 않았으나, 약 1년 후 시노부信夫淸三郞가 구 러시아의 '군사적·봉건적 제국주의' 문제를 다룰 때 다시 등장한다.[2] 시노부는 여기서 러일전쟁을 제국주의 전쟁이라 보는 레닌[3]과, 제국주의 전쟁이 아니라 '로마노프 가의 식민

---

1   「『그대들에게 묻는다』에 대한 회답『諸家にきく』への回答」, 『역사과학』, 1934년 8월, 90~91쪽.

2   「소비에트에서의 러일전쟁연구의 성과 ソビエトにおける日露戰爭硏究の成果」, 『역사과학』, 1935년 7월.

3   『제국주의와 사회주의의 분열』

정책의 최후의 연쇄'로 보는 역사학자 포크롭스키[1]의 의견이 대립
하는지 혹은 대립하지 않는지 묻는다.

그러나 레닌에 따르면 '로마노프 가의 식민정책'과 '군사적·봉건
적 제국주의'는 동일하고, 진짜 문제는 '군사적·봉건적 제국주의'와
'최근의 자본주의적 제국주의' 간의 관계이다. 이것에 대해 레닌은
이렇게 말했다. '러시아에서는 최근 유형의 자본주의적 제국주의
가 페르시아·만주·몽골에 대한 차리즘의 정책 속에서 완전하게 모
습을 드러냈지만, 일반적으로는 군사적·봉건적 제국주의가 우세하
다.'[2] 여기서 중요한 점은 '군사적·봉건적 제국주의(차리즘)'의 독자성
과 대위 代位·보충성이다. 즉 그것은 독립적·자주적이고, 항시적으
로 근대적 금융자본인 '최근의 자본주의적 제국주의'의 정책과 일
치한다고 보기는 어렵지만, 그러나 동시에 자본의 독점을 '부분적
으로 보충하고 부분적으로 대위'하는 동시에 결국 자본의 정책으로
귀결된다. 이 두 가지 상호규정에 따르면, 포크롭스키가 '로마노프
가의 식민정책'을 강조한 나머지 차리즘 이외의 역사적 역할, 즉 부
르주아 제국주의적 측면을 경시한 것은 오류임을 알 수 있다.

이렇게 제국주의와 '군사적·봉건적 제국주의'는 일단 구별되는
데, 후자가 갖는 독자성과 대위·보충성은 특히 중요하다. 따라서
'군사적·봉건적 제국주의'를 러시아 제국주의 자체에 대한 규정으
로 보는 미틴[3]의 해석은 전자의 독립성을 말살한다는 점에서 오류
이다. 또한, "이 팽창(러시아의 만주로의 팽창)에서, 자본주의적 제국주의
와 더불어 '군사적·봉건적 자본주의'가—의식적이진 않았을지라도
—결과적으로 지도적 역할을 수행한 것은 아주 당연하다."는 아바

---

1   『러시아사』

2   V.I.레닌 저·양효식 역, 『사회주의와 전쟁』, 아고라 출판사.

3   『변증법적 유물론』

린 Avarin [1]의 주장은, 미틴과 반대로 독립성은 도출했으나 대위·보충성을 생각하지 않았기에 기계적 대치로 전락해버린다. 필요한 것은 이 두 가지 제국주의를 단순한 양적으로 측정해 어느 쪽이 지배적인지를 찾는 것이 아니라, '봉건주의의 조밀한 그물망과 얽혀 있는'(레닌) 부르주아 기구를 분석하는 것이다.

　이렇게 '군사적·봉건적 제국주의'의 성격을 정의하고 한 달 뒤, 시노부는 다음과 같이 한층 세밀한 해석을 추가한다.[2] "제국주의의 단계에서 '군사적·봉건적 제국주의'가 제시된 것은[3] 이미 '군사적·봉건적 제국주의'가 '단계'로서의 '제국주의'에 대치될 수 있는 범주가 아니라는 것을 보여준다. '제국주의'는 자본주의의 특정한 '단계'이고, '군사적·봉건적 제국주의'는 차리즘의 이민족 정책, 혹은 대외'정책(지배의 형태)'이다." 이러한 해석에 따라, 시노부는 아바린이 '군사적·봉건적 제국주의'를 군사적 정책, 즉 반봉건적 착취를 새로이 인류 성원들에 확대하는 정책으로 해석하며, 그것을 '자본주의적 착취의 지배적 제형태와 이런저런 형태로 결합하며 지배계급의 지배 층위를 유지하기 위한 부차적 형태'로서 파악한 것은 정당하다고 주장했다. 반대로 사파로프 Georgy Safarov가 '군사적·봉건적 제국주의'를 절대주의의 '단계'인 양 지칭하는 것은[4] 오류라고 비판했다. 그리고 이 관점에서 '군사적·봉건적 제국주의'는 제국주의 단계에 있는 절대주의의 침략 정책이며, 야마다의 '군사적·반농노제적 성질'은 일본 자본주의의 재생산과정의 특징으로 언급되는 것이므로, 양자를 대치시키는 것은 무의미하다며 요코세의 야마다 비판을 반박한다.

1　『열강 대 만주 공작사』

2　「제국주의론의 한 문제 帝国主義論の一問題」, 『유물론 연구 唯物論研究』, 1935년 8월.

3　V.I.레닌, 『민주주의 혁명에서 사회민주주의의 두 가지 전술』에서 「국제적 언사를 통해 겉치장하는 사회배외주의」

4　『일본 자본주의 발달사』

강좌파 내에서 시노부 다음으로 이 문제를 다룬 것은 아이카와였다. 아이카와는 시노부와 달리 '군사적·봉건적 제국주의'를 차리즘의 침략 정책으로 보지 않고, 미틴과 마찬가지로 러시아 자본주의의 제국주의 단계에 관한 규정으로 해석했다. 이 점에서 그는 '군사적·봉건적 제국주의'를 근대적 제국주의라는 별도 범주로 보는 요코세를 비판하였고, 요코세가 강조하는 '악화된 제국주의'는, 러시아와 같이 군사적·봉건적 형태의 자본주의가 제국주의로 전화하는 단계에서는 다양한 억압과 모순이 악화되는 성질이 나타나기에 필연적인 것으로 설명했다.

아이카와는 '군사적·봉건적 제국주의'가 러시아 제국주의의 형태라는 이해에 기초하여, 이것이 왜 일본에서 '군사적·봉건적' 형태가 아니라 '군사적·반농노제적' 형태로 나타나는지 설명한다. 아이카와에 따르면, "(일본은) '융커 경제(지주경영)'조차도 발전할 기초가 전무하며, 러시아에 비해 극히 작은 소규모 농경을 통해, 화폐지대의 발전을 전혀 찾아볼 수 없는 일본의 반농노제적 토지관계가, … 군사적 반농노적 요새를 통해 재편성되고 유지"되는데, 러시아를 뛰어넘는 이러한 특징 때문에 '군사적·봉건적'이 아닌 '군사적·반농노제적'이라 규정해야 한다.[1]

요코세는 「『군사적·봉건적 제국주의』 문제에 대하여『軍·封·帝国主義』問題に寄せて」[2]에서 시노부와 아이카와의 이러한 비판을 반박하며 자신의 견해를 선명히 밝힌다. 우선 그는 시노부에 대해, '최신형 자본주의적 제국주의'와 '군사적·봉건적 제국주의'를 각각 단계와 정책으로 구별하는 것은 그의 불철저한 이해를 보여주는 것으로, 그 결과 그가 '군사적·봉건적 제국주의' 정책을 제국주의의 경제로부터 분리해버리고,

1　「독점자본주의와 반봉건적토지소유」, 동일 출처, 38~40쪽.

2　『메이지 정치사 연구 明治政治史研究』 제1집, 1935년 12월 간행.

결국 레닌이 비판한 카우츠키와 같은 경향에 빠졌다고 비판한다.

그렇다면 문제는 '군사적·봉건적 제국주의'가 어떠한 경제의 집중적 표현이냐는 점이다. 요코세는 이를 '외래 민족에 대한 반봉건적 착취', 즉 반봉건적 경제 관계 확대의 집중적 표현이라고 답한다. 그리고 '군사적·봉건적 제국주의'란 어떠한 절대주의의 제국주의이며, 이것이 러시아에서 자본주의적 제국주의와 유착했던 점을 들어 스탈린이 '악화된 제국주의'라 규정했다고 말한다. 마지막으로 그는 레닌이 "부르주아적 러시아를 '군사적·봉건적 제국주의(차리즘)'로부터 해방한다."[1]는 것에 전략목표를 두었던 사실을 근거로, 두 제국주의가 역사적·범주적으로 다름을 역설한다.

요코세는, 그렇기에 시노부가 '군사적·봉건적 제국주의'를 일본 자본주의의 재생산과정에 대한 특질 부여와 대치시켰다며 비난하는 것은 허수아비를 때리는 것이며, 자신은 야마다의 반농노제적·군사적 제국주의란 규정 속에 '군사적·봉건적 제국주의'의 독자적 역할이 과소평가 되었음을 지적하고 그것을 비판한 것에 지나지 않는다고 주장한다. 이어서 그는 아이카와의 비판은 이미 오류로 판명된 미틴의 주장과 같다며 짧게 반박한다.

위 논평들을 마지막으로 이 문제에 관한 논의는 다시 다뤄지지 않았다. 이 소논쟁에서는 강좌파 이론이 갖는 최대 약점—국가론 문제를 제기하지 못하는 것—이, 단초적으로나마 주제로서 다뤄졌다. 특히, '군사적·봉건적 제국주의'라는 레닌의 용어에 대한 경제주의적 이해 방식을 비판하며 문제의 핵심에 다가가려는 경향이 보인 것은 주목할만하다. 그러나 강좌파는 자신이 가진 이론적·실천적 한계 탓에, 이보다 더 논점을 심화할 수 없었다. 결국 이들 문제는

---

1   원문은 『민주주의 혁명에서 사회민주주의의 두 가지 전술』(1905년)을 인용하고 있으나, 이 책은 『사회주의와 전쟁』(1915년)에서 쓰인 '군사적·봉건적 자본주의' 개념을 직접적으로 언급하지 않기 때문에, 잘못된 인용으로 보인다. _옮긴이

종전 후 새로운 논쟁에서 국가론이 정면으로 내세워지고 강좌파 이론을 체계적으로 비판할 수 있게 되고 나서야, 비로소 철저한 논의와 해결이 이뤄질 수 있었다.

2. '인도 이하의 임금' 논쟁

파생된 논쟁 중 두 번째로 주목할 것은, 야마다가 주장한 '인도 이하의 노임'을 둘러싼 일련의 논의이다. 일본 노동자가 반봉건적 농업생산관계로 인해 극히 열악한 조건에 놓여왔음은 노로 이래로 여러 사람이 검토하며 연구하고 있었다. 그중 야마다 모리타로는, 대공업노동력의 특징으로 '식민지(인도) 이하의 노동임금', '육체 소모적 노동조건'의 두 가지를 들었고, 그것이 전형적으로 나타나고 있는 방적업에서 이를 실증하려 시도했다. 여기서 논쟁점이 된 것은 전자를 검증하는 것에 관한 것이다.

야마다는, '면화 수입·면사 수출 관세 면제 청원이유서'를 볼 때 메이지 24년(1891년) 일본과 인도의 면사 100근가량의 공비(노임 부분)가 각각 135.5전, 151.9전인데, 이를 통해 '일본의 노동임금이 인도보다도 저렴한, 식민지 이하의 성질을 가짐을 알 수 있다.'[1]고 단정했다.

이어서 히라노는 쇼와 8년(1933년) 발표된 '각국 40번수[2] 정방[3]까지의 공임 비교표 各国40番手精紡迄工賃比較表'를 들어, 일본은 인도와 비교해 약 1,000 추당[4] 노동 인원이 약 5분의 2이고, 주간 1,000 추 생산

---

1   『일본 자본주의 분석』, 34쪽.

2   실의 굵기 단위._옮긴이

3   방적의 마지막 과정._옮긴이

4   물레의 가락인 '방추'를 세는 단위._옮긴이

량은 0.3곤[1]만큼 더 많으면서도 1인당 주급이 인도 5.5원, 일본 5.8원으로 거의 비슷함을 보였다.[2] 이어진 논고에서는, 메이지 39년(1906년) '일본·인도 면사 방적 노동비교표 日印綿系紡績労働の比較表'를 근거로 직공 1인이 다루는 추 수가 일본이 더 적음에도 불구하고, 장시간 작업에 의해 1 추당, 그리고 직공 1인당 생산량은 일본이 더 많다고 주장했다.[3] 일본의 노동조건이 식민지(인도 등) 이하임을 강조한 것이다.

이 문제에 관해 우선 노농파 사키사카가 비판에 나섰다. 그는 강좌파를 비판하는 첫 논고에서 '식민지인 인도 이하'라는 문구가 '반노예적 임금노동자'라는 형태를 규정한다는 점에서 중대한 의의가 있음에도 논증이 불충분하다며 다음과 같이 야마다를 비판한다. '(애초에) 임금의 절대적 액수가 높더라도 노동의 생산력이 높다면, 노동의 생산력과 임금이 모두 낮은 경우에 비해 단위 생산물 가격에 포함된 임금 중 줄일 수 있는 부분이 적을 수도 있다.' 그러니 '분석'의 표를 통해서 생산물의 한 단위당 '공비工費'의 대소는 비교할 수는 있지만, 이 '공비'의 대소가 바로 임금액의 대소를 의미하진 않는다. 공비를 통해 임금 비율이 높은지 낮은지를 도출해내기 위해선 노동의 생산력, 생산의 기술적 구성 여하가 고려되어야 한다.

이렇게 야마다를 비판한 후, 사키사카는 메이지 27년(1894년) 인도와 메이지 30년(1897년) 일본, 메이지 44년(1911년) 일본과 인도, 다이쇼 13년(1924년) 일본과 인도 등 3개 시기에 두 나라 방적공의 일급 혹은 월급을 비교하고, '인도의 노동 사정이나 조건을 고려할 때 인도보다 일본* 노동임금이 높은 것으로 추측'되며, 설령 야마다가 주장하듯 1891년 일본 임금이 인도 이하였다 할지라도 이후 일본 공

· 1   포장된 실을 세는 단위._옮긴이

2   「일본에서의 저임금 日本における低賃金」, 『중앙공론』, 1934년 7월.

3   「일본 자본주의 경제의 특질 日本資本主義経済の特質」, 『중앙공론』, 1935년 10월.

업이 발달하여 인도를 추월했을 것으로 추측하는 것이 합리적·실증적이라고 결론지었다.[1]

사키사카의 비판에 아이카와가 반박한다. 그는 우선 '자본론'을 다음과 같이 인용한다. '따라서 서로 다른 나라들의 임금을 비교할 때에는 노동력 가치의 크기의 변동을 규정하는 모든 요소들을 고려에 넣어야 한다. 즉 (자연적으로 그리고 역사적으로 발전된) 주요 생활필수품의 가격과 범위, 노동자의 육성비, 여성 노동과 아동노동의 역할, 노동생산성, 노동의 외연적 및 내포적 크기 등이 그것이다. 가장 피상적인 비교를 위해서도 우선 각국에서의 같은 산업의 하루의 평균임금을 같은 길이의 노동일에 대한 것으로 환원할 필요가 있다. 이와 같이 하루의 임금을 조정한 다음 시간급제 임금을 성과급제 임금으로 환산하여야 한다. 왜냐하면 성과급제 임금만이 노동생산성이나 노동강도에 대한 척도로 되기 때문이다.'[2]

자본론을 인용한 후 아이카와는 이렇게 말한다. "사키사카여, 야마다가 발표한 해당 표는, 그러한 '노동생산성이나 노동강도에 대한 척도'인 '임금'—성과급제 임금을, '100근가량의 생산비 비교'를 통해 마르크스적인 방식으로 석출함으로써 일본·인도의 노임을 비교해낸 것이다." 그리고 앞선 사키사카의 일본·인도 비교가 하루 임금, 한달 임금을 기준으로 진행되었고 이것이 성과급제 임금으로 환산되지 않은 것은, 노동생산성을 고려해야 한다는 사키사카 자신의 주장을 무시한 것 아닌가. 특히 메이지 27년의 인도의 비숙련공과 메이지 30년 일본 여공의 하루 급여는 거의 동등한데, 3년 사이에 이뤄진 생산성 향상과 '여성·아동 노동의 역할'을 고려한다면 오히려 일본이 저임금인 것으로 보아야 한다. 사키사카의 주장을 반

---

1   「『일본 자본주의 분석』에 있어서 방법론『日本資本主義分析』に於ける方法論」, Ibid.

2   김수행 역, 『자본론 1〔하〕 - 제22장 임금의 국민적 차이』

박한 아이카와는 이어서 히라노의 주장을 채용하여 노동일이 연장되고 노동강도가 강화되고 있음을 강조하며(철야 노동, 감옥 같은 기숙사제, 특수한 임금제도 등) '인도 이하의 노동임금'이란 규정이 '육체 소모적 노동조건' 규정과 불가분의 관계에 있다는 것이 요점임을 지적한다.[1]

아이카와와 동시에 사카모토坂本三善도 「일본 금융자본의 특질에 관하여日本金融資本の特質について」Ibid에서 '성과급제 임금을 통해서만 임금의 국제적 차이를 비교할 수 있다.'는 같은 주장을 펼친 뒤, 메이지 24년경에는 인도의 노동생산성이 높았던 사실을 지적하며 사키사카의 논거를 무너뜨린다.

이러한 반박에 사키사카는, 「자본주의에서의 구조적 변화의 문제資本主義における構造的変化の問題」Ibid에서, 특히 히라노·아이카와의 주장을 다음과 같이 재비판했다. 우선 히라노가 근거로 내세운 일본 직공의 1인당 추수가 적고, 1추당·1인당 생산량이 많다는 것은, '일본 노동시간이 인도보다 길다는, 따라서 일본 자본주의가 인도보다 못하다는 것을 보여주는 것이 아니라, 인도가 갖는 식민지적 성질을 보여주는 것일 수도 있다. 예를 들면 뒤처진 사회와 생활에서 비롯된, 그리고 자연환경에서 비롯된 인도 노동자의 노동이 비효율적이라는 것을 보여주는 것일 수도 있다. … 교대제와 야간노동이 존재한다 해서 이를 근거로 즉각적으로 일본과 인도 자본주의의 발전 정도를 비교할 순 없다.' 나아가 아이카와는 최근까지 일본이 '인도 이하'라는 증거로 히라노의 쇼와 8년 노임표를 채용하고 있는데, 이 표에 따르면 1곤당 임금은 일본 13.2원, 인도 34.4원, 영국 31.4원이다. 일본이 인도 이하인 것은 맞으나, 그렇다면 영국 또한 인도 이하라는 것인가?

사키사카는 논쟁과 관련된 논문을 모은 『일본 자본주의의 제문

---

1   「독점자본주의와 반봉건적 토지소유 独占資本主義と半封建的土地所有」, Ibid.

제 日本資本主義の諸問題 』를 출간하며[1] 이 문제를 주석의 형태로 재론했다. 우선 그는 첫째로, 노동생산성의 차이로 인해 단위생산물당 줄일 수 있는 노임이 달라진다는 것을 수식을 통해 설명한 후, 야마다의 표를 통해 노임을 국제적으로 비교하는 것은 불가능하다는 앞선 주장을 재차 강조한다.[2] 다음으로, 히라노가 인용한 자료의 원출처의 11개국 통계표를 인용해, 1인당 주급이 영국·일본·중국·인도 순서임을 보이고, 일본이 인도 이상의 수준임을 지적한다.[3] 마지막으로, 사키사카는 아이카와 등이 주장하는 성과급제 임금 문제를 다음과 같이 비판한다. 서로 다른 나라들의 임금을 비교할 때 성과급제 임금으로 환산해야 하는 이유는 '성과급제 임금만이 노동생산성이나 노동강도에 대한 척도로 되기 때문'이며, 노동생산성과 노동강도가 동등한 기준에 놓여 있어야만 서로 다른 나라들의 임금 차이를 정확하게 비교할 수 있기 때문이다. 또한, 서로 다른 나라들 사이의 비교는 또 다른 조건들—생활필수품의 가격과 범위, 여성 노동과 아동노동의 역할, 노동자의 육성비 등등—이 동일한 기준에 놓여 있지 않은 한 불가능하므로, 노임의 실질적인 비교는 불가능하다. 또한, 성과급제 임금이 작다는 사실은 오히려 일본이 인도보다 자본제 생산방법이 더 발달한 증거일 수도 있다.

이상의 논의를 끝으로, 방법론적·실제적인 해명의 여지를 남긴 채로 논쟁은 마무리되었다. 이 논쟁은 사키사카가 노임 비교 문제를 자본주의 발전 정도 비교 문제로 바꿔치기하고, 이를 통해 일본 노임이 인도 이하임을 부정함으로써 일본 노동자들이 저임금 상태에 있음을 은폐하려 노력했을 뿐 아니라, 일본의 제국주의적 성격

---

1   1937년 10월 간행.

2   『일본 자본주의의 제문제』, 15~17쪽.

3   『일본 자본주의의 제문제』, 70쪽.

의 부정에도 복무한 점에서 특징적이다. 이 논쟁에서도 마찬가지로 노농파의 계급성이 선명하게 이론에도 반영된 것이다.

3. '저임금' 논쟁

해당파·노농파에 대한 이론투쟁에서 강좌파 이론체계가 가진 가장 큰 결점 중 하나는 바로 일본 자본주의 현 단계에 대한 전면적 분석이 빠져 있다는 점이었다. 원래는 노로가 『발달사강좌』에서 현상 분석 부분을 집필할 예정이었으나, 이후 노로가 혁명적 활동을 지도하는 지위에 올라 버리면서 실현되지 못했다. 그렇기에 『발달사강좌』에서 현상 분석 부문은 다른 역사적, 자료적 부문보다 이론적으로 현저히 낮은 수준에 머물렀다. 그 후 전개된 논쟁에서는 강좌파의 기수였던 히라노가 약간의 부분적인 현상 분석을 진행했을 뿐, 당시 실제로 진행되던 전시경제로의 재편성, 전시상황에서의 국가독점자본주의 강화 등을 다룬 본격적인 연구는 전혀 일어나지 않았다.[1]

이러한 가운데, 히라노의 노동임금론을 둘러싼 소논쟁은 그나마 현 단계의 문제를 다룬 유일한 논쟁이라는 점에서 다소의 의의가 있다. 히라노는 해당 논고를 통해 1931~1933년에 걸친 3년간의 군수 인플레이션을 통해 공업노동자의 상태가 어떻게 변화했는지를 통계적·실증적으로 밝히고, 그에 따라 노동자 투쟁을 재차 고양하고 혁명화하기 위한 객관적 기초를 쌓고자 시도했다.[2]

---

1   히라노, 「일본에서의 저임금 日本における低賃銀」, Ibid, 「자연재해와 무산계급 自然災害と無産階級」, 『중앙공론』, 1934년 11월, 「농가부채의 특질 農家負債の特質」, 『중앙공론』, 1935년 3월, 「노동임금론 労働賃銀論」, 『중앙공론』, 1935년 6월, 「국내시장의 협애성 国内市長の狭隘性」, 『중앙공론』, 1936년 4월, 「최근의 농가경제와 소작쟁의 最近の農家経済と小作争議」, 『중앙공론』, 1936년 8월 등.

2   「일본에서의 저임금」

우선 히라노는 1929~1931년 공황기와 1931~1933년 군수 인플레이션 시기를 거치며 노동력의 가치 이하로의 인하, 노동일의 외연적 연장, 노동의 효율 증진, 기계설비로 인한 노동밀도의 증대 등에 따른 절대적·상대적 착취율의 증가, 잉여가치의 회복과 증대라는 자본주의 생산양식에 내재한 고유 법칙이 어떻게 관철되었는지를 통계적으로 밝힌다. 그리고 결과적으로 그러한 법칙이 관철된 것이 노동 인원, 실수령 임금, 정액임금 등 상호연관된 3개 요소의 운동 위에 어떻게 구체적으로 반영되었는지 알아본다.

그에 따르면, 공황에서 벗어나기 위한 자본주의 생산양식의 내재적 법칙이 자본주의의 일반적 위기 시기에는 특수한 형태를 취하듯이, 이들의 상관관계의 운동 또한 제1차대전 이전과 이후에 서로 다른 모습을 취한다. 즉, 자본주의의 발전기와 달리 일반적 위기, 특히 1931년 이후의 군수 인플레이션—즉 특수한 불경기 국면에서는 이들 상관관계의 운동은 특수한 하향적 양상을 보인다. ①정액임금과 실수령 임금 관계의 경우, 양자 모두 저하되는 경향을 보인다. 군수생산에서는 실수령 임금이 증가하지만, 이는 정액임금의 감소로 인한 잔업수당, 시간외수당의 증가 등 노동시간 연장에 의해서만 실현된다. ②노동 인원과 정액임금 관계의 경우, 군수산업 이외에는 일반적으로 노동 인원 지수가 감소하는데, 증가한 경우에도 정액임금 지수는 증가하지 않는다. ③노동 인원과 실수령 임금 사이의 관계에서도 두 지수가 동시에 상승하는 것은 군수산업뿐이며, 다른 부문에서는 정반대의 경향을 보인다.

이러한 실증적 검토 이후, 히라노는 3년간의 군수 인플레이션에 따른 임금표준 저하의 근본 원인을 다음과 같이 해명한다. 첫째, 자본가가 공황 탈출을 위해 취한 강제적 임금 인하. 이를 위한 구체적인 방법으로는 고급노동자를 해고 후 이들을 신규 고용하는 형식으로 임금을 인하하거나, 신규 노동자나 임시공을 통해 이들을 보충하는 방식 등이 있고, 노동자는 실업에 대한 두려움 때문에 이러한 임금 인하를 '기꺼이 받아들였다.' 둘째, 1929~1931년 공황으로 두 배로 늘어난 구성적 대중 실업자군, 만성적(영구적) 실업자군의 압박. 노동시장에 이러한 실업자군이 몰려들었기에 실업자군과 취업노동자 모두의 임금을 인하하려는 압력이 가해졌다. 현재와 같은 불경기 국면에서는 일반산업에서 새로운 사업이 발생하지 않기 때문에, 군수산업에서 이뤄지는 임시공 위주의 부분적인 신규 고용의 증가로는 만성적인 대중적 실업 상태를 반전시킬 수 없다. 셋째, 농촌의 반봉건적 지주제도. 일반적으로 빈농·소작인과 그 가족은 끊임없이 가계 보충을 위해 저렴한 노동력으로써 공업자본의 착취에 내던져지는데, 이로 인해 임금이 끌어내려진다. 거기에 반봉건적 토지 소유에 기초한 잠복적, 현재적인 정체 노동력이 농촌 공황으로 인해 노동시장에 몰려들고, 이들이 도시의 실업자 대군과 합류하며 취업노동자, 숙련공의 노임을 가치 이하로 끌어 내려버린다.

여기에 인플레이션에 의해 일반물가, 특히 생활필수품 가격이 상승(쌀값 급등)한 나머지 실질임금은 3년간 14% 감소한다.

1931년까지 노동자 투쟁은 임금 감액 반대 등 수세적 투쟁의 형태로 급증하였으나, 이 해를 기점으로 임금 증액 중심의 공격적 투쟁으로 바뀐 이유가 바로 이것이다. '야간작업, 잔업을 통해 수당 수입을 약간 증가시키며 실수령 임금을 늘린다 해도, 노동 강화로 인해 육체가 소모되는 손해를 보충하지 못할 지경에 이르러 있다. 그렇기에 최근 노동자 투쟁의 요구에는 그러한 생활 수준 저하에 대한 저항이 점차 구현되고 있다. 그리고, 근본적으로는 필연적으로 저임금과 그에 따른 생활 수준의 저하를 만들어내는 기초체제 그 자체를 향해 상호 대립하고 있다.' 히라노는 이렇게 결론을 내린다.

히라노는 독점자본이 만주 침략과 군수 인플레이션을 통해 일시적으로 공황에서 벗어나 총이윤을 증가시켰지만, 결국은 노동자 대중에 대한 엄청난 착취에 의존하고 있으며, 착취상태에 놓인 노동자가 점차 공세적인 투쟁에 나서며 혁명의 전망을 열어가고 있음을 명백히 밝힌 것이라 할 수 있다.

한편, 노농파의 이토 코도伊藤好道는 즉각적으로 히라노에 반박했다. 히라노의 논문은 저임금의 근거로 '아무 설명도 없이 소위 반봉건적 지주제도를 들었을 뿐, 임금 결정에 직접적인 요소인 대중 실업, 그 전제조건인 일본 자본주의의 역사적 발전의 특이성—이를 통해서만 방대한 농촌 과잉인구를 설명할 수 있다—에 관해서는, 대체로 다루지 않고 있다.', 그리고 최근 노동쟁의가 필연적으로 저임금에 따른 생활 수준 저하를 만들어내는 기초체제—즉 반봉건적 예농제—그 자체에 대립하고 있다고 결론 내린 것은 초보적 오류이다.[1]

히라노는 마찬가지로 『제국대학신문』 지면을 통해 여기에 대답했다. 문제는 일본 저임금의 특징과 그 주요 근거를 밝히는 것이다. 현재의 저임금의 특징은 일반적 위기의 토대 위에서 이뤄진 합리화를 빼고 이해할 수 없다. 일본의 합리화는, 독점자본주의에 의한 노동력의 가치 이하로의 인하, 기술적 개량이나 새로운 기계 응용이 노동생산성보다 잉여가치율 증진을 목적으로 하는 점, 독점자본의 기술 응용 장악—등의 특징을 가진다. 그리고 이 위에 나타난 저임금은, 농촌에서의 반봉건적 토지 소유와 고리대 제도의 지배, 이로 인해 빈농으로부터 유출되는 저렴한 비숙련노동력, 잠복적·현재적인 농촌 과잉인구의 도시 대중 실업군으로의 합류—등에서 근거한다.

그런데, 이토는 이러한 근본적 문제를 말살하고 독점자본이 자신의 취약점을 보충하기 위해 반봉건적 토지소유를 이용하고 있다는 것을 은폐하려 한다. 또한, 그가 최근의 노동쟁의가 대립하고 있는 '기초체제'를 멋대로 '반봉건적 예농제'라 부르는 것은 날조인데, 자

---

1   『제국대학신문 帝国大学新聞』, 1935년 5월 27일.

신이 의미한 바는 물론 '군사적·반봉건적 독점자본주의'를 뜻한다―.[1]

이토는 다시금 반박문을 써 내려갔다. 이번에는 노농파의 예의 입론―특수성의 말살에 대응한 일반성의 공식론―을 통해 다음과 같이 반박을 시도한다. 히라노는 특수한 일본형 임금의 특징을 논함에 있어, 오로지 특수한 일본적 조건만을 강조하고 현재의 특수한 불경기 국면에서 세계자본주의가 공통으로 가지는 기본적인 조건을 대부분 무시하고 있다. 요약하자면, 바르가 등이 말한 '일반적 위기의 토대에서의 특수한 불경기'가 초래한 작용들을 전면적으로 은폐하는 것이다―.[2]

히라노는 다시금 앞선 논문의 취지를 설명하고, 일본의 저임금을 규정하는 특수한 요인을 말살하고 특수성을 공식적 일반성 속으로 해소해버리는 이토야말로 문제의 소재가 무엇인지 전혀 모르는 것 아니냐며 신랄하게 비판했다.[3]

이후에도 같은 지면에서 수차례에 걸친 양자의 논쟁이 이어졌다. 이후의 논쟁은 노동임금에 일관되게 일본 현 단계의 특질이 나타나는 것, 기초모순의 확대, 계급투쟁의 격화 등이 나타나는 것을 파악하는 것에서조차 노농파가 비생산적인 잠꼬대를 반복하며 부르주아를 변호하는 논리로 일관한다는 것이 폭로되었다고 요약할 수 있다. 이는 이 문제가 지금까지의 역사적 문제나 방법론의 과제와 달리, 직접적으로 현실적인 문제인 만큼 한층 이론의 계급성이 선명히 노출되어 있었기 때문이다.

1   『제국대학신문』, 1935년 6월 3일.

2   『제국대학신문』, 1935년 6월 10일.

3   『제국대학신문』, 1935년 6월 17일.

농업 문제들에
관한 논쟁

1. '부역 노동'[1] 논쟁

　농업 문제에 관한 소논쟁에서 첫 번째로 다뤄지는 '부역 노동' 논쟁은 이미 서술한 대로[2] 지대-소작료 논쟁에서 떨어져 나온 논쟁으로, 강좌파 농업론의 기초작업이라는 중대한 의의를 갖는 논제였다.

　부역 노동에 대해서는 이미 '농정 역사가의 참고사항으로써만 존재할 뿐이다.'라고 평가한 쿠시다와 이를 비판하는 노로 사이의 격렬한 논쟁이 있기는 했으나, 이보다는 이후 야마다의 '분석'이 부역 노동을 토지제도와의 관계라는 새로운 관점을 통해 바라보았던 것에 더 의미가 있다. 야마다는, 현물 연공과 부역 노동을 반봉건지대의 두 형태로 파악하고, 후자를 이렇게 규정했다. '현물 연공(생산물 지대)보다도 한층 원시적인 형태는 부역노동(노동지대)으로, 그것은 전형

1　본서의 원문은 일본, 중국 등에서 공납을 대신해 노동을 하던 '요역 徭役 노동'과, 자본론에서 생산물지대가 지배적인 형태에서도 잔재로 남는 노동지대로 지목한 '부역 노동'을 구분하지 않고 모두 요역 노동으로 표기한다. 그러나 요역 노동은 이 책이 쓰인 1950년대까지 일본 사학계에서 쓰이던 용어이므로, 현재 일본과 한국 사학계가 모두 주로 사용하는 '부역노동'으로 통일하여 번역하였다. ＿옮긴이

2　제2장 제2절, 제5장 제1~2절.

적인 농노제 형태이며, 예농제적·반예농제적 종속관계의 한 극으로써 나타난다. 그것은 과거 도쿠가와 봉건제 하의 사쓰마 번 가고시마군 鹿児島郡 타니야무라 谿山村에서 또한 보여지며, … 그 외에도 최근의 이와테현 쿠노헤군 九戸郡 오오노무라 大野村의 나고 名子 제도(농노제도)에서 찾아볼 수 있고, … 이상의 사례는 모두 전형적인 부역 노동(노동지대)을 구성한다. 하지만 이는 국부적인 현상이 아니라 거의 전국적으로 벌어지는 현상으로, … 이 형태가 바로 현물 연공(생산물 지대)의 근저를 제약하고, 반농노제의 초석을 구성한다.'[1]

야마다가 부역 노동을 이렇게 평가하고 규정하자, 가장 먼저 오카다가 나서서 다음과 같은 반대의견을 내세웠다.[2] 오늘날 부역 노동은 예외적이고 특수한 현상으로써 주로 산간 지역 등에 산재해 있을 뿐이지, 야마다가 말하듯 전국적이고 일반적으로 소작제의 초석을 이루고 있진 않다. 가령 야마다가 말하는 바가 옳다면, 이 부역 노동을 둘러싼 소작쟁의가 소작료나 토지취득을 둘러싼 쟁의만큼 중요시되어야 하는데, 그러한 쟁의가 일어난 적은 없지 않은가?

앞서 오카다의 '분석' 비판을 반박한 사키사카와 야시마는 이 문제에 관해서도 다음과 같이 오카다를 반박한다. 어쨌든 부역 노동은 양적으로는 예외적이고 특수한 사례일 것이다(만약 그렇지 않다면 일본의 소작제도는 노동지대 형태의 농노제 그 자체가 되어버린다!). 그러나, "문제는 전국에 산재한 '예외적이고 특수한' 사례가, 현물 연공 및 반예농제와 어떠한 관계에 놓여 있느냐이다." '물론, 부역 노동 없이도 반봉건적 토지 소유가 존재할 수 있다. 문제는 부역 노동이 잔존하는 것이 현물 연공의 형태를 보다 고도의 형태로 전화·이행시키지 못하게 만드는 누름돌이기에, 지대가 화폐지대로 전화하는 것을 방해하며, 반예농제의 초석으로써, 다시 말하

---

1   『일본 자본주의 분석』, 212~214쪽.

2   『일본 자본주의 기초문제』

면 반예농제의 집중적 표현으로써 존재하는 것이다.'

이어서 고바야시는 「일본에 있어서의 부역 노동의 잔재와 그 의의 日本における徭役労働の残滓とその意義」[1]에서 보다 자세한 논증을 전개한다. 그는 우선 '자본론'에서 다음의 문구를 인용한다. '그러나 생산물지대가 지대의 지배적이고 가장 발달한 형태인 경우에도 다소간 이전 형태(즉 직접적으로 노동에 의해 지불되는 지대인 부역노동)[2]의 잔재를 함께 가지고 있기' 때문에, 이른바 '특수 소작' 관행은, 그것이 노동지대의 잔재라면 당연히, 그리고 이 원형을 본떠 인위적으로 만들어진 것이라 해도, 반봉건적 지대 소유를 전형적으로 체현한다고 역설한다.[3]

이어서 고바야시는 나고 소작관행의 분포를 제시한 후, 이 '나고', 즉 부역노동이 지주의 자작 경제 축소로 인해 점차 불필요해짐에 따라 '카리와케' 소작[4] 관행으로 이행한 사실, 또 이 카리와케 소작이 다이쇼 초기에 특히 아오모리현, 이와테현에서 광범하게 일어났던 사실 등을 지적하고는, 이들 부역 노동의 잔재가 각지에 산재한다는 사실만으로 충분하지 않냐며 오카다를 비판한다.

다음으로 히라노도 「도호쿠 지방의 흉작 東北地方の凶作」[5]에서 이 문제를 다루는데, 나고 제도가 중요한 것은 이것이 전국적으로 지배적인 반봉건적 소작관행의 원형이기 때문이며, 카리와케 소작이 중요한 이유는 '나고 제도를 포함한 소작 형태이거나 나고 제도와 병존·혼합되는 식으로 일본*의 일반적인 봉건적 소작관행의 중핵, 본질의 뿌리를 이루기 때문'이라고 말한다.

---

1   『경제평론』, 1934년 9월.

2   본서의 원문에는 '요역노동'으로 번역됨._옮긴이

3   마르크스 『자본론 3-하』(비봉출판사 2015년) 1006쪽._옮긴이

4   수확고에 따라 일정한 비율로 소작료 내는 제도. 출처 네이버

5   『경제평론』, 1935년 2월.

아이카와도 「도호쿠형 향촌東北型鄕村」[1]에서 이 문제를 다룬다. 그는 우선 '부역지대(노동지대)의 잔류에 관한 부현 府縣 별, 지대 地帶 별 개괄표'를 상세히 작성한 후 이를 다음과 같이 요약한다. 첫째, 부역은 오카다의 말처럼 예외적이고 특수한 현상으로써 산간 지역 등에 산재하는 것이 아니라, 지배적인 현물지대와 함께 그 근저를 제약하며 평야 지역 등의 농촌에 전국적으로 존재한다. 둘째, 이 노동지대가 생산물 지대로 전형할 때 그 형태를 제약하기 때문에, 카리와케 소작이나 영세 소작 등의 형태로 해소될 수밖에 없다. 이러한 결론을 내린 뒤 아이카와는 오카다의 소작쟁의 중 부역 노동에 관한 것이 없다는 주장을 각종 사례를 들어 반박했다.

이렇게 강좌파 진영에서 차례로 이론적·실증적 시도가 일어난 반면, 최초의 비판자 오카다는 1년이 지나서야 겨우 소논문을 발표하여 여기에 답했다. 그러나 그 논지는 앞선 논문과 별반 다르지 않은, 나고 제도는 산간 지역에 국부적으로 잔존한 봉건적 유제에 지나지 않고 금융자본이 지배하는 현 일본 자본주의에서 큰 의미를 갖지 않는다—라는 것이었다.[2] 아이카와는 이를 즉시 이를 반박하고 다음과 같이 일축했다. 나고 제도가 일본 자본주의에서 중요한 문제가 아니라는 견해는, 그것을 현물 연공의 소작관행에서 분리하여 생각하는 것에서 비롯된 착오이다. 옛 형태를 유지한 나고 제도는 일본 자본주의에 반예농제적 특징이 생겨난 증거이며, 따라서 부역 노동과 그 현물 연공으로의 과도적 형태를 분석하는 것은 현재의 고율 현물 연공의 본질을 밝히기 위해 꼭 필요하다.[3]

이렇게 노농파가 구석에 몰리던 중, 지금까지 막말 유신사 논쟁에

---

1   『역사과학』, 1935년 4월.

2   「경제평론파와 부역노동 經濟評論派と徭役勞働」, 『샐러리맨』, 1935년 8월.

3   「농업문제와 "노농파" 農業問題と"勞農派"」, 『샐러리맨』, 1935년 9월.

서 활동하던 경제사 전문가 츠치야가 등장한다. 츠치야는 위의 아이카와가 논고를 발표한 직후 자신의 직접 답사한 이와테현 답사 보고를 발표하는데, 여기서 그는 나고 제도의 여러 예시를 소개한 후 "이상으로 다룬 모든 사례는 정도의 차이는 있으나 이들은 전형적인 나고 형태가 아니라 상당 부분 붕괴하는 과정에 있는 것으로 보인다. … 내무부 조사에서 '시간이 흐름에 따라 나고 관계는, … 차례로 변천하고, 종전의 순수한 나고 제도는 점차 감소하고 있고, 나고 제도의 약간의 뼈대만이 남아있는 지방이 대부분'이라 언급한 것은 대체로 타당하다."라고 결론을 내렸다. 그리고, 이와테현 북부 4개 군을 전형적인 마름인 나고 제도로 보는 아이카와의 견해는, 인간의 꼬리뼈를 전형적인 원숭이의 꼬리로 보는 것과 큰 차이가 없다고 비판했다.[1]

츠치야는 이어서 「나고제도에 관하여 名子制度について」[2]를 발표한다. 이 논문에서 그는 나고 제도가 더는 현물 연공의 근저를 제약할 만한 것이 아님을 강조하고, 다음과 같이 말한다. '소작 관계가 지배적인 지역 전반에서 지리적·경제적 조건이 같을 때 나고적 관계가 널리 잔존함을 증명할 수 있다면, 누구든 그 사이에 직접적인 시대적 관련이 존재함을 추측할 수 있다. 그러나 대체로 산간 부락에 특유한 현상으로써 잔존하는 나고와 보통 소작 관계 사이에서 그러한 직접적인 관련이 가능한가.'

'실증'에 기초한 츠치야의 비판에 대해, 공산당 사건의 변호사로 유명한 후세 타츠지 布施辰治가 나서 강좌파의 견해를 지지하며 구체적인 변론을 전개했다. 다이쇼 이래 농민운동을 풍부히 체험한 후세는, 츠치야처럼 이와테현 니노헤 二戸군, 구노헤 九戸군의 농촌을 답사하고 나고 제도에 관한 상세한 보고를 발표하려던 차였다. 그러던 중 츠치

---

1   「나고부락을 방문하고 名子部落を訪ねて」『제국대학신문』, 1935년 9월 9일, 16일, 23일.

2   『선구』, 1935년 10월.

야의 답사 보고가 발표되자, 후세는 그것이 자신의 답사 결과와 다르다는 사실을 지적하고 아래와 같이 실증적인 면을 비판한다.[1]

츠치야는 혈연별가 血緣別家[2] 혹은 후다이 봉공인 譜代奉公人[3]에 의한 소위 '카마도' 분가[4] 이외에는 나고 제도를 인정하지 않는 것으로 보이며, 부업이나 데카세기[5]에 의해 금전 수입이 증가한 점을 들어 나고 제도가 근대화되며 붕괴하고 있다고 보는데, 이는 피상적인 주장이다. 나고 제도의 본질은, 한 지주가 넓은 토지를 독점적으로 소유하기 때문에, 그리고 인접한 부락 간 경계가 엄격히 구별되는 탓에, 부락 정주자의 토지에 대한 의존이 대체로 한 지주의 대토지소유에 머무를 수밖에 없는 상태에 놓인 토지의 소유·분배 관계이다. 토지 선택의 자유가 없는 부락민에게 나고 제도라는 봉건제를 무너뜨릴 수 있는 자본주의적 자유는 티끌만큼도 찾을 수 없을 것이다. 이 경우, 금전 수입에 대한 의존이 점차 증가하는 것은 곧 '정액 소작료를 내지 못한 것을 보충하기 위해, 농노적 착취에 더해진 고리대적 지주의 수입에 봉사하는 것'에 지나지 않고, '반봉건적 농노 지배를 본질로 하는 나고 제도 그 자체는 조금도 붕괴하고 있지 않다.'

후세가 이렇게 논박하자, 츠치야는 다시 한번 야마다, 아이카와, 후세 등의 비판에 대한 전면적인 반격을 시도한다.[6] 그는 재차 이

1 「카리와케소작의 실정 苅り分け小作の実情」, 『경제평론』, 1935년 7월, 「답소작의 카리와케와 택지소작의 부역 畑小作の苅分と宅地小作の徭役」, 『경제평론』, 1935년 9월, 「츠치야 다카오씨의 "나고부락을 방문하고"를 읽고 土屋喬雄氏의 『名子部落を訪ねて』を読んで」, 『경제평론』, 1935년 11월, 「도호쿠 오지의 산간부락 갱생대책과 입회문제 東北奧地の山間部落更生対策と入会問題」, 『역사과학』, 1935년 11월 등.

2 봉공인 등이 주인의 허락을 받고 가게 등을 내는 행위._옮긴이

3 재산으로 취급받는 대대로 예속된 하인, 봉공인._옮긴이

4 봉공인이 독립한 일가로써 생활하게 되는 것._옮긴이

5 소득이 낮은 고향을 떠나 소득이 높은 지역에서 돈을 버는 것._옮긴이

6 「야마다씨 '분석'에서의 부역노동론 비판 山田氏『分析』における徭役労働論批判」, 상동 출처.

와테현을 예시를 들어, 이렇게 주장한다. 금전을 통한 대납이나 무조건적인 해약이 인정되는 한, 이를 전형적인 부역으로 인정하기는 힘들다. 여기에는 '토지에 대한 결박이나 경제외적 강제'가 없으므로 이는 순수한 봉건적인 노동지대가 아니라, 질적으로 변화하고 있는 반봉건적인 성질을 가진다. 특히, 부역 노동은 논농사에서는 드물고 주로 산간 지역에 잔존해 있으므로(여기서 그는 나고 부락의 지형을 제시했다), 이는 야마다가 주장하는 것과 달리 전 국토에 걸친 현상이 아니고, 양적으로도 붕괴하고 있다.

다음으로, '분석'은 부역 노동을 현물 연공의 초석으로 여기는데, 이는 이중의 오류이다. 첫째, 마르크스가 생산물 지대가 지배적일 때 노동지대가 잔존한다고 한 것은 순수한 봉건제일 때의 이야기이므로, 반봉건제인 현재에 있어서는 타당하지 않다. 둘째, 현재의 소작인은 도쿠가와 시대 농노에서 전화된 것이고, 그 농노는 나고를 통해 생겨난 것이므로, "주된 흐름으로 보면 나고는 오늘날 소작인의 '초석'이 아니라 '소작인의 초석의 초석'이라 보아야 한다." 이러한 관점에서 볼 때 후세가 한 반박은 요점에서 벗어나 있다. 왜냐하면 야마다-아이카와의 '전형'설에 대해 후세는 현재의 나고 제도를 '반봉건적'이거나 혹은 '반 # 나고 제도'라고 말하고 있기 때문이며, 이 점에서 후세와 나의 견해가 일치하기 때문이다.

그러나 여기서 츠치야가 말한 '반봉건적'이라는 것이 강좌파가 이야기하는 범주로써의 봉건성에 속하는 것이 아니라, '반봉건은 어디까지나 반봉건이고, 봉건과 바꿔 말할 수 없는 특수한 것이다.'라는 것을 의미한다는 것에 주목해야 한다. 츠치야는 이렇게 질적으로 상이한 '반봉건'을 남용하며 해당파의 '전자본주의적' 제3범주를 구원하려 한 것이다.

후세에 대해서는 오카다·츠치야와 같은 시각에서 이뤄진 기무라의 비판이 있었다.[1] 그 후 이 문제에 관한 논쟁은 지대 범주에 관한 논쟁에 자리를 양보한 후[2] 자연스럽게 소멸되어버렸다. 지금의 역사학 수준에서 볼 때 검토할 여지가 있지만, 그러나 어쨌든 강좌파가 봉건시대의 직접적 잔존물인 부역노동(노동지대)이 해소되지 않은 채 존재하는 사실을 파악하고, 이를 일본농업의 봉건성을 증명하는 증거로 규정지은 것은 공적이라 할 수 있다. 이후 사학계에서는 이 문제에 관한 수많은 실증적이고 방법론적인 업적이 세워졌고, 논쟁 당시보다 높은 수준의 성과를 내놓게 된다.[3]

2. '경제외적 강제' 논쟁

일본의 토지소유 및 농업생산관계의 봉건성 여부를 따질 때 중요한 기준 중 하나는 지주-소작인 사이의 관계의 '경제외적 강제'의 존재 여부이다. 따라서 이 '경제외적 강제' 여부에 관한 견해차는 강좌파와 노농파의 대립을 가장 선명하게 보여주었다. 다만 이 문제에 관해서는 계통을 따르는 논전이 따로 있었던 것이 아니기에 서로 일관된 맥락이 있지 않다는 점을 언급해두겠다.

앞서 말한 대로, 농업에서의 생산관계·착취관계를 통해 토지 소유의 봉건성을 규정하려는 강좌파의 입장에서 이 경제외적 강제의 존재는 필연적으로 그 논거여야만 했다. 따라서 노로나 '프로과' 이론가들도 이것이 토지 취상권이라는 형태로 결실을 맺고, 또 전통이나 습관 등으로 모습을 바꿔 현존한다는 점을 이미 주장했다. 그

---

1   『일본소작제도론 日本小作制度論』, 604~606쪽.

2   제5장 제2절.

3   후루시마 토시오 古島敏雄 등.

러나 이것이 처음으로 농업 봉건성의 근본적인 조건의 하나로써 명확하고 구체적으로 정식화된 것은 『강좌』발간 이후의 일이다.

야마다 모리타로의 경우, '34%의 지조 징수와 68%의 지대징수를 모두 포괄하는 두 층위의 종속 규정은, 공권력(경제외적강제)과 상관관계에 따라 확보될 수 있었다. 메이지 시기 농민 소요 사례들, 그 후의 분쟁사례들에서 나타나는 저항과 정정(가라앉음)의 제 형태가 그것을 증명한다. 따라서, 두 확보된 층위에 종속되어 규정된 이 토지 소유는 부르주아적 토지 소유가 아니라, 반예농주적·기생지주적 특질을 갖는 반봉건적 토지 소유이다.'[1]라고 주장하며, 특히 강제Zwang가 공권력Gewalt과의 상관관계에 있어 이해되어야 한다는 점을 보였다.

히라노의 경우, '구 봉건제 하에서 소작료의 상납은 카지시加地子[2]를 납부하지 않거나 연체한 경우, 공조의 성격을 갖는 연공을 납부하지 않거나 연체한 경우와 마찬가지로 경작 중지·작물 수확 금지·소작물 압수·소작인의 재산 차압·궐소[3] 파산·토코로바라이[4]·유치·투옥 등 봉건적 형벌을 동반하는 특징을 가지는 등 본질적으로 경제외적 강제였다. 그리고 이러한 경작 중지·수확 금지·소작물 압수라는 반봉건적 경제외적 강제의 특징들은, 메이지 정부 아래에서도 근대적 법률 형태가 복합적으로 추가되는 식으로 계승되고 존속되었다.', '여기서 일본* 소작의 본질이 드러난다. 소작의 본질은, 경작 중지, 소작권의 압수 등 경제외적 강제로 인해 주어진 토지에 결박된 농민이 그의 전체 잉여생산물을 직접적인 관계를 통해 흡수당하

---

1   『일본 자본주의 분석』, 193쪽.

2   장원 영주 혹은 국가에 바치는 공납 이외의, 영주 등에게 토지 관리를 위탁받은 名主에게 바치는 별도의 공납.

3   추방 이상 형 받은 자의 토지 몰수.

4   거주지 추방 형벌.

는 관계이다.'[1]라며, 그 구체적 형태에 대해 말했다.

반면 노농파는 초기엔 일관적으로 유통적 계기에서 비롯한 근대화를 주장했기 때문에, 생산 관계를 규정하는 개념인 경제외적 강제에 관해서는 정면으로 다루지 않았다. 가령 이노마타는 이 점을 거의 다루지 않았고, 쿠시다 또한 토지 출입 금지나 재산 차압 등의 강제는 법률상의 채권 관계에 기초한 것에 지나지 않는다며 간단히 다루는 것에 그쳤다.

이 때문에 초기에 이뤄진 논쟁에서는 노농파가 생산 관계를 경시한다는 비판이 주로 이뤄졌을 뿐, 경제외적 강제 그 자체가 주로 다뤄지지는 않았다. 조금 상세히 들어가면, 「일본에서의 소작계약 日本における小作契約」[2]을 통해 쿠시다가 자신이 자유계약이라 본 소작 계약에서 경제외적 강제가 토지몰수권으로 관철되고 있음을 여러 방식을 통해 구체적으로 증명한 정도가 주목할 만한 것이었다.

그러나 이 문제에 관해서도 본격적인 저술과 이론적 해명이 이뤄지기 시작했다. 최초의 계기는 츠치야가 막말의 영주와 신 지주 사이의 차이를 논하면서 경제외적 강제와 정치적 공권력을 혼동하는 듯한 모호한 기술을 한 것에서 비롯되었다.[3] 이에 아이카와는, 경제외적 강제가 농노적 생산 관계에서 본질적이며 역사적인 규정이고, 공권력과는 별개의 것임을 츠치야가 전혀 이해하지 못하고 있다며 신랄하게 비판한 뒤, 봉건적 지대가 노동, 생산물, 화폐 등 형태로 변화하면서 강제의 형태도 '직접적이며 채찍에 의한 것'에서 '관계의 힘이나 법 규정에 의한 것'으로 완화되면서 본질적으로 관철되어 감을 '자본론'에 근거하여 설명했다. 뒤이어 그는 강제와 공권력

---

1   『기구』, 294쪽, 27쪽.

2   『독서』, 1934년 2, 3월.

3   「신지주론의 재검토」

간의 상관관계에 대하여, "문제를 '상관관계적'으로 말하면, 그러한 '공권력'이 발동되는 방향은 경제외적 강제인 '토지 결박'에 나타나는 봉건적 생산 관계의 유지와 체제적으로 결합해 있었던 것이라 할 수 있다."라고 정리한다.[1]

그 후 아이카와는 이노마타가 유신 이후 경제외적 강제의 존재를 정면으로 부정한 것[2]을 계기로 이 문제를 한층 자세히 논했다. 경제외적 강제 범주는 봉건적인 경제구조에 있어서 본질적으로 결여될 수 없는 것이며, 그 형태와 정도는 극히 다양하다고 지적한 후, 아이카와는 그것이 일본에서 구체적으로 어떻게 나타나는지에 대해 다음과 같이 말한다. "예를 들면 토지 반환 쟁의 등 폭발력이 결집된 곳에서만 '경제외적 강제'가 나타나는 것이 아니다. 일상적으로는 '관행적' 관계 그 자체가, 그러한 '강제'에 의해, 상주하는 개별 지주-소작의 예속적 관계 속에서 유지되며, 또 그 관계의 불가결한 조건이다. … 이 경우 국가에 상주하는 공권력 범주 및 그 구성 요소들의 발동, 그리고 하나의 관계를 규정 혹은 표현하는 '경제외적 강제'의 형태, 이 둘의 필연적인 연관을 파악하는 것에 주목해야 한다."[3]

이제 이 시기 야마다 모리타로가 앞서 말한 좌담회에서 한 발언을 살펴보자. "간단하게 말하면, 순수하게 경제적인 형태에 대비되는 개념으로서의 '경제 외'이다. 여기서의 관계는 반드시 눈에 보이는 단순한 강제를 필요로 하는 것이 아니라, 제관계의 마하트(Macht(독일어): 힘, 권력)로 충분히 설명된다. 나는 이렇게 말한다. 일본에서의 토지 분할제도 및 그 유제의 분포, 소작제, 부역 노동, 카리와케 소작, 특수관리인, 지방적 특수성을 띤 관행의 분포, 세습지, 영세농가의 가헌零農家憲,

---

1   「지대의 역사적 형태」

2   「일본문화오십년사 경제편 日本文化五十年史·経済編 」, 『중앙공론』, 1935년 10월.

3   「'경제외적 강제'라는 범주 『経済外的強制』なる範疇 」, 『사회』, 1935년 11월.

윤중[1], 강중講中[2], 씨족의 봉건적 관습의 유제, 신문조차도 읽지 못하는 까막눈, 특수 부락, 감옥방[3], 토모코 동맹[4]의 병존 등, 이들 제 상태의 제도 아래에선, 종래의 소작 관계를 지양할 수 없다. 여기서 중요한 것은 기본적인 것들이 현재도 존재하고 있다는 것이다."[5] 이는 '직접적 강제'에서 '관계의 힘'으로 전화하더라도, 본질적으론 경제외적 강제가 존재함을 주장했다는 점에서 주목할 필요가 있다.

이상과 같이 이 문제는 강좌파에 의해 심화되는 과정을 거친 후 노농파에 의해 전면적인 논쟁 주제가 되었다. 이는 제5장 제2절에서 살펴본 것처럼 농업논쟁이 새로운 단계에 들어섰던 것에 따른 필연적인 결과였다. 좋든 싫든 유통적 계기론에서 생산관계 분석으로 자리를 옮긴 노농파-해당파 진영은, 이 문제에서도 공통된 논거—메이지 유신 이후 토지 처분, 이주 등을 규제하는 봉건적 제한이 철폐되었기에 경제외적 강제가 존재하지 않고, 이것이 존재한다 주장하는 강좌파에게는 구체적 논증이 결여되었다—를 들어 논쟁에 뛰어들었다.[6]

대표적으로 후지이는 다음과 같이 말한다. '현재 일본에서, … 토지소유와 귀족 신분의 결합, 분유지, 공동보증, 농민의 주거이전의 제한 등 봉건사회로부터 유래한 제도적 잔재는 거의 찾아볼 수 없다. 이러한 관계 하에서, 봉건지대 성립의 기초인 경제외적 강제를 성문법적 사항을 통해 요구하는 것은 불가능하다. 또 관습법적으로도 예외적 사례를 제외하면 일반적으로 이것을 요구하는 것이 어렵다.' 이 외에도

---

1   저습지의 촌락·농경지를 홍수로부터 보호하기 위해 제방으로 둘러싼 지역. 출처 네이버

2   지역사회를 모태로 한 신앙, 경제, 직업적 목적 달성을 위한 공동체._옮긴이

3   감옥방 監獄部屋, 노동자를 탈출하지 못하게 막아놓은 기숙사.

4   토모코 동맹 友子同盟, 에도시대 초중기 광산노동자 사이에서 자연발생한 상호부조조합.

5   동일 출처, 『시국신문』, 1935년 12월 23일.

6   후지이 「'반봉건지대'냐 '전자본주의지대'냐」, 사키사카 「농민의 역사적 성질」, 츠치야 「야마다씨 '분석'에서의 부역노동론 비판」

요코세가 히라노를 비판하며 "'신분적 계급구성'을 일체 부정하면서 '경제외적 강제'를 말하는 것은 넌센스"라고 논한 것 등을 들 수 있다.[1]

히라노는 이후 발표한 논문을 통해 "지주의 수취를 실현하기 위한 최후적 수단 및 제재 수단인 '토지몰수'에 위협받는 한, 소작인의 비자유, 인격 박탈, 지주에 대한 예종 강화는 당연한 귀결이다.", '옛 관습에 따라 합법화되어 있는 이 토지몰수야말로 경제외적 강제가 발현된 단적인 현상·형태이다.'[2]라며 지금까지 자신의 주장을 보충하고, 나아가 농민운동이나 소작쟁의가 토지몰수에 위협받아 저지되고 있는 사실을 지적했다.[3]

이러한 가운데 논쟁에 새롭게 나타난 비판자들은, 농업 문제 논쟁과 마찬가지로 이 문제에 관해서도 각자의 독자적인 견해를 드러냈다. 우선 도다는, 현재의 고율 소작료를 가능하게 하는 조건이 반드시 특별한 법률 혹은 직접적인 공권력일 필요는 없다며, ①고리대자본의 흡착에 의한 채무 관계, ②만성적 농촌 과잉인구, ③반봉건적 정치적 압제인 경제외적 강제 등의 사정들이 농민을 사실상 토지에 묶어놓는다고 주장한다. 그렇다면 여기서 경제외적 강제는 구체적으로 무엇을 지칭하는가? 도다는 '광범한 경작농과 근로대중이 정치적 무권리 상태에 놓인 것이 본질적으로 봉건적 압제인 경제외적 강제의 잔존이며, 본질적으로 농민을 아직까지 토지에 결박하는 요소'라 말한다. 이어서 그는 히라노가 경작 중지나 소작권 몰수에 경제외적 강제가 표현된다고 본 견해는 일면적이라며 비판하고, 바로 뒤에 살펴볼 기무라의 경제외적강제말소설說 또한 결정적 오류를 갖는다며 비판한다.[4]

---

1   「일본 자본주의 논쟁 개관」

2   「아일랜드에서의 토지문제 アイルランドにおける土地問題」, 『역사과학』, 1936년 5월.

3   「최근의 농가경제와 소작쟁의 最近の農家経済と小作争議」

4   『일본농업론』, 102~110쪽.

다음으로 기무라는, 이 문제에 관한 마르크스와 레닌의 저작을 인용하며 히라노 이론을 비판한다. 첫째, "히라노 씨는 '소작권의 몰수'를 '경제외적 강제'의 핵심 요소로 해석하는데, 마르크스-레닌주의 '경제외적 강제'는 반대로 소작권이 이미 확보된 것을 전제로 한다." 즉 토지 몰수는 농민을 토지에 결박하는 것이 아니라 반대로 농민을 토지로부터 해방하기 때문에 봉건적 착취를 확보하는 수단이 아니다. 둘째, 경작 중지, 작물 수확 금지, 재산 차압 등은 경제외적 강제가 아니라 '경제 외의 직접적 폭력'으로, 자본주의 초기에 노동자를 종속시킨 폭력과 본질적으로 동일하다. 히라노는 이상의 두 지점에서 오류를 범했다.

그렇다면 기무라는 오늘날 일본 농촌에서의 경제외적 강제 문제를 어떻게 바라보았을까? 기무라는 이렇게 말했다. 일본에서는 이미 경제외적 강제가 필요한 자급자족경제는 분해되었고, 그것은 그저 지주에 대한 관념, 즉 신분적 비하감으로만 잔존할 뿐이다. 그리고 이 또한 급속히 소멸하고 있으므로, 결국 "일본의 소작제도에는 마르크스-레닌주의적 의미의 '경제외적 강제'가 거의 존재하지 않는다."[1]

위와 같은 기무라의 견해에 대해 도다 뿐 아니라 니시무라도 비판을 가했다.[2] 그는 우선 지금까지의 논쟁을 전체적으로 살펴본 후, 토론의 핵심이 '강제'의 본래적 형태가 존재하는지 여부가 아니라 그 역사적인 형태나 양식을 규정하는 것임을 지적한 후, "이미 반봉건적이라 부르는 것을 통해서도 알 수 있듯, 순純봉건적인 이른바 이념형의 '강제 양식'은 애초에 여기서 문제로 여겨지지도 않고 있다."라며 문제의 소재를 새로이 밝힌다.

이로부터 니시무라는 기무라를 비판하며 "히라노 씨는 공조에서의 영주적 '강제' 양식과 소작료에서의 지주적 '강제' 양식을 구별

1   『일본소작제도론』, 314쪽 이하.
2   「"경제외적강제"에 관한 메모」, 『경제평론』, 1937년 1월.

하며, 전자의 특징이 '경작 중지' 등 각종 '봉건적 형벌' 중에서 '경작 중지, 작물 수확 금지, 작물 몰수' 등의 3개가 유신 이후 '근대적 법률 형태의 복합적 추가를 통해' 계승되었다고 강조하는 것이지, 기무라 씨가 해석하듯 단순히 '작물 몰수'만이 여기에 계승되는 양식의 '핵심 요소'라 주장하는 것이 아니며, 또 단순히 그러한 '반봉건적' 양식이 그대로 계승된다고 주장한 것도 아니다."라고 말한다. 나아가 니시무라는 기무라가 주장하듯 경작 중지 등이 직접적 폭력 일뿐 강제가 아니라면, 마르크스가 말한 채찍을 통한 강제(노동지대) 등에는 직접적 폭력이 없냐고 반문한다. 이상과 같은 히라노에 대한 변론을 끝으로 이 문제에 관한 논의들은 마무리되었다.

이 경제외적 강제에 관한 문제는, 앞에서 언급하였듯 농업 생산 관계가 본질적으로 봉건성을 갖는지 결정한다는 점에서 중요한 의미를 갖지만, 논쟁의 과정에서 점차 본말전도가 일어나고, 농업 전체의 문제가 경제외적 강제 문제로 국한되며, 마치 이것이 형식적으로 존재하는지 여부가 모든 문제를 결정하는 양 다뤄지게 되는 등 이론투쟁의 중대한 편향을 드러내었다. 논쟁이 전반적으로 결여했던 지점, 후기 강좌파 기본입장이 편향되었던 점 등이 이러한 부분에서 집중적으로 드러난 것이다.

3. '농업 자본주의화' 논쟁

농업 문제에 관한 소논쟁 가운데 무시할 수 없는 논쟁으로는 당시의 농업공황과 관련해 이뤄진 농업의 자본주의화를 둘러싼 논쟁이 있다. 이 문제는 소위 농업 부문의 현 단계 분석에 속하는 문제로, 농업 전반의 성격에 관한 기초적 입장의 옳고 그름을 결정하는 기준을 부여하며 강좌파·노농파 사이의 쟁점에 대한 실천적 결론을 내린다는 의미 또한 가졌다.

처음으로 이 문제를 다룬 것은 해당파의 이론가 후지이다. 그는 농림성의 농사통계(제국농회 조사, 1933년도 통계)에 기초해 농업공황이 발발한 1930년부터 1933년까지 나타난 토지 소유 및 농업경영의 변화를 탐구했다.[1]

그는 통계들을 분석한 결과 다음과 같은 결론을 도출한다. 첫째, 4년간의 농업공황은 중소 지주의 자작화 경향을 강화하고, 직접 일하는 토지 소유 농민의 많은 토지를 지주의 수중에 집중시켜 농민의 기존 소유지를 저당 채무로 만들었고, 이를 통해 저당채권자를 포함한 지주적 토지 소유를 확대시켰다. 둘째, 전체적으로 확대된 이러한 지주적 토지 소유 내부에서는 다음과 같은 재편성이 진행되었다. 공황으로 10정[2] 이상을 소유한 대지주, 특히 '본래의 대지주'보다 '부르주아 지주'가 급속히 등장했고, 3정~10정을 소유한 '본래의 중소 지주'가 몰락·전업하거나 자작농화 했다. 거꾸로 3정~10정을 소유한 '부르주아적 중소 지주(상인, 고리대 등)'의 토지 소유는 증가했으며, 그중에서도 특히 토지 저당채권자인 은행 지주가 현저하게 대두되었다. 셋째, 농업경영에서는 공황에 의한 가격 붕괴와 농업 수입 격감에 자극받은 2정 이상을 소유한 상층 농민이 경영을 합리화하고 확대하였으며, 이에 따라 농업경영의 자본주의화, 농업에서의 자본과 노동의 대립이 공황 이전에 비해 급속히 진행되었다.

세키네 에츠로는 '어떤 부분에서는 후지이의 견해와 완전히 일치하나, 그 외 본질적인 점에서 견해를 달리하는 점이 있다.'라며 이를 곧바로 비판했다.[3] 우선 그는 공황이 토지 소유 측면에서 지주로의 토지집

---

1   「농업공황4개년의 결과 農業恐慌四ヶ年の結果」, 『사회평론』, 1935년 5월.

2   토지 면적 단위. 1정은 약 3천평.

3   「공황기근 하의 농업문제 恐慌飢饉下の農業問題」, 『사회평론』, 1935년 6월.

중, 소작농이 증가하는 경향, 은행 등 저당권자로의 소유권 이행 등에 영향을 주고 있다는 점에서 완전히 후지이에게 동의한다고 말했다.

이어서 세키네는 본래의 지주와 부르주아 지주를 범주적으로 구별하고 후자를 전자와 대립 관계에 놓고 그 대립에서 농업의 자본주의화 경향을 보는 후지이의 방식을 전적으로 반대한다. 세키네에 따르면 이것은 다름아닌 이노마타 이래 이어진 그릇된 '지주의 부르주아화'설을 계승하는 것이다. '소위 부르주아화한 지주든 구래舊來의 봉건적인 지주든 지주라는 범주에 있어서 완전히 동일한 반봉건적 생산 관계 위에 있다. … 그리하여, 이러한 부르주아화한 지주에게 토지가 집중되는 것은, … 일본의 자본주의가 반예농적 소규모 경작에 대한 의존적인 관계에서, 반예농적 소규모 경작이라는 기조 위에 세워진 일본 자본주의의 특징을 보여주는 것'이지, 농업의 자본주의화를 의미하는 것은 아니다.

그러나 세키네는 농업의 자본주의화를 부정하지는 않으며 공황이 그것을 촉진한다는 것을 인정한다. 다만 그러한 자본주의화는 후지이의 주장대로 토지소유권이 부르주아 지주나 은행자본으로 이동한다는 점이 아니라, 농업경영 내부의 내면적 변화라는 점에서 인정된다. 공황은 토지 소유 측면 이상으로 농업경영의 형태에 심각한 변화를 일으켰고, 그 변화는 레닌이 말한 독일의 융커적 농업개혁과 유사한 방향으로 일어난다. 공황으로 촉발된 경영의 합리화로 인해, 첫째로 종래의 부유한 자작농이 경영을 확대했고, 비경작 지주가 경작에 참가하게 되었으며, 이들에 의해 비교적 큰 규모의 경작이 등장했다. '3정급 이상 경작 농민이 공황 이전에는 순차적으로 감소하는 경향을 보인 반면, 공황 이후에는 더디게 감소하거나 증가하는 경향을 보인 것은 이 때문이다.' 둘째로, 합리화의 결과 도시 부근 농업에서 다각경영, 집약적 경영이 발전한다. '공황 이래 1정 미만 경작 호수戶數가 감소한 것에 비해 1정 이상 경작 호수는 점차 증가하는 경향을 보이는 것은 이 때문이다.' 이러한 경향의 본질은 공황이 일으킨 농촌의 내부적 변화이며, 농업 자본주의화는 공황으로 인해 농민의 비참한 상황이 증대함에도 불구하고 현재의 농업 생산관계에 있어서 진보적인 방향이다. 그리고 이 자본주의화를 제약하는 가장 큰 요소는 반봉건적 토지 소유관계이다.

이어서 이러한 지적에 대해 기무라가 개입한다.[1] 우선 그는 첫째로, 통계를 토지 소유 측면에서 분석하고 다음과 같은 결론을 도출한다. 후지이가 말한 3정~10정 토지 소유 농가는 중소 지주라기보다는 중농·부농으로, 공황은 이들 중농·부농의 경영을 발전시켰고, 따라서 토지 소유의 이행 또한 이들 계층에서 실질적으로 증가했다. 공황이 10정 이상 대지주를 증가시켰다는 점은 후지이가 옳다. 전답별 통계에서 소작지의 밭만이 공황을 경계로 점증하다가 감소한 것은, 공황이 반봉건적 소작제도에 타격을 가하며 자본가적 농업 및 자본주의적 소작제도를 발전시키고 있다는 점을 말해준다.

둘째로 부르주아 지주의 문제에서, 세키네의 비판은 대체로 옳으나 부르주아화한 지주가 '새로운 범주'임을 부정하는 것은 너무 나간 것이다. 이것은 정확하게는 '부르주아 겸 지주'라 부르는 것이 맞고, 소작농과 병존하는 프롤레타리아화한 소작농, 빈농적 소작농이라는 별개의 범주가 존재하듯이, 그것이 농업의 자본주의화를 의미하지는 않을 수 있으나, 반봉건적 지주와 별개의 범주인 부르주아화한 지주가 존재할 수 있다. 이상이 기무라의 논지이다.

후지이는 세키네, 기무라 양자의 비판에 답변하는 논문을 발표했다.[2] 그는 우선 세키네가 제시한 본래의 지주와 부르주아 지주를 구별하는 문제에 관해 답한다. 소작인에 대한 착취관계라는 본질에 차이

1   「공황과 농촌계급관계의 변화 恐慌と農村階級関係の変化」, 『사회평론』, 1935년 7월.

2   「다시금 농업공황 4개년의 결과에 관하여 再び農業恐慌四ヶ年の結果に就て」, 『사회평론』, 1935년 9월.

가 없는 것은 인정하지만, 이를 들어 이들을 구별하는 것이 무의미하다는 세키네의 의견에는 찬동하기 어렵다. 왜냐하면 '그 주요한 계급적 지위가 부르주아이면서 동시에 지주를 겸하는 경우와 그 주요한 계급적 지위가 지주인 것은 구별하는 것이 필요'하기 때문이다. 특히 지배계급의 내부 구성을 놓고 생각한다면 이러한 구별은 중요하다. 자신은 이 견지에서 양자의 구별은 필요하다고 생각한다.

후지이는 이어서 기무라의 비판에 답한다. 공황이 농민적 토지 소유 내부에서 중농·부농적 토지 소유를 증가시켰다는 기무라의 의견에는 배울 점이 있었다. 하지만 여기에는 약간의 문제가 있는데, 공황의 타격이 중농에게도 상당히 컸던 사실로 미루어 볼 때, 오히려 공황을 통해 부농층의 소유면적이 증가했다 보아야 하지 않는가? 따라서 3정~10정 소유 호수 감소가 완만해진 것은, 어떤 부분에서는 상인, 고리대 등 부르주아 지주가 진출했음을, 어떤 부분에선 기무라가 지적하듯 부농이 진출했음을 의미하는 것이다.

이상으로 논쟁은 일단락되었다. 여기서 모든 논자가 공황에 의해 농업경영 자본주의화 속도가 증가했음을 인정한 것은 주목할만한 지점이다.

그 후 농업공황과 관련한 자본주의화의 문제는 논단에서 본격적으로 논의되지 않았다. 기껏해야 강좌파와 입장을 공유하는 고이와이 키요시 小岩井淨가 농업 자본주의화의 진행과 봉건적 잔존물과의 관련성을 적극적으로 인식할 필요가 있다고 강조하는 정도였다.[1] 그런데 봉건 논쟁이 일단락된 시기 말기에 이에 대한 수준 높은 논의가 일어난다. 1937년 강좌파의 아성 『경제평론』지에 이 문제를 다루는 일련의 논문들이 등장한 것이다.

우선 첫 번째로 등장한 오카 긴노스케 岡金之助의 논문은 일본농

---

1   「일본농업과 자본주의 日本農業と資本主義」, 『개조』, 1936년 6월.

업이 '반봉건적'이라 일반적으로 규정하는 것은 오류이며, 문제는 "'대공업에서 비롯된 국내시장 형성 과정'을 추적하고, 그 과정에서의 농업의 변모를 분석"하는 것이라는 주목할만한 방법적 제언을 했다. 나아가 이러한 관점을 통해, 1919년 이후 특히 농업공황 과정에서 농업기계의 보급과 농업 임노동자가 증대한 사실은 일본농업에서 부농 경영, 즉 자본주의가 발전했다는 것을 보여주는 것이라 주장하며, 이것을 통계적·실증적으로 뒷받침하고자 하였다.[1]

이렇게 종래의 고착화된 강좌파 농업론을 내부로부터 타파하려는 노력은 타무라 미노루田村実의 논문 「대농경영에 대한 봉건적 규정의 오류에 관하여 大農経営に対する封建的規定の誤謬について」[2]에도 나타난다. 그러나 동시에, 농업 자본주의의 발전을 봉건적 생산 관계의 제약과 관련지어 보지 않는 것은 노농파적 견해와 일맥상통할 위험성을 가진다는 사실은 명백하다. 그렇기에 최종호『경제평론』지에 발표된 한 논고는, 농업공황에서의 자본주의의 발전은 인정하나 그것은 과도적인 성격의 것에 지나지 않고, 오카와 같이 농업기계와 임노동자가 증가한 사실을 단순히 '부농의 자본가적 경영의 발전'이라 보는 것은, 노농파의 공식론과 일맥상통한다고 비판하기도 했다.[3]

이렇게 농업 현 단계에 대한 분석은 강좌파 이론의 방법적 근저까지 파고들었고, 그 이론구조를 내부부터 전면적으로 재검토할 충분한 계기를 만들었으나, 전면적으로 문제가 다뤄질 때는 이미 객관적 정세가 변해있었다. 따라서, 결국 이 과제는 당시의 단계에서 해결되지 못한 채 전후의 강좌파 비판을 둘러싼 논쟁 속에서 다시 반복되게 된다.

---

1   오카 킨노스케 岡金之助 「농업공황의 발전과 농촌사회의 분화 農業恐慌の発展と農村社会の分化」,『경제평론』, 1937년 7~8월.

2   『경제평론』, 1937년 7월.

3   무라타 테츠오 村田徹夫 「일본농업에서의 자본주의화의 문제 日本農業における資本主義化の問題」,『경제평론』, 1937년 10월.

제7장

1945

전전 논쟁의
총괄 및
이후의 연구

전전 논쟁의 총결산

1. 자본주의 논쟁의 종결

제2장부터 제6장에 걸쳐 살펴본 일본 자본주의 논쟁은 살펴보았듯 1936년 6월에서 7월에 걸친 정부의 일제 검거(이른바 콤 아카데미 사건)를 통해 강좌파가 괴멸당하고, 이어서 노농파도 이듬해 1937년 말 인민전선사건과 1938년 2월 교수 그룹 사건 등 두 차례의 탄압을 통해 일소되면서 완전히 종결되었다.

이보다 앞서 일본 지배계급은 만주 침략에 성공하고, 군비 인플레이션이과 저환율과 소셜 덤핑(저임금, 장시간 노동 따위를 통하여 생산비를 적게 들여 생산한 상품을 해외에 싸게 파는 일)을 지렛대 삼은 경기 회복, 혁명운동에 대한 야만적 탄압 등을 통해 일시적으로 국내의 위기를 극복했으나, 1935년경부터 만주에서의 군사행동이 종료되고, 군비 인플레이션의 한계, 수출무역의 정체, 수출산업의 부진 등으로 인해 다시금 경제적 파탄이 싹트기 시작하자 농촌에서도 불안과 빈궁이 한층 강화되기 시작했다.

또한, 인플레이션, 노동강화, 저임금에 고통받아 대중의 불만은 증대하고, 계급투쟁의 파고가 높아지며 이것이 1937년 전반기의 유례없는 파업 투쟁으로 폭발했다. 당시 공산당은 탄압을 받고 있었기 때문에, 공산당이 아닌 사회민주주의 정당이 총선거에서 38명의 당선자와 100만여 표를 득표했다. 이러한 점에서 대중은 급속히 혁명화할 가능성을 보이고 있었다. 위기를 마주한 지배계급은 새로운 군사적 모험과 군비 인플레이션에서 활로를 찾다, 결국 1937년 7월 중일전쟁을 개시하기에 이른다.

위의 사정과 함께, 지배계급은 1935년 공산당의 재건조직을 탄압한 후 1936년의 군부 우익분자의 쿠데타 사건(소위 2.26사건)에 따른 준전시체제를 이용하여 우선 강좌파를 탄압하고, 이어서 이듬해 중일전쟁을 구실로 노농파 트로츠키주의자들을 포함한 좌익 사회민주주의자까지 검거했다.

노농파 검거는 무엇을 의미할까? 지금까지 그들은 주로 혁명적 노동자 운동에 맞서 천황제 권력을 지키는 방패 역할을 했으나, 각종 혁명조직이나 그것에 동조적인 단체가 파괴된 이후에는 그러한 역할이 무의미해졌기 때문에 정부에 의해 무자비하게 청산된 것이다. 이 점에서 혁명운동을 억제하는 바리케이드로 존재했던 '좌익' 사민주의 세력은, 그들이 지금까지 노동자가 담지하는 민주주의적 임무(천황제의 타도)를 은폐하고 배신하며 얼버무렸던 대가로서 천황제 권력에 매장되어버린 것이다. 그 후 사회민주주의에 대한 정부의 탄압은 점차 좌에서 우로 옮겨가면서 순차적으로 이들을 말소해나갔다. 공산주의자의 지도와 지원을 잃은 노동자 운동은 차례로 침체되어 갔고, 결국엔 완전한 군부독재의 등장을 허용하기에 이른다.

이렇게 1937년은 논쟁의 숨통이 끊긴 해였는데, 논쟁 내용 또한 1936년 후반부터 이미 명백한 말기적 현상이 나타나고 있었다. 1937년에 들어서서는 우치다 죠키치가 강좌파의 입장에서 상업잡지 '이코노미스트'에 연재한 종합적인 논쟁 해설 글, 노농파의 노장 이노마타의 마지막 저서, 츠치야의 논쟁과 관련된 논문집, 그의 상대 핫토리의 자료적인 저서 등이 차례차례 간행되었는데, 논쟁내용으로 볼 때 이미 그 발전성이 사라지고 있었다. 강좌파를 계승하는 일단의 신진 논객들이『경제평론』과 기타 지면을 빌어 논점을 심화하려고 노력했지만, 그것들은 이전과 같은 박력도 정채精彩도 없고, 그 대상도 현저하게 사소해지는 등 종래의 이론투쟁과는 비할 바가 못 되었다. 이러한 가운데 중일전쟁이 발발하고, 노동자 운동뿐 아니라 진보적인 논단, 학계, 사상계 전면에 걸쳐 위로부터의 압력이 가해졌다.

창간 이래 마르크스주의 이론 전선의 무대로서 이바지하고 공헌해온『경제평론』과『역사과학』도 더는 간행을 이어갈 수 없는 정세가 되어, 전자는 1937년 10월을 끝으로 폐간하고, 후자는 1937년에 '역사'로 이름을 바꾸며 이미 현실 문제와는 떨어져 있었음에도 12월을 끝으로 자취를 감추고 만다. 사회과학 없는 언론, 사상의 암흑시대가 시작된 것이다.

요약하자면 이상과 같은 경위를 통해 일본 자본주의 논쟁은 끝을 맺었다. 1927년, 일본 노동자 운동의 혁명적 진출에 기반해 시작된 민주혁명 논쟁이 만주 침략 직후 혁명운동의 전환기에 일단 종결되었기 때문에, 그 후의 새로운 정세에서, 주로 이론의 분야로 변모하며 이어져 온 자본주의 논쟁 또한 중일전쟁을 전후한 사상운동 탄압으로 인해 종결될 수밖에 없었다. 전전의 일본 노동자·농민 운동이 고양된 10년(1927~1937년)의 역사는 이들 두 이론투쟁의 역사 위에 집중적으로 반영되고 표현되어 있다고 할 수 있다.

2. 강좌파의 성과와 약점

자본주의 논쟁이라는 형태로 전개된 8년(1930~1937년)에 걸친 마르크스주의 이론 전선의 성과와 약점, 공적과 결함을 종합해보도록 하자.

이론이나 학문의 진리성을 검증하는 것은, 무엇보다도 그것이 대상으로 삼은 현실과 실천 그 자체이다. 모든 강좌파가 옹호하기 위해 싸워온 32년 테제의 혁명방침—천황제 타도와 농업혁명에 가장 큰 의의를 두는—의 정당성은, 그 후의 일본의 제국주의 발전, 중일전쟁에서 태평양전쟁으로의 돌입과 철저한 패배, 그 후 인민혁명운동이 고조하는 가운데 분명하게 실증되었다. 따라서 동 테제의 이론적 기초를 뒤집으려 한 반혁명적 노농파, 해당파, 전향파 연합전선의 일제 책동은 실질적으로 분쇄되었다. 이는 동시에 강좌파가 이들 연합세력에 대한 정력적인 이론투쟁을 통해 혁명의 기본노선을 지키고, 또 그 이론적 기초를 심화하고 대중화하려 했기 때문이며, 또한 올바른 계급적 역할을 달성하고 역사적 공헌을 이루었다는 점을 입증한다.

그러나 이 점에서 강좌파를 일방적으로 호평하며 그 객관적 역할이나 이론구조가 일관되고 올바른 것이라 말한다면 이는 명백히 틀린 것이다. 일반적으로 강좌파를 다룰 때는 노로 에이타로, 이와타 등 혁명가의 유산으로서의 『강좌』 그 자체와 그 후의 논쟁 과정에서 형성된 '강좌파'를 구별하고, 또 전체적인 강좌파 이론의 성과와 거기에 있는 특정한 이론 경향(야마다의 '분석' 등)을 구별하고, 그리고 그것이 객관적으로 달성한 역사적 역할과 그 이론의 내용상의 결함들을 구별해야만 한다.

초기 강좌파는 『발달사강좌』의 간행을 지도한 노로나 당원 집필진을 통해 프롤레타리아트의 혁명적 실천과 연결되며 그 정치투쟁의 일익을 형성하고 이론과 실천의 통일을 지키고 있었다. 특히, 당시의 객관정세, 1932년부터 1935년에 걸친 만주 침략의 확대, 일시적인 경기 고양, 혁명조직에 대한 탄압, 대량의 전향파 발생 등의 사태에서, 강좌파의 공연한 진출은 근로자나 지식인 선진분자의 사상적 기둥이 되었고, 반동의 공격을 막아내기 위한 이론적 무기를 제공하는 등 한층 강화된 객관적이고 혁명적인 역할을 수행했다.

그러나 그 후 정세가 변화하며 강좌파의 상태도 변화했다. 계속되는 체포, 투옥으로 혁명운동의 파고가 잦아들고, 사상문화면이나 이론 전선에서도 많은 희생자가 나옴과 동시에, 강좌파에 대한 공산당 안팎의 지도와 영향도 약해졌다. 게다가 한편으로 자본주의 논쟁은 점점 저널리즘의 전면에 내세워지고, 강좌파 앞에 상업신문, 대잡지, 학생조직, 연구회, 강연회, 출판기구 등 광범한 활동의 분야가 제공되었다. 그렇기에, 민감한 실천적 운동은 합법적인 이론적 활동과 분리되었고, 강좌파의 이론 활동이 고조되었음에도 이들이 점차 실천적 기반을 잃어가며 이론과 실천의 결합이 깨지게 되었다. 이렇게 하여 정치투쟁의 우위성은 망각되고, 실천을 결여한 이론투쟁이 정치투쟁을 대신하였으며, 논쟁 내부에서도 이론의 당파성과 정치의식이 희미해지거나 애매해지며 객관주의의 색채를 띠기 시작했다. 이 경향은 강좌파가 검거되기 직전까지 점점 강해졌다. 논쟁 말기에 다수의 지식분자에게 합법적 이론 활동이나 학문연구에 계급투쟁의 기본적인 중심이 있다는 식의 환상을 주고, 그들이 실천으로부터 도피하는 것을 합리화했다는 점에서 강좌파는 초기와 정반대의 역할을 수행하게 되었다.

　　이러한 강좌파의 변화는 그들의 이론구조에도 정확히 반영되었다. 물론 강좌파 이론은 전체로서는 통일되어 있었다. 그들은 원칙적으로 일관되게 농업에서 반봉건적 토지 소유가 여전히 지배적임을 주장했고, 그것이 일면적일지라도 절대주의의 고유한 물질적 기초가 기생지주적인 반예농적 소작제도임을 전면에 내세워 이를 통해 명확히 농업혁명의 필연성과 그 계급추진력을 제시했다. 그리고 노농파 등의 봉건제 해소론, 공식적 자본주의화론, 천황제 옹호론을 맹비판했다. 이런 사실을 볼 때 강좌파는 그 수많은 이론적 약점에도 불구하고 진보적·혁명적 진영의 무기로서 기여했다.

　　그러나, 이런 원칙적 입장에서 벗어나 일본 자본주의의 역사와 구조에 대한 개별 분석들을 볼 때, 이미 본 바와 같이 초기부터 각종 이견과 다양한 경향이 나타났고, 어떤 경우에는 대립이 매우 심각했다. 가령, 막말 유신사史 문제에 있어 핫토리 대 하니-히라노, 일본 자본주의 구조론에서의 야마다 모리타로 대 노로-가자하야-히라노, 농업 문제에서의 야마다 모리타로 대 야마다 카츠지로 등의 대립을 예로 들 수 있다. 그 후 강좌파는 혁명적 실천에서 유리됨에 따라, 대립점을 동지적同志的인 토론 및 상호·자기비판을 통해 비판적인 부분들을 지양하며 내부를 통일 및 고양시키지 못했다.

이 때문에 노로의 빛나는 혁명적, 이론적 영향은 희미해지고, 『강좌』속의 올바른 방향으로 발전할 수 있었던 맹아는 전면적으로 개화되지 못하고 오히려 편향적인 측면이나 경향이 강화되었고, 그 영향이 말기의 이론 전선을 지배하기에 이르렀다. 이러한 경향을 만드는 데에 가장 큰 역할을 한 것은 야마다의 '분석'에 나타난 독자적인 이론체계이다. 이것이 특정한 방법론에서 전체의 구조론에 이르기까지 논리정연하게 체계화되어 있었을 뿐 아니라 마르크스와 레닌이 사용한 용어들로 치장되어 있었기 때문에, 이 이론체계와 노로의 방법론, 히라노의 역사적 분석 사이에 있는 본질적인 차이가 놓쳐지게 되었고, 동시에 노농파와의 투쟁에서 강좌파 논객이 기댈 유일한 거점으로 계속해서 기능하게 된 것이다.

야마다주의에 대한 전면적 재검토는 전후의 논쟁에서 처음으로 나타나므로 자세한 것은 본서 제2권[1]에서 다루기로 하고, 여기서는 이것이 강좌파의 편향된 상태를 반영하는 이론적 편향의 원천, 전형이었다는 점만을 지적해두겠다. 야마다의 자본주의 구조론이 갖는 최대의 특징은, 재생산표식과 지대 범주라는 두 조건을 평행하게 보는 것, 그리고 자본제와 봉건제가 상호의존 및 상호규정 한

---

1   본 역서의 제2부에 해당.

다는 이론이다. 즉 군사 부문이 갖는 비중이 큰 가운데 이뤄진 일본 산업자본의 형성·발전이 농업에서 지배적인 봉건적 생산 관계를 기저로 하기에, 후자는 자본주의의 일반적 발전과 함께 분해되는 것이 아니라, 오히려 반대로 자본주의의 기초규정 및 융성의 절대적인 조건이고, 그것의 강화·확대를 통해서만 전체 자본주의의 발전이 이뤄진다는 것이다. 이로부터 필연적으로 농업의 근대화·자본주의화, 자유로운 자영농의 성립이 처음부터 완전히 부정되고, 그것은 경제적 발전의 일반법칙을 부정하는 특수 형제型制의 규정으로 고정된다. 그리고 자본주의의 위기를 계속해서 농촌의 붕괴와 근대적 재건이라 바꿔치기하는 근대주의 이론이나, 혹은 농업 위기를 그 위에 치솟는 자본주의 체제의 위기와 직접적으로 일치시키는 동시 붕괴론(노농파의 전략 경향) 중 하나로 귀결되어버린다.

일본 자본주의에서 고도의 독점자본과 강한 봉건적 지주제도가 유례없이 결합한 것은 당연히 내외의 특수한 역사적 조건 때문에 가능했다. 그런데 야마다주의는 이러한 결합에서 발전의 역사적 조건이 만들어졌다는 식으로 원인과 결과를 거꾸로 파악한 탓에, 현실의 자본주의 발전조건의 분석은 방치된 채 오직 형태의 형성과 그 분해를 규정하는 것에 머물렀다. 자본주의 논쟁의 중심이 '분석'에 대한 비판과 반박에 놓이고, 나아가 그러한 논쟁이 고착화되고 형식화된 최대의 원인 중 하나는 바로 '분석'이 가진 이론구조 자체이다.

그리하여 야마다주의에서 엄청난 영향을 받은 강좌파 이론은 이후의 논쟁을 통해 다음과 같은 근본적인 약점이 드러났다. 첫째는 국가론에 관한 문제 제기와 연구를 하지 않았던 점이다. 즉 강좌파는 봉건적 농업의 잔존을 강조하면서, 이것을 고유의 기초로 하는 절대주의 천황제의 의의와 역할, 그 기구와 발전의 특수성, 지주와 부르주아 관계의 변화, 이들의 경제구조와의 작용과 반작용의 관계 등에 대해 거의 다루지 않았다. 히라노가 메이지 관부를 철저히 규명하려 한 것이 거의 유일한 업적일 뿐, 메이지 이후의 천황제 권력에 관한 부분은 완전히 백지상태인 채로 놓였다. 야마다의 재생산표식을 적용하는 방법론에는 이미 국가론 문제가 배제되어있었기에, 강좌파 이론은 점차 경제주의적 편향으로 빠져들었다. 야마다주의는 일본 자본주의의 군사성을 계속해서 산업구성이 군사적으로 경도된 정도로만 파악했고, 천황제 군사 기구의 고도의 독자성, 동시에 그것의 독점자본에 대한 대위代位 및 보충의 역할, 경제구조와 산업구성으로의 반작용 등은 완전히 무시되었다. 이 때문에 야마다의 아류에서는 군사적 성격은 모두 경제주의적으로 이해되고, 그것이 절대주의 천황제가 갖는 역할과 분리되었기 때문에 오로지 산업구성의 파행적 발전과 군사공업의 취약성 등이 역설되었다.

둘째로, 강좌파는 노로 이래 이어진 이론적 전통에서 이탈하여, 현 단계를 전면적으로 규명하려는 시도를 거의 하지 않았다. 그들은 당시 진행되던 준전시체제, 전시경제로의 재편성, 국가독점자본주의의 강화와 그 역할, 그 기본모순과 대립 등에 대한 철저한 비판과 해명 노력을 하려 하지 않았다. 즉, 자신들의 역사분석이 올바른지 입증하려 하지 않았다. 이 분야에서 있어서도 기껏해야 히라노가 개별 사례에 대해 약간의 업적을 남겼을 뿐, 전체적으로는 백지상태인 채 전후 논쟁으로 넘어가게 된다. 야마다의 방법론에는 국가론 문제와 마찬가지로 현상 분석 문제가 본래부터 배제되어있었다. 그의 방법론에 따르면 산업자본의 확립과정에서 그 형태는 종국적으로 형성되기 때문에, 현 단계 문제는 단순히 형태를 기계적으로 분해하는 식으로 제기되는 것에 그쳤다. 그러한 현 단계 분석에 대한 경시 혹은 회피는 강좌파 이론을 점차 역사주의적 편향으로 몰아넣었다. 역사연구가 현재 상태를 파악하는 수단으로 생각되지 않고, 역으로 역사적 분석을 통해 현 단계의 특질의 증명하려는,

앞뒤가 바뀐 경향에 빠진 것이다.

이상의 강좌파 이론의 근본적인 약점은, 그것이 노동자 운동의 퇴조에 따라 점차 실천 활동에서 멀어지고, 오로지 합법적인 학문 연구에 자신을 한정한 것에 따른 당연한 결과였다. 그리하여, 강좌파의 기본적 입장이 올바랐음에도, 이러한 객관적 제약에 따른 내부 약점은 점차 강좌파의 이론적 편향을 확대시키고 정통파로부터 이탈시켰고, 한편으로는 내부에서 이러한 편향을 수정하려는 노력이 일어났음에도 이론투쟁을 사소화하고 축소했기에, 결국에는 위로부터의 일격에 쉽게 굴복하고 해체되어 버린 것이다.

다만 이상과 같이 강좌파를 평가하면서 그 이론적인 업적도 모조리 부정하는 것은 올바르지 않을 것이다. 오히려 강좌파 이론의 기본적 결함을 인식함으로써 비로소 그것이 달성한 각 분야에서의 연구성과를 정당하게 평가하고 흡수하고 계승할 수 있다. 야마다주의의 이론체계 및 그것에 영향받아 구체화된 견해들을 제외하면, 강좌파 이론은 오늘날까지 많은 유산을 남겼다. 그것들은 본서 제2장~제6장에서 각각 구체적으로 지적되었으므로, 여기서는 이러한 유산들을 전체적으로 종합해보겠다.

첫째로 일본 자본주의의 직접적인 전사이자 기점인 막말 유신사 영역에서, 막말 농민층의 분해, 그에 따른 초기자본주의 생산 형성에 대한 규명이 처음으로 구체적·실증적으로 이뤄진 점, 메이지 유신의 계급적 원동력과 지도층에 대한 문제가 제기되어 이것이 막말 경제에 대한 분석으로 이어진 점, 유신 변혁의 특수성 및 유신 정부의 계급적 기초와 사회적 기초, 절대주의 정부로서의 일본적 특수성이 해명된 점, 유신 변혁의 내용과 그 본질이 자세히 규정된 점, 자유민권운동의 계급구성과 계급대립, 그 기본동향과 역사적 운명이 처음으로 본격적으로 다뤄지며 분석된 점 등이다.

둘째로 일본 자본주의의 형성 이후에 관해서, 산업자본 형성의 특징과 확립, 그것의 독점자본으로의 동시적 전화를 밝혀낸 점, 생산구조와 산업구성에서의 불균등과 파행성, 경도성이 구체적으로 증명된 점, 산업 프롤레타리아트의 형성, 형태, 서열, 내부특징 등이 밝혀진 점, 농업에 잔존한 반봉건적 관계의 구체적인 내용과 원인을 따진 점, 농촌의 봉건유제에 기초한 농민의 궁박과 공업노동자의 열악한 노동조건의 상관관계가 명확히 밝혀진 점, 자유민권운동과 노동자 운동의 관련성, 후자의 특수한 내용과 발전이 방법적·자료적으로 해명된 점, 독점자본의 본격적 성립기를 획정하고, 그것의 일반적 위기와 연결되는 지점이 규정되었던 점 등이다.

물론 이러한 이론적 성과는 다소간에 편향된 방법론의 영향을 받고 있기 때문에, 이것은 올바른 방법론을 통해 모두 재검토되어야 한다. 그래서 전후 제기된 강좌파 이론에 대한 전면적 비판은, 전후 인민혁명 운동이라는 현실적 요청 때문에, 그리고 그것과 결부된 과거 일본 마르크스주의의 이론적·학문적 유산을 올바르게 흡수하기 위해 필연적이었다.

논쟁 이후의 일본 자본주의 연구(1938~1945)

1. 전체적인 특징과 경향

일본의 군벌과 지배계급이 파멸적으로 중국 무력 지배에 나서고, 자본주의 논쟁은 관헌의 힘에 의해 압살당했기 때문에, 일본 자본주의에 관한 모든 연구는 새로운 조건과 다른 형식으로 이뤄질 수밖에 없었다. 강좌파에 조금이나마 남아있던 노동자 운동과의 연결도 상실되며, 그 모든 이론에 포함된 정치적 성격도 함께 소멸했다. 학문연구의 정치성과 함께 그 조직성 또한 상실되었다. 이전과 같은 상호 협동 연구, 사상의 교류와 통일 등은 더이상 불가능해졌다. 엄중하고 가혹한 사상통제와 언론단속 아래에서, 모든 방면에서의 단절과 이론연구에 대한 유기적 연관의 상실이라는 두 요인은, 이후 패전까지 이뤄진 모든 연구의 방향과 내용을 결정적으로 좌우했다. 학문의 진정한 진보에 최대의 제약이 가해진 것이다.

이렇게 안팎의 조건이 모두 바뀌며 일본 자본주의 연구는 새로운 단계(본격적 연구의 제 3기)에 들어섰다. 그러나 이러한 전시단계의 연구들은 모두 이전 시기의 논쟁, 특히 강좌파 이론에서 압도적, 결정적인 영향을 받았다. 논쟁에서 강좌파가 노농파 등의 이론을 극복하고 정통파로서의 입지를 다졌다는 점 때문에, 그 후의 모든 역사적·구조적인 연구에는 강좌파 이론이 불가결의 전제이자 기초가 되었다. 이러한 점에서 논쟁 그 자체는 위로부터의 권력에 의해 압살당했지만, 그 학문상의 정신과 성과는 전쟁 중 자본주의 연구에 널리 침투하고 온존되어 계승·발전되었다고 할 수 있다.

이러한 중일전쟁에서 태평양전쟁, 패전에 이르기까지 긴 기간의 연구들은, 앞서 말한 바와 같이 기본적으로 정치성과 조직성이 증발한 경향 아래 다음과 같은 전반적인 특징을 가졌다.

첫째, 마르크스-레닌주의에 관한 공연한 논의가 불가능해졌기 때문에, 방법론에 대한 문제 제기나 진전이 보이지 않게 된 점이다. 이전 시기에는 공공연하게 마르크스주의나 유물변증법을 방법론적 무기로 삼아 마르크스와 레닌의 고전에 근거해 논쟁이 구체화되거나 해결됐으나, 전시단계에서는 이러한 방식이 자취를 감추고 방법론적 입장은 점차 애매해지며 퇴보해버렸다.

둘째, 강좌파 이론, 특히 야마다주의의 국가론의 결함에 기초한 경제주의적 편향이 이 단계에서 더욱 확대되어 '생산력 이론'으로까지 치우쳐버린 점이다. 즉 이 단계에서는, 위로부터의 사상통제의 압력에 의해 전체적인 연구가 정치구조와의 대응을 무시한 경제구조 방면의 분석으로 한정되었을 뿐 아니라, 그중에서도 계급적 대립 관계를 규정하는 생산 관계를 해명하는 것이 회피되었기 때문에, 연구는 주로 생산력 측면에 대해서만 이뤄졌고, 점차적으로 기술론적 탐구가 경제적 분석의 기준이 되었다. 생산력 또는 기술 발전의 측면에서 경제적 발전의 합법칙성을 파악하려고 하는 경향은 그 자체로 편향적일 뿐 아니라, 그것이 정책이론으로 이어질 경우 지배계급에 대한 협력정책, 즉 지배계급의 전력을 증강하는 이론으로 전화할 위험 또한 가졌다.

셋째, 논쟁의 시기에 이미 드러난 역사주의적 경향이 한층 강화된 것이다. 현 단계 분석을 결여한 강좌파 이론의 영향은, 강화된 경찰 단속 아래 현실 분석이 더욱 기피되는 경향과 더불어 연구의 완전한 '역행' 경향을 만들어냈다. 자본주의 연구가 가진 본래의 목적인 제국주의 일본의 현상 분석, 위기와 붕괴에 놓인 전시국가독점자본의 내부 분석 등은 거의 방치되었고, 목적과 수단이 뒤바뀌어 현상 분석의 수단이어야 할 것이 목적 그 자체가 되었다. 역사연구가 학문적 양심의 도피처가 되고, 뒤이어 결국엔 근대주의 역사방법론, 비교경제사학과 연결되기에 이르렀다. 이는 역사연구 자체를 그릇된 경향으로 몰아넣었다.

넷째, 연구가 전체적으로 개별 산업 및 공업 부문에 대한 개별적·부분적 연구와 자료·통계 분석에 매몰되고, 그것들을 종합하는 전체적인 기술이 결여됐던 점이다. 이 단계에서 개별적·부분적 연구는 과거의 성과들을 기반으로 추진되고, 논쟁 때 방법론만 제기되고 해결되지 않았던 논점들의 구멍을 메우는 연구나 통계놀음에 빠져버린 결과, 그 분석의 성과를 종합하고 개별 사례를 전체로 묶어내는 변증법의 진가를 잃어버렸다. 그래서 많은 연구가 단순히 과거의 이론적 성과의 공백을 메우고 그 결함을 보충하는 식의 상대적인 역할에 머물렀고, 결국 전체적인 자본주의 연구를 강좌파의 수준 이상으로 끌어올리는 일이 불가능했다. 대중의 추진력 혹은 학문의 자유를 위한 투쟁이 없을 때 진리에 가까워지길 기대할 순 없는 법이다.

위와 같은 경향과 특징에 지배된 합법적 측면의 연구 외에도 이 시기에는 혁명운동 재건 노력과 연결된 비합법적 활동에서도 이론적 연구가 이뤄지고 있었다. 여기서는 실천적 견지에서 강좌파 이론에 대한 전면적인 재검토가 이뤄졌다. 논쟁 말기에 이미 강좌파 이론에 대한 반성과 내부로부터 이를 비판적으로 수정하려는 강력한 노력이 있었고, 이것이 실제 실천 운동의 재건에 이어지면서 비로소 종합적으로 통일되고 옛 수준을 뛰어넘는 것이 가능했다. 그러나 이들 비합법 측면에서의 성과들 또한 전후에 이르러서야 공개될 수 있었기에, 대중을 위한 비판적 무기로서의 힘을 가지진 못했다.

이상과 같은 논쟁 이후의 자본주의 연구 전반의 경향과 특징을 전제로 공업 방면과 농업 방면의 주목할 만한 몇 가지 연구업적에 관해 다뤄 볼 것이다. 여기서는 특히 전후의 논쟁과 관련 있는 문제들에 한정해 살펴보겠다(전반적인 업적에 관해서는 본서 문헌표를 참고하라).

2. 공업 방면의 연구

자본주의에 대한 경제사적 연구 가운데 특히 새로운 진전을 보인 것은 막말 매뉴팩쳐 문제에 관한 것이었다. 매뉴팩쳐 논쟁(제3장 제1절)에서 중심적인 과제였던 막말 유신의 경제발전단계, 생산단계의 성질 등이 무엇이냐는 문제가, 이 시기 서양 역사학 연구의 진보에 강하게 영향받아 그 성과들을 이용하며 현저히 구체화 되었다.

이 문제의 진전에 영향을 준 서양 역사학의 성과란 주로 매뉴팩쳐 시대보다는 산업혁명 시대에 걸친 경제적 발전을 대상으로 한 일련의 비교경제사적 성과를 지칭하는 것으로, 이를 주도한 것은 후에 '오오츠카 사학'이라는 조류를 만들어낸 오오츠카 히사오大塚久雄의 업적이었다.[1]

---

1   오오츠카 「농촌의 직물원과 도시의 직물원 農村の織元と都市の織元 」, 『사회경제사학 社会経済史学 』, 1938년 6~7월, 동일 저자 「영국에서의 근세도시의 계보 イギリスにおける近世都市の系譜 」, 『경제사학 経済史学 』, 1939년 제5집, 도야 도시유키 戸谷敏之, 「영국, 요먼 연구 イギリス・ヨーマンの研究 」『게이엔 経苑 』, 1938년 7월, 다카하시 고하치로 高橋幸八朗, 「소위 『농노해방』에 관하여 所謂『農奴解放』に就いて 」, 『사학잡지 史学雜誌 』, 1940년 11~12월, 동 저자 「유럽경제사에서의 '형태'파악에 관하여 ヨーロッパ経済史に於ける『型』把

일반사학계로부터 '극히 독창적'이며 '실로 획기적'이라는 평을 받은 오오츠카의 논고는, 16·17세기 영국 모직물 공업의 두 가지 기본적, 대항적 '형태(이른바 '농촌의 직물원'과 '도시의 직물원')'를 분석한 것으로, 여기서 그는 영국의 자영농민층(요먼리(Yeomanry))을 모태로 발생한 매뉴팩쳐이자 산업자본인 '농촌의 직물원'이, 점차 선대제자본이자 전기적자본인 '도시의 직물원'을 압도해가는 사회사적 과정을 규명하고, 전자의 자생적 매뉴팩쳐가 전개됨에 따라 '자생적 산업혁명'이 진행된다는 전망을 밝혔다. 그리고 이러한 영국의 자생적 산업혁명의 전망—매뉴팩쳐의 자생적 전개—농촌 직물원의 전형적 발전—이라는 일련의 도식은, 영국에서의 봉건적 토지 소유가 조기에 붕괴하며 요먼리(중산적 생산자층)가 성립됐다는 '토지제도의 특질'을 기초·전제로 비로소 가능해지고 필연적으로 된다.

이러한 방법에 근거하여, 막말 및 메이지 시기 일본의 주도적인 소비재 생산 부문(견직업, 면업, 당업)이 근대적 공업으로 성립되는 과정을 규명하고 그 일본적 특수성을 밝힘으로서 동시에 일본 자본주의 경제의 기구적 특질을 파악하고자 한 것이 시노부의 『근대 일본 산업사 서설 近代日本産業史序説』[1]이었다. 여기서 시노부는, 우선 영국의 농촌공업·농촌 도시와 비교될 수 있는 일본의 키류 지방 직물업에서, 그것의 막말 생산구조 가운데 '호농 豪農의 직물원'과 '농민의 직물원'이라는 두 가지 형태를 도출한 후, 주로 선대제 자본인 전자가 후자 속에서 매뉴팩쳐가 자생적으로 발전하고 성장하는 것을 저지하고, 스스로는 선대제 가운데 분해되어갔다는 사실이, 영국의 그것과 대비되는 일본의 비자생적 산업혁명(엘베강 동쪽의 동유럽의 형태)을 규정하는 근본적인 요인임을 보고자 했다. 봉건적 토지 소유의 지

握に就いて」, 『역사학연구 歷史学研究』, 1940년 12월.

1   1942년 5월 간행.

배적 존속에 기초한 독립 자영농민층(자영농의 자유로운 토지 소유)의 결여
―선대제 자본의 전기적 前期的 생산지배로 인해 저지된 자생적 매뉴
팩쳐 전개―선대제 자본 주도 하의 산업혁명, 즉 비자생적 산업혁명
(공장공업의 발달)의 형태―라는, '오오츠카 사학'의 방법 적용에 기초한
이러한 일본산업발전의 표식화는, 다음으로 면업 부문을 다룰 때도
일관되게 적용되어, 막말 면업의 발전단계는 상업자본이 가내노동
자와 농민을 지배하는 형태인 '소상품생산을 기초로 한 선대제 가
내공업'이 지배적이었다는 결론으로 이어졌다.

　　그런데, 이 시노부의 저서보다 수개월 늦게 발표된 호리에 히데
이치 堀江英一의 관련 논문 세 편은, 우연히 동일한 대상을 다뤘음에
도 전혀 다른 해답을 내놓았다.[1] 이 3부작 논문을 통해 호리에는 막
말기의 주요 견직물 생산지인 니시진 西陣, 키류 桐生, 단고 丹後 등을
종합적으로 면밀히 분석한 결과, 막말 견직업의 생산구조는 "선대
제 공업이 발전한 형태인 '분산 分散적 매뉴팩쳐'이거나, 최소한 그
러한 경로에 놓여있었다."라는 주목할 만한 결론을 내린 것이다.

　　호리에도 마찬가지로 오오츠카의 방법론에 근거하며, 과거 매뉴팩
쳐 논쟁의 결함은 막말 토지문제와 전혀 연결되지 않은 채 이뤄진 점
에 있고, 매뉴팩쳐 문제와 농촌문제의 기본적 연계를 해명하는 것이
올바른 시각의 기초라고 주장했다. 이 시각에서 그는 막말 농촌의 계
급분화 과정을 규명한 후, 막말에는 매뉴팩쳐와 같은 정상적인 상품
생산이 아니라, 농노계급이 농업에서의 재생산을 보충하기 위해 농
촌 부업으로써 경영하는 상품생산 및 그것의 자본에 의한 편성이 발
전했으며, 자신은 이것을 분산적 매뉴팩쳐라 부른다고 결론지었다.

　　그렇다면 분산적 매뉴팩쳐의 특징은 무엇일까? 호리에에 따르

1　「근세견직업의 분석시각 近世絹織業の分析視覚」, 「근세견직업의 시장구조 近世絹織業の市
　　場構造」, 「근세견직업의 생산구조 近世絹織業の生産構造」, 『경제논총 経済論叢』, 1942년
　　8~10월.

면 분산적 매뉴팩쳐는 직접생산자를 각자의 작업장에서 일하게 만들며, 그들을 원료시장과 제품시장에서 분리하여 '사실상의 임노동자'로 만들고, 그들 상호 간의 분업과 협업의 관계를 실현한다는 점에서, 자본이 다수의 직접생산자를 일정한 작업장에 결집시키는 매뉴팩쳐 자체와 구별된다. 나아가 분산적 매뉴팩쳐는 작업장에서 생산력의 진보인 분업과 협업을 이용한다는 점에서 단순한 선대제 전기자본과 구별된다. 요약하자면 그것은 선대제의 한 발전 형태이다. 그렇다면 막말 견직업의 생산 형태를 매뉴팩쳐가 아니라 분산적 매뉴팩쳐로 나아가게 한 결정적 요인은 무엇일까? 호리에는 이렇게 답변한다. 그것은 결국, 토지를 잃은 농민이 농업에서 추방되는게 아니라 도리어 소작인으로서 토지에 결박되었기 때문에 자유로운 임노동자 형성이 억눌리고 '사실상의 임노동자'가 만들어지는, 농촌계급분화의 특수한 성격에 기인한다.

호리에는 이를 요약하며 시노부와 마찬가지로 막말 견직업의 지배적 생산형태가 봉건적 토지제도의 특질에 의해 규정된 '전기적 자본의 생산지배'라는 사실을 인정하면서도, 시노부가 이것을 동일 작업장에 임노동이 결집되어 있지 않다는 점에서 선대제 가내공업이라 단정한 것과 반대로, 이것을 본래의 선대제공업의 한 발전 형태, 선대제의 지배 아래 있지만 농촌부업副業자 상호 간에 이미 분업과 협업 관계가 확립되어있는 형태, 즉 분산적 매뉴팩쳐라고 규정한다. 이 규정에 따르면, 막말 의료의 지배적인 생산 형태는 매뉴팩쳐도 선대제공업도 아닌 분산적 매뉴팩쳐이다.

위와 같은 새로운 제언을 다른 방법적 관점에서 제기하고 확인한 것은, 우연히도 호리에의 마지막 논고와 같은 달에 발표된 도요타 시로豊田四郎의 논문이었다.[1] 도요타는, 근대적 선대제 가내공업

1   「근대산업사연구의 성과에 관하여 近代産業史研究の成果に就いて」, 『미타학회잡지 三田学

은 소경영, 매뉴팩쳐, 대공업의 각 단계에 대응하여 파악해야지, 그것 자체로는 특정한 발전단계가 아님을 강조하고, 매뉴팩쳐 단계에서의 선대제 가내공업을 매뉴팩쳐의 변종인 분산적 매뉴팩쳐라 규정한다. 그리고 이 본래의 매뉴팩쳐(집중적 매뉴팩쳐와 분산적 매뉴팩쳐)의 두 형태를, 마르크스가 말한 매뉴팩쳐가 발생하는 두 가지 경로(생산자가 자본가가 되는 경로와 상인이 자본가가 되는 경로)와, 마찬가지로 마르크스가 말한 매뉴팩쳐의 두 가지 형태('유기적 매뉴팩쳐'와 '이질적 매뉴팩쳐')에 각각 대응하는 것으로 보며, 이러한 방법론에 따르면, 시노부가 분석한 막말의 면업·견직업의 자본주의적 발전단계는 전체적으로 분산적 매뉴팩쳐이며, 이는 매뉴팩쳐 시대라 규정되어야 한다고 결론내린다. 이렇게 연이어 '분산적 매뉴팩쳐'론이 제기되자 시노부는 앞선 결론을 수정해, 농가의 부업적 가내공업이 상인의 지배에 종속되어 하나의 협업 관계를 만들어내는 키류 직물업의 생산 형태야말로 영국과 같은 집중적 매뉴팩쳐에 대비되는 분산적 매뉴팩쳐라 불려야 하며, 이것이 매뉴팩쳐 생산의 일본적 특수성이라고 재규정한다.[1]

이상과 같은 연구들이 도달한 결론—선대제 공업과 상업자본의 산업자본으로의 전화를 주도하는 방향이 일본 근대공업 발단의 기축적 방향이며, 서유럽처럼 독립자영농민이 소小매뉴팩쳐화 혹은 매뉴팩쳐화 하는 등의 산업자본이 자생적으로 성장할 여지는 전혀 보이지 않는다—을, 특히 도호쿠 지방의 의료衣料 공업연구를 통해 검증하고, 나아가 이를 막말의 유신시대 토지 관계, 특히 도호쿠 지방의 농업경제 구조 규명으로까지 하향하고자 한 것이, 후지타 고로藤田五郎의 논문이다.[2]

会雑誌 」, 1942년 10월.

1   「재편성을 저지하는 농가경제 再編成を阻む農家経済 」, 『제국대학신문』, 1942년 9월 7일.

2   「도호쿠 지방에서의 근대산업사연구에 관하여 東北地方に於ける近代産業史研究に就いて」, 『역사학연구』, 1943년 12월.

이 논문에서 후지타는 이러한 일본의 독자적인 매뉴팩쳐 생성의 계보가 밝혀지며 구 매뉴팩쳐 논쟁은 완전히 청산되고 해결되었다고 선언한다. 그는 우선 핫토리 설에 대해, 영국식 매뉴팩쳐 형태에서 '엄밀한 매뉴팩쳐'를 유추한 핫토리의 방법론적 제기는 무의미해졌다고 선언하고, 지금은 일본의 독특한 분산적 매뉴팩쳐의 형태와 그 지배가 실증되었고, 나아가 그것이 핫토리가 역설한 막말 농업의 구식 舊式 구조와 전혀 모순 없이 결합하고 있으므로, 유신 후 근대 생산의 급속한 발전을 설명하기 위해 구태여 서구식 엄밀한 매뉴팩쳐 시대를 설정할 필요는 없다고 비판했다. 이어서 그는 츠치야 설에 대해, 츠치야와 같이 매뉴팩쳐냐 선대제 수공업이냐는 문제에서 후자의 지배를 주장하는 것은 무의미해졌다고 선언한 후, 일본에서는 선대제 수공업과 매뉴팩쳐 모두 동일한 경제적 지반 위에 결합하여 나타나고, 또한 그것이 분명히 농업의 구식관계와 결합하고 있으므로, 츠치야가 주장한 막말 농업에서의 근대적 관계의 맹아의 발아는 결코 필연적이지 않다며 비판한다.

이상과 같이 자본주의 형성과정의 국민적 특질이 매뉴팩쳐 존재조건의 특수성에 의해 결정된다는 방법론적 제기에 기초해, 막말 의료공업의 생산 형태를 세계사적인 연관과 구도에 비추어 해명하고, 이를 통해 일본산업발전의 형태와 자본주의의 특수성을 도출해내고자 하는 연구들이 연이어 발표되는 등, 매뉴팩쳐 논쟁의 과제는 구체화하고 진전되었다.

그러나 이 방법론 자체는 말할 것도 없이 마르크스주의의 것이 아니며, 마르크스를 형식적으로만 이용할 뿐 실질적으로는 이것을 배반하는 것이다. 즉, 마르크스가 종합적인 장으로 파악하는 본원적 축적 과정을 매뉴팩쳐의 형성이나 경영양식의 문제로 국한하고, 외부조건과 내적 요인의 통일성을 무시하며 역사의 내부요인만을 한정적으로 해명하고, 정치의 경제에 대한 반작용을 보는 것이 아니라 정치를 사상하는 경제주의로 빠져버리고, 생산 관계에서 눈을 돌린 채 생산력의 해명에만 매몰되고, 살아있는 역사를 도식화와 유형화를 통해 고정해버리는 등의 문제가 있었다. 이 시기의 공업사적 연구가 이러한 편향된 경제사 방법론에 완전히 지배된 것은, 앞에 지적했듯 매뉴팩쳐 논쟁에서 핫토리가 문제를 파악한 방법이나 야마다주의가 가진 방법론적 특징 속에 이러한 방법론으로 이어지는 본질적인 요소가 포함되어 있었기 때문이다. 때문에, 전후에 이르러 오오츠카 사학 자체에 대한 전면적인 비판의 이뤄지면서 '막말 분산적 매뉴팩쳐'설도 다시 철저한 재검토의 장에 오르게 된다(본서 제2부를 보라).

위와 같이 막말 매뉴팩쳐 논쟁이 발전한 막말 유신에서 산업사적 발전의 특질에 관한 연구 외에도 자본주의 형성 이후를 대상으로 하는, 자본주의발전의 기술적 기초의 특질에 관한 역사적 연구나, 각 산업부문의 발전에 관한 역사적 연구, 일본 자본주의 생산기구의 특징적 현상인 중소공업 및 하청제공업에 관한 실태분석 및 노동력의 기구적 분석 등의 연구도 등장했다.[1] 이들은 크든 작든 강좌파 이론에 강하게 영향받으며, 각각의 개별분야에서 그 구조적 특질의 규정을 규명하고 입증하고자 시도한 것들이었다. 그러나 이들 모두 그 과제의 대상을 기술 혹은 생산력의 측면에 한정했던 이상, 근본적인 제약에서 벗어날 수 없었다.

---

1   고야마 히로타케·칸바야시 테이지로·키타하라 미치츠라(小山弘健·上林貞治郎·北原道貫), 『일본 산업기구 연구』, 1943년 간행, 산페이 코우코 三甁孝子, 『일본 면업 발달사』, 1941년 간행, 일본무역연구소 日本貿易研究所, 『수출 브러시 공업』, 1942년 간행, 후지타 케이조오 藤田敬三 외, 『하청체공업』, 1943년 간행, 카자하야 야소지 風早八十二, 『노동의 이론과 정책』, 1938년 간행 등등.

3. 농업 방면의 연구

앞에서 보았듯, 논쟁의 과정에서 강좌파는 일본농업의 봉건성을 강조한 나머지, 이 봉건성에 의해 왜곡되면서도 자본주의 발전의 일반법칙이 농업에서 어떻게 관철되는가 라는 점을 무시하거나 과소평가했고, 그래서 논쟁 말기엔 내부에서 이것을 수정하고 자기비판하려는 경향이 강해졌다.

그러나 특히 1937년 이후 강화된 야만적인 언론 억압으로 논쟁 일체가 정지되고 통일적인 연구가 파괴되었고, 일본농업의 본질적 사태인 토지소유관계 및 그 봉건성의 규명마저도 불가능해졌다. 그래서 논쟁 이후의 농업 방면에서의 연구는 농업 생산관계를 정면으로 다루는 것이 불가능했기 때문에, 공업 방면의 연구와 마찬가지로 생산력에 관한 기술적 부분에 집중할 수밖에 없었다. 그리하여 논쟁 당시에는 해결되지 못했던 '일반적 발전법칙'에 대한 해명이 일어나는데, 이는 생산력에 관한 문제로써 제기되었다.

이 시기의 최대의 노작은 야마다 카츠지로가 1939년경부터 신문, 잡지에 발표했던 여러 논고를 통일하여 발표한 『쌀과 누에의 경제구조 米と繭の経済構造』[1]였다. 그는 여기에서 농업구조의 법칙적 분석, 즉 자본주의 원칙이 변칙적으로 관철되는 것에 대한 분석을, 주로 생산형태―'경영방식 및 자작, 소작의 상이함을 함축한 생산 규모'―의 시각에서 행한다. 이를 위해 야마다는, 우선 연구의 전제로 '농업생산력의 개념과 발전법칙'을 제시하고, 농업생산력의 발전법칙은 농업기술―농경 과정의 개량되고 본원적인 노동수단으로써 경작지와 농업용 기계·도구의 각종 기능 형태의 체계―을 기초로 한 노동생산력의 발전을 통해서만 올바르게 파악하는 것이 가능하다―라고 말한다.

---

1   1942년 3월 간행.

이 생산력 개념을 전제로 야마다는, 쌀농사 노동의 생산성에 나타난 지역성과 계층성을 통일적으로 파악하려 한다. 그는 다음과 같이 말한다. ―부현府縣별 단당段當 수확량을 통해 구별되는 '킨키 단계'와 '도호쿠 단계'라는 두 단계의 대립을 통해, 쌀농사에서의 생산력 증진과 경작지 소규모화의 상호작용에 관한 지역적 특수성이 명료하게 나타난다. 이 경우, 토지 소유제와 농경 형태의 상호규정이 지배하는 아래, 상품경제로의 전형과 생산력의 진보가 현저히 나타나는 킨키 지방에서는 농가 1호당 경작지 면적의 소규모화가 그만큼 현저하게 촉진되고, 반대로 그러한 전형과 진보가 더딘 도호쿠 지방에서는, 경작지의 소규모화는 특정한 한도를 두고 저지된다. 또한, 도호쿠 단계에 있는 지방에서 생산력 수준의 높고 낮음이 경작 면적 크기가 큰지 작은지에 의존하고 있는 사실은, 생산 규모 및 생산력의 진보에 관한 법칙이 같은 도호쿠 지대에서도 토지 소유제와 농경 형태 상호규정성의 지배가 약화하고 저지된 지역을 통해 관철되고 있다는 증거이다. 이 외에 '사가 지역'의 생산력이 일본 최상위 수준의 생산력을 보이던 '나라 지역'을 앞지른 것은, 생산력 증진에 따른 일반법칙이 그 변칙경향의 지배를 극복하고 있다는 점을 보여준다.

이러한 지역성과 계층성의 통일적 파악에 기초해, 야마다는 생산 규모 및 생산력 진화의 법칙이 일본농업의 기본특질인 구 생산관계의 제약을 받아 변화하고, 생산력 증진과 경작지의 소규모화 간의 상호규정으로 나타나며 관철되어간다는 점을 밝혔다. 그렇다면 그러한 생산력의 발전은 어떻게 가능했을까? 야마다는 이들이 모두 쌀농사 기술의 진보에 기초했다는 사실을 지적한 후, 그러한 기술적 향상의 내용인 기계화 및 조건인 협동화를 검증하며, 그것이 부농 경영의 기술적 합리화에 따른 것이라 해도, 또 영세농가의 협동화에 따른 것이라 해도, 어쨌든 생산력 증진을 가장 완강하게 저해하는 것은 바로 토지 소유 그 자체라고 강조한다. 야마다는 '근대일본의 농업구조의 자연사적 과정에 관하여, 그 주축을 이루는 쌀농사를 대상으로 관찰하면, 생산력과 기술과 규모와 조직과 토지제도 사이에는 경제학적으로 볼 때, 상호규정하고 또 제약하는 법칙적 연계가 지배하고 있다.'라고 결론 내린다.

이상의 분석은 야마다 모리타로가 만든 '킨키형', '도호쿠형' 분석을 한층 발전시킨 분석이며, 『강좌』 이래 남겨진 일본농업에서의 자본주의적 발전법칙의 규명이라는 과제를 쌀농사 생산과정의 분석을 통해 달성한 것이었다.

같은 기술론적 견지에서 이뤄진 연구 중 주목할만한 것으로, 이른바 적정 규모 농가(1~3정 경작 규모 농가층)의 증가 경향에 대한 이론적 해명이 있다. 이 특징적인 농가 구성 경향은 종래에도 지적된 바는 있으나, 이것을 일본농업의 특질을 범주적으로 표현하는 것으로 파악하는 시각은 앞선 논쟁 과정에서도 거의 없었다. 야마다 모리타로가 집필한 「지나 벼농사 농가경제의 기조 支那稻作農家経済の基調」[1]는 이러한 시도를 최초로 전형적으로 한 사례이다.

그는 중국농업과 일본농업을 비교하며 '(중국농업의) 불안의 근본은 농업생산을 대표하는 부농 및 중농 등 중견층의 조락에 있다. 이 점에서 일본농업은 농민중견층이 강인하다. 위로는 5정 이상 경작농가 호수, 아래로는 0.5정 이하 경작농가 호수가 양 끝에서 끊임없이 감소하는 반면, 1~2정 경작농가 호수가 끊임없이 점증하면서 1~3정 경작농가 호수 또한 점증하는 기본적인 경향은 일본 농업공황 과정에서도 변함없이 관철되었다. 종합하자면 일본농업이 1~3정 경작농가를 중심으로 하는 강고한 농민중견층 기초를 가졌다는 점이 중국 농업과 결정적으로 다른 부분이다.'라고 평한다. 즉, 중국의 농민중견층의 취약성에 대비되는 일본의 농민중견층의 조직성을 강조하고, 그리고

---

[1] 『동아연구소보 東亜研究所報』, 1942년 2월.

이 1.7~1.8정 및 2.5정 전후의 강인한 중견층이 바로 일본농업이 농업공황을 극복하는 과정에서 확립한 한 범주라고 규정하는 것이다.

이러한 중국농업과 일본농업의 차이는 결국 그 생산력 발전의 단계적 차이에 의해 규정되는데, 이것에 관해서는 동일 필자의 이전 저작인 「지나 벼농사의 기술수준 支那稲作の技術水準」[1]에서 품종과 경종법이라는 두 시각으로 기술론적으로 분석되어 있음을 지적해둔다.

이상의 1~3정 규모 농가의 '강인성' 이론은, 구리하라 栗原百寿 의 『일본농업의 기초구조 日本農業の基礎構造』[2]에서 체계적으로 규명되고 정리되었다. 그는 우선 특수성 검출에만 몰두하는 강좌파의 이론적 빈곤성을 지적하며, 농업생산의 구조와 그 특수성을 꿰뚫는 일반법칙의 검출에 역점을 두고 고찰하여야 한다고 주장한다. 그리고 연구의 중심과제를 '자영 소농층의 생성과정'의 구체적 파악에 두고, 그것을 농가 구성, 농지소유, 상품생산, 농업기술의 각 측면에서 다음과 같이 분석하는 것을 통해 달성하고자 한다.

첫째, 농가의 경작 규모별 구성에서, '1정 이상 2정 미만 경작 농가를 주류로 하고, 2정 이상 3정 미만이 일부 포함된 2정 경작 규모 농가층(저자는 이것을 '소농층'이라 일컫는다)'이, 3정 이상 계층이 분해되고(주로 도호쿠 지역) 1정 미만 계층이 위 계층으로 상향되며(주로 킨키 지역) 매년 부단히 증가하고 있는 것은, 이 계층이 스스로를 분해하지도 상향하지도 않는 고정층이기 때문이며, 경제변동에 대해 매우 강한 저항력을 갖는 경제적 안정층이기도 하기 때문임을 보여준다.

둘째, 이러한 소농층으로 표준화되는 경향은 토지 소유의 교착 交錯 에 의해 보다 구체적으로 포착된다. 즉, 지역적으로 볼 때 동일본에서는 대규모 자작농보다는 소작농으로의 분해, 서일본에서는 영세 소

---

1   『동아연구소보』, 1941년 8월.

2   1943년 1월 간행.

작농에서 자작 소농으로의 상향이라 구체적으로 파악할 수 있다.

셋째, 소농층이 경제적으로 갖는 안정성의 근거는 상품생산의 성질을 규명하면 명백해진다. 이 안정성의 근거는 한마디로 말하면, 고용 노동에 의존하지 않고 자신도 따로 타인에게 고용되지 않는 자영 소농 경영의 강인성이다. 구체적으로 말하면, ①자가 노임 부분이 총자본의 4할 이상을 차지하는 근로주의적 경영구조, ②고도의 상품 생산성에 기초한 다각적인 수입구조이다. 그리하여 이 2정경작 규모의 소농층은, 경영·경제적 범주로는 이른바 전형적인 독립 자영 소농이며, 일본농업을 대표하는 농촌중견층이라는 구조적 성격을 가진다.

넷째, 소농층의 생성을 확인하려면 그 기술적 기초를 알아야 한다. 이 부분에서 기술적 진보를 저지하는 조건으로 직접 토지 소유의 제약을 드는 야마다 카츠지로의 견해는 올바르지 않으며, 토지 소유와 생산력(그 기술적 기초) 사이의 관계는 다음과 같이 이해되어야 한다. 즉, '농지소유는 그 지가 및 소작료의 상대적 고위에 의해 농업경영의 자영을 넘는 이윤추구를 곤란하게 만들고, 농업경영을 자영 소농의 한도로 제약하는 요인 중 하나이다. 그리고 이 농업경영의 자영성이 기계 체계의 미완성에 따른 고용노동력의 증대와 모순되기 때문에 경영규모의 확장이 제한되는 것으로, 농지소유는 이러한 관련성을 통해 말하자면 간접적으로 경영규모의 확장·제한과 관계가 있을 뿐이다. 농지소유는 농업 기계 체계가 완성된 후 자영소농적 발전의 상한이 넘어서려고 하는 때에 도달해야 비로소 문제가 된다.'

이상을 요약하자면, 앞서 야마다 카츠지로가 주로 농업생산력의 국제적 수준의 관점에 기초해 주장한 일본 중농의 강인성은, 구리하라에 의해 미완성된 농업기술에 기초한 생산력의 수준에 따라 규정되는 자영소농층의 생성으로 재확인된 것이다. 이상과 같은 대표적인 견해는 다음과 같이 3개로 정리할 수 있다. 하나는 이미 일반법칙이 기술적 발전에 따라 반봉건적 토지 소유 아래에 부분적으로 관철되고 있다는 점을 결론으로 하고, 하나는 일반법칙이 일정한 기술적 제약 때문에 완전히 개화하지 못하고, 자영소농이라는 범주의 형태로 구현되고 있다고 설명하며, 하나는 소농층 내부에서 일본농촌이 가진 안정성의 근거를 찾아냈다.

각각의 결론은 다르나, 이들이 모두 일본농업의 발전 방향을 합법칙적으로 파악하고자 의도했다는 점에서 논쟁 시대와 다른 이론적 진보를 이룬 것이고, 소농 범주가 성립할 여지가 없다고 본 강좌파의 고착된 이론을 부정하고 지양하는 것이었다. 그러나 이들이 오로지 기술론적으로 생산력의 발전만을 다루고, 근본과제인 농업생산(토지 소유관계), 계급대립 관계에 대한 전면적 분석이나 자본주의 전체 체제에서 농업의 지위 확정을 빠뜨린 것은 공업 방면의 연구와 마찬가지로 가진 근본적인 한계이다. 이 때문에, 농업 자본주의의 발전은 생산력 또는 기술의 향상·발전의 문제로 축소되고, 농업 관계들에 내포된 맹아는 기술과 토지 소유의 모순으로 표현되었다. 일반적 발전법칙의 실현과 이를 저지하는 구舊 관계 사이에서 만들어지는 계급투쟁의 살아있는 모순은 무시되고, 이러한 모순에 따라 만들어지는 농업 문제 해결을 위한 현실의 투쟁이 망각되고, 농업혁명이 성숙하고 가까워졌음이 은폐되었다. 이러한 생산력 이론에 고유한 결함은 그것이 중국 및 기타 아시아 농업경제의 취약성에 대한 일본 농민중견층이 갖는 강인성에 대한 찬양과 강조를 통해 정책적 의도와 결탁할 때, 공업 방면 연구에서의 생산력 이론(사회정책, 노동 정책론)과 마찬가지로 천황제 권력의 부르주아, 지주적 관료지배를 쉽게 합리화하고 아시아 식민지화 정책의 기초작업으로서 이용되었다.

그리하여 이 방면에서의 연구에 대한 올바른 계급적 입장에서의 진정한 과학적 해명은, 제2차대전의 패배를 계기로 일어난 인민혁명 운동이 고양되기까지 기다려야 했다.

2부

1945

1945년 이후의
논쟁사

제1장

1945

전후 논쟁의
이해를 위하여

전후 논쟁의 전제
- 일본 인민혁명 논쟁

1. 전후의 전략방침을 둘러싸고

제2차 세계대전이 끝난 이후의 일본 자본주의 논쟁을 이해하려면 우선 전후 인민혁명 운동의 발전과 그 선두에 섰던 일본공산당의 기본방침이 내부에서 어떻게 발전했는지 살펴보아야 한다.

1945년 10월, 18년 동안이나 천황제 정부에 의해 투옥되어 있던 지도부를 시작으로 전 당원이 감옥에서 풀려났다. 처음으로 합법화된 일본공산당은 천황제 폐지를 기치로 걸고 공공연한 활동을 시작했다. 그 후 일본공산당이 일관되게 민족해방투쟁의 선두에 섰고, 1951년 8월 획기적인 '신강령'을 채택하여, 이를 토대로 오늘날 광범위한 국민층을 궐기시키고자 했다.

민주·독립·평화를 위하여 수난과 영광으로 채워진 활동들의 모든 과정이 바로 전후 이론 전선, 특히 일본 자본주의 논쟁의 기반과 배경이다. 그리고 이 논쟁의 이론적 전제가 바로 종전 후의 활동을 이끈 정치 기본방침이다.

무조건 항복에 의한 제국주의의 괴멸과 전시경제의 붕괴는 일본 자본주의의 모든 기구를 뒤흔드는 미증유의 대혼란을 일으켰다. 패전과 점령, 붕괴와 혼란 가운데 금세 첨예한 혁명적 정세가 형성되었다. 다시 일어선 노동자 운동과 인민해방투쟁은 새로운 정세에 대응한 정치전략을 조속히 확정할 필요가 있었다.

이를 위해 일본공산당은 1945년 11월 8일 제1회 전국협의회, 12월 1~3일 제4회 대회에서 행동강령, 인민전선 강령 등의 강령 초안에 기초해 당면한 기본방침을 토론하고 결정했다. 여기서 32년 테제 노선의 원칙에 근거한 주요 전략·전술 슬로건이 결정되었다. '천황제 타도, 인민 공화정부 수립', '포츠담 선언 엄정 실시, 민주주의 국가들의 평화정책 지지', '기생적 토지 소유 무상몰수와 농민에게 분배', '중요 기업, 은행에 대한 노동자 관리와 인민 공화정부에 의한 통제' 등이 그것이다.[1]

이어서 열린 1946년 2월 24~26일 제5회 대회에서는 전후의 새로운 정세에 대응하는 전략 기본방침이 대회 선언의 형태로 발표되었다. 일본공산당은 이 선언을 통해 부르주아 민주주의 혁명 완성을 당면한 기본목표로 삼을 것과, 이를 위해 천황제 폐지, 인민 공화정부 수립, 봉건적 토지제도 변혁, 근로자 생활 수준 상승, 대자본과 금융기관에 대한 인민 정부의 통제와 관리 등을 실현함을 목표로 하고, 이러한 민주주의 혁명의 완성 이후 인민 대다수의 지지와 찬성을 통해 사회주의 제도로의 민주주의적 발전을 기할 것을 명확히 규정했다.

또한 위의 내용에 더하여, 일본공산당은 32년 테제에서와 달리 '폭력혁명' 전술 및 소비에트적 독재 방식을 사용하지 않을 것을 선언했다. 그러나 이 대회의 일반보고에서 도쿠다 서기장은 '평화적·민주주의적 방법이라는 것은 우리가 투쟁력을 약화하거나 부정한 채, 의회주의적 방법을 통해 의원들과 대화하는 것으로 혁명이 가

---

1   『아카하타 赤旗』, 1945년 11월 23일, 제3호.

능하다는 의미가 아니다. 당연히 의회에서의 우리의 방식은 혁명적 의회주의이다. 이 혁명적 의회주의에서 한 치도 벗어나지 않는다.'라고 강조하기도 했다.[1]

이러한 방침에 따라, 붕괴와 혼란에 휩싸인 다양한 사회 분야에서 공산주의자의 정력적인 활동이 시작되었다. 1946년엔 파업 투쟁과 대규모의 생산관리가 폭풍처럼 일어났는데, 노동자 투쟁 대부분은 공산당 지도하에 있었다. 전쟁 시기에 노동자들이 전혀 조직되지 못했음에도 1년간의 투쟁을 거쳐 단숨에 400만 명의 노동자들이 노동조합을 조직하였고, 나아가 1947년 2월 1일로 예정된 모든 산업의 260만 노동자 총파업 선언으로 발전했다. 정부와 자본가 모두 이러한 정세에 어떠한 대처도 할 수 없었다.

그러자, 이미 1945년부터 꾸준히 반공적 태도를 보이던 점령군 사령부는 무력을 배경으로 총파업 금지명령을 내린다. 여기서 이미 포츠담 선언을 다양한 방면에서 무력화하고 잔혹한 식민지 지배로 나아가는 상황의 첫단추가 꿰어진 것이다. 이 금지명령 이후 공산당은 한 걸음 물러서서 대중의 다양한 활동에 조직을 확대하고, 적의 도발에 대항해 넓고 깊게 조직을 심고 참을성 있게 혁명 세력을 배양하는 것에 전념하였다. 이러한 노력의 결과 1947년 후반 사회당 정부 하에서 노동자·농민의 투쟁은 다시 활발해졌고, 일본공산당 당원 수도 10만 명을 뛰어넘었다.

1947년 12월 21일~23일, 일본공산당은 제6회 대회를 통해 약 2년간의 정세의 발전에 대응한 새로운 전략방침을 토의하고 결정했다. 우선 '포츠담 선언의 엄정 실시'를 행동강령의 첫 번째로 옮기고, 행동강령의 두 번째에는 '인민에 의한 경제부흥과 일본의 완

---

1   「내외정세와 일본공산당의 임무 内外情勢と日本共産党の任務」, 219쪽, 『전위 前衛』, 1946년 4월 1일·15일 합병호, 제4호.

전한 독립'이라는 새로운 슬로건을 추가했다. 또한, 이전 원칙의 민주 인민 정부, 천황제 폐지, 기생적 토지 해방과 농민에 대한 분배, 노동자 생활개선, 금융기관과 중요기업의 국영 인민 관리 등에 관한 항목은 그대로 유지되고, 새롭게 '평화 옹호, 전쟁 선동자와 파시스트 소멸, 조선 및 남방국가들의 완전한 독립, 근로 인민의 국제적 제휴' 등이 추가됐다.

이 대회의 일반보고에서 도쿠다 서기장은 '현재 가장 중대한 임무는, 자국의 주권을 옹호하고, 완전한 독립을 확보하고, 그 기초 위에 국제평화를 확립하는 것을 전 세계 각 민족이 집중적으로 노력하는 것이다. 우리가 특별히 포츠담 선언의 엄정한 실시를 당 행동강령의 맨 처음에 내건 것도 그러한 취지 때문이다.'라고 강조했다.

대회의 전략, 전술에 관한 보고와 토론에서는 다음과 같은 결론이 나왔다. 첫째, 현 정권에서 관료, 지주, 독점자본이 블록을 형성했고, 주요한 역할이 관료에서 독점자본으로 이동하고 있다. 즉, 절대주의 천황제는 입헌군주제로 변화하고 있으나, 관료 세력은 여전히 상대적 독자성을 가지고, 농촌에는 지주적 지배가 강고하고 잔존해 있으며, 금융자본은 상대적으로 크기가 커졌으나 아직 완전히 정권을 장악하지는 못하고 있다. 둘째, 따라서 당면한 전략목표는 민주주의 혁명을 완성하고 이 과정에서 동시에 사회주의 혁명으로의 과도적 임무(금융기구 및 중요산업의 국영 인민 관리)를 수행하는 것이다. 셋째, 이것이 우리 민족의 독립을 확보하는 길이다.

이 토의에서 전후 최초로 공공연한 전략 토론이 일어났다. 이때 나온 주요한 이견으로는, 현 정권이 기본적으로 금융자본에 의해 좌지우지되고 있고 봉건적 요소는 부차적으로 되었으므로, 오늘날 혁명의 성질은 민주주의 혁명이 아니라 사회주의 혁명이어야 한다는 견해가 있다. 그러나 이러한 전략에 따른다면, 봉건세력은 더이상 목표가 아니게 되고, 자본가 계급 전체를 적으로 돌리게 되며,

노동자와 빈농만이 아군으로 남고, 농민 전체가 분열하여 중농·부농이 아군에서 이탈하게 된다는 반대 의견이 받아들여져 위와 같은 이견은 대회에서 기각되었다.

이상과 같이 전략·전술에 관한 결론이 일단 내려졌지만, 최종적인 결정은 그 다음 대회에서 내리기로 결정되었다.[1]

2. 우익적 편향의 극복

제6회 대회의 성과를 토대로 1948년 이후 일본공산당은 적극적인 활동을 전개했다. 특히 2월부터 3월에 걸쳐서는 제6회 대회의 방침을 기초로 내외의 위기 격화, 전쟁 도발, 국내 대중투쟁의 발전 등 정세에 조응해 민주 인민전선 전술을 민주민족전선 전술로 전환하고, 3월 26일 '평화와 민주주의, 민족독립을 위한 선언'을 발표했다.

이 시기 지배 세력은 노동조합과 농민단체에서 공산당원을 포함한 진보적 분자를 쫓아내고, 대중적 투쟁을 금지하고 억압하고 조직을 분열시키고, 소위 외자 유치 체제를 정비하기 위해 광분했다. 이것에 대해 공산당은 새로운 전술을 통해 대중단체 분열 저지, 반동적이거나 중립적인 경향에 따라 지도되는 단체에서 당 세력의 확대, 노동자·농민 동맹 강화, 대중단체 통일운동 촉진, 다양한 방면에서의 공동전선 전술 확대 등을 위해 분투했다.

그렇게 1949년 1월의 중의원 총선거에서 공산당은 미국 점령군의 삼엄한 탄압을 분쇄하고 300만 득표와 35명의 당선자를 획득한다. 선거에서의 이러한 성과는 지방에도 확대되어, 당시까지 당이 거의 가지지 못했던 시정촌의 장 및 지방의회의 의원을 상당

---

1   『일본공산당 결정 보고집 日本共産党決定報告集』 5쪽, 『전위』, 1948년 4월, 제26호.

수 획득하게 되었다. 당 세력은 전국적으로 확대되었고, 당원 수는 1949년 말에 20만 명을 넘어섰다.

이렇게 조직적으로 큰 성과를 얻었으나, 1949년 봄 이후 당시까지 이어진 기회주의적 경향이 선명해지기 시작했다. 바로 '제15회 (확대) 중앙위원회 총회에서 명확해진, 미국 점령제도의 반동적 성질을 과소평가하고 의회 행동을 중심으로 평화적 수단을 통한 혁명을 주장하는' 경향이었다.[1]

이들의 주장은 다음과 같다. 현 일본의 지배기구는 파산하고, 대중 사이에 불만과 투쟁의 기운이 고조되고 있다. 공산당에 300만 명이 투표하고, 정권을 향한 인민의 투쟁이 임박해 있다. 그렇다면 점령하에서도 인민정권이 얼마든지 수립될 수 있을 것이냐는 질문이 제기된다. 우리는 확신을 갖고 '가능하다!'고 답할 수 있다. 그러나 정권을 향한 투쟁이 임박해 있다는 것이 지금 즉시 인민정권을 수립할 수 있을 정도로 객관적·주관적 조건이 성숙해 있다는 뜻이 아니다. 현 단계는 그러한 조건을 급속히 만들어내는 준비의 시기이다. 이 시기에는 국회 활동은 중요한 의의를 가진다. 국회는 현재 단순히 선전·선동을 위한 기관이 아니라, 정권 획득을 위해 유일하지는 않지만 주된 역할을 할 수 있는 기관이다. 물론 모든 것을 국회에서 해결할 수는 없고, 국회 밖의 강력한 대중행동을 조직하고 이를 근간으로 삼아 여기에 국회 내 활동을 결합하는 것이 절대적으로 필요하다.

그러나 이후 위의 '우익적 편향'은, 당내 논쟁을 통해 극복되었다. 그 극복에는 1950년 1월의 『영구평화를 위하여, 인민민주주의를 위하여』[2] 및 『북경인민일보』의 일본의 정세와 우리 당의 활동에 관

---

1   도쿠다 서기장, 「일본공산당 창립 30주년에 즈음하여 日本共産党創立三〇周年にさいして」,
     『조국해방을 위하여 祖国解放のために』 수록.

2   코민포름의 기관지._옮긴이

한 논평이 큰 도움이 되었다.'[1]

이러한 극복 과정에서 다음과 같은 정세가 명확해졌다. 바로 미국의 제국주의자가 이미 일본을 자신들의 군사기지로 만들고, 군사적·정치적·경제적으로 완전히 일본을 예속하고 있다는 점, 그리고 이것과 블록을 형성한 일본의 반동 세력은 미국의 일본에 대한 식민지화 계획에 전폭적인 지지를 보내는 한편, 국내에서는 자신들의 지배를 강화하려 꾀하고 있다는 점이다. 따라서 점령지배를 당하고 있는 조건 아래에서 국회를 이용해 노동자계급이 평화적으로 권력을 획득할 수 있다는 생각은 오류이며, 공산당은 이와 반대로 미일 반동 세력에 대한 인민의 혁명적 투쟁을 수행하는 것을 통해 전면 강화와 점령군 철수, 독립과 민주주의의 달성, 반동파 지배의 종결을 이뤄내야 하고, 이 투쟁 속에서 국회는 하나의 보조적 수단에 지나지 않는다.[2]

그리하여 일본공산당은 내부의 논쟁과 외부의 도움을 통해 우익적 편향을 극복하고, 1950년 1월 18~20일 열린 제18회 중앙위원회 총회를 통해 '미국의 점령제도를 배제하고, 요시다 정부로 대표되는 반동 세력을 분쇄하는 투쟁을 주요 목적으로 삼는 것을 당의 당면한 임무로 만장일치로 결정했다.'[3] 혁명적 행동에 걸맞는 이러한 새로운 조직과 전술 전환은 이미 1949년 가을부터 착수되었다.

---

1   도쿠다 서기장, 「일본공산당 창립 30주년에 즈음하여」

2   아카하타 편집국 편저, 『해방을 지향하는 일본의 벗들에게 解放をめざす日本の友へ』, 43~53쪽.

3   도쿠다 서기장, 「일본공산당 창립 30주년에 즈음하여」

3. 좌익 기회주의에 대한 투쟁

새로운 수단과 방법으로 새로운 투쟁을 향한 첫걸음이 내딛어졌다. 그러나 이 새로운 결정 또한 근본적인 약점을 가졌다. 바로 '현재 일본의 정세와 이에 대한 혁명적 행동 사이의 기본적 관계가 모호했다는' 점이다. 그렇기 때문에 1950년 이후에는 '좌익 기회주의적 동요가 그치질 않았고, 결국 트로츠키주의를 선두로 한 각종 동요 분자들이 반대파를 결성하기에 이른다.'[1]

그렇다면 기존 방침은 왜 불명확했는가. '당의 방침이 불명확한 기본적인 이유는, 당 지도부가 패전 후 일본이 제국주의 국가인지 아니면 식민지 혹은 종속국인지를 명확히 파악하지 못하고, 패전 후 일본의 정세를 전쟁 이전의 군국주의적 제국주의 상태가 변태적으로 발전한 것으로 생각했기 때문이었다. 미국의 점령제도를 근거로 일본이 종속국이 되었음을 지적하고, 이것이 해방에 있어 중대한 문제라고 규정한 것이 틀리지는 않으나, 여전히 명확하지는 않다. 이를 스탈린 동지의 원칙에 따른 식민지 종속국의 혁명이라 규정하지 않았기 때문에 기본적인 문제를 해결할 수 없었다.'[2] 요약하자면, 이것이 기본방침에서 모든 결함을 배제할 수 없었던 이유였다.

그렇다면 좌익 기회주의의 논거와 주장은 어땠을까. '일본은 완전히 미국 제국주의자의 지배 아래에 있고, 요시다 정부와 국가 및 지방 정치기관은 모두 미국 제국주의자의 지배 도구에 지나지 않기 때문에, 당은 미국 점령군과 싸우는 것을 당면한 주요 임무라 주장하고, 요시다 정부를 상대로 한 투쟁은 무시한 채 미 점령군에 대한 투쟁 선전에 집중하고, 즉시 대중을 미군 철수를 위해 궐기시켜야

---

1   도쿠다 서기장, 「일본공산당 창립 30주년에 즈음하여」

2   도쿠다 서기장, 「일본공산당 창립 30주년에 즈음하여」

한다.'라는 것이 그들의 주장이었다.[1]

위의 주장에 이어, 러시아 혁명이 승리한 이후 소련은 세계혁명의 거점이 되었고 각국의 혁명은 세계혁명의 개별적인 부분이 되었기 때문에, 현재 일본에서 자국 노동자계급만을 혁명의 주력군으로 볼 수 없고 민족독립 또한 일국 혁명으로 달성할 수 없다는 식의 잘못된 국제주의라던가, 혹은 미국과 소련 사이의 전쟁은 불가피하므로 전쟁을 내전으로 전화하라는 코민테른 반전反戰 테제를 일본에 그대로 적용하는 잘못된 반전주의 등, 각종 이론적·실천적 편향이 생겨났다.

어쨌든 이러한 주장을 근거로 반대파가 결성되자 당 및 대중의 활동은 혼란에 휩싸였다. 한편 1950년에 들어서며 점령군 사령부와 요시다 정부의 혁명운동을 향한 공격은 크게 격렬해졌다. 1950년 6월 한국전쟁 개전을 전후로 이들은 혁명 세력 파괴를 위해 '점령제도를 남용하여 공산당 중앙위원과 아카하타 편집원, 노동조합과 국회의 활동적 분자를 추방했고, 동시에 공산당 중앙기관지 아카하타를 시작으로 200개에 달하는 진보적 신문과 잡지 발행을 중지시키고 이들의 인쇄소를 폐쇄하였으며, 나아가 살인 및 기타 범죄 혐의를 내세워 수만 명의 활동가를 살상하거나 투옥했다.'[2] 다양한 집회들이 점령군에 의해 금지되었고, 직장에서는 공산당원과 진보적 분자가 폭력적으로 추방당했다. 공산당은 이에 맞서 기존에 준비했던 조직과 전술을 통해 싸웠지만, 안팎의 요인들에 영향받아 당의 발전이 저지되며 일시적으로 당원이 감소한다.

---

1   도쿠다 서기장, 「일본공산당 창립 30주년에 즈음하여」
2   도쿠다 서기장, 「일본공산당 창립 30주년에 즈음하여」

4. 신강령의 깃발 아래

이러한 가운데 1951년 초부터 미일 반동 세력에 의한 단독강화 음모가 추진되었고, 광범한 국민층이 이에 대한 불만과 반대를 표명했다. 이러한 다양한 사정에 따라 일본의 민족투쟁 및 공산당이 발전할 새로운 단계로 나아가기 위해 당내의 대립을 일소할 새로운 강령이 필요해졌다. 1951년 8월 단독 강화회의[1]를 앞두고 과거 30년에 걸친 당의 정치·조직·사상의 각 분야에서의 혁명적 투쟁의 모든 경험, 국제 프롤레타리아트의 혁명적 투쟁의 모든 교훈을 결합하고 흡수한 새로운 강령 '당면當面의 요구'가 발표되었고, 전당적인 토의가 이뤄지게 된다.

새로운 강령은 미국 제국주의의 일본 국민 억압과 노예화, 정치·경제에 대한 지배와 수탈, 미국점령제도의 정신적·정치적 지주로 기능하는 요시다 정부의 반민족적인 역할, 이들 정부에 천황·구 반동 군부·특권 관료·기생지주·독점자본가 등 반동 세력 전체가 결집했다는 계급적 본질, 민족해방을 위한 첫걸음으로 요시다 정부를 타도하고 국민정부를 수립하는 것이 필요하다는 것 등을 명확히 규정했다. 그리고 당면한 혁명이 '민족해방 민주혁명'이며, 혁명의 주체를 노동자와 농민의 동맹을 주력으로 수공업자·소상인·중소실업가·다수의 기업가와 대상인大商人·진보적 정당과 지식인들이 참가하는 '민족해방 민주 통일전선'이라 규정했다. 또한 일본의 해방과 민주적 변혁은 평화로운 수단에 의해서는 달성될 수 없다고 보았고, 이 변혁을 위해 민족해방 민주 정부가 취해야 할 대외·대내 정

---

1   1951년 체결된 샌프란시스코 강화 조약. 일본과 연합국 48개국 간의 강화 조약으로, 이 조약 이후 일본은 국권을 회복하였다. 그러나 전승국인 중화인민공화국이 조약의 당사자가 아니었고, 이에 반발한 소련이 조약에 서명하지 않았다. '단독 강화'라는 것은 일본이 승전국 중 소련과 중국을 제외하고 미국 등 서방에 한해 강화 조약을 체결했음을 비판하는 용어이다.＿옮긴이

책으로 32개 항의 슬로건을 제시했다.

'신강령은 일본 혁명의 성격을 종속국 혁명인 민족해방 민주혁명으로 규정하면서 기존 방침의 불명확성을 일소했다는 특징을 가진다.' 또한 '신강령에서는 혁명적 토지개혁을 실현하여 국민의 생활로부터 봉건적 요소를 일소하고, 그 기초 위에 농업생산을 발전시켜 농민의 생활을 향상해야 한다는 것이 명확히 지적되며 기존의 결함을 남김없이 제거하였다.'[1]

신강령은 민족운동을 비약적으로 발전시키는 기초가 되었다. 1951년 가을부터 1952년 봄에 걸쳐 강화조약과 안보조약이 체결되고 발효된 데에 이어 미일행정협정이 실시되는데, 여기서 일본을 영구히 점령하고 침략기지로 이용하며 민족을 예속하겠다는 미국의 의도가 전 국민에 폭로되었다. 노동자를 선두로 농민, 학생 및 기타 지식분자, 중소기업자는 신강령 아래에 모여 함께 저항했고, 이 저항 가운데 국제적 연대가 한층 강화되었다. 특히 1952년 1월 스탈린이 일본에 보낸 메시지는 일본 민족이 나아가야 할 올바른 경로를 보여주며 그 저항에 힘을 보탰다.

그렇게 1951년 말에는 패전 이래 최대 규모의 노동운동의 공세가 벌어졌고, 1952년 봄에는 일본 노동운동 사상 최대 규모인 400만 명이 참가한 총파업, 같은 해 메이데이에는 민족저항 실력투쟁이 일어나면서 미국·일본 반동 세력은 큰 타격을 입게 된다. 이 때문에 재군비계획이 정체되었고, 여당인 자유당은 1952년 10월 중의원 총선거에서 크게 세를 잃는다. 노동자의 투쟁은 일본탄광노동조합, 일본전기산업노동조합의 기록적 장기 파업(63일간의 파업_옮긴이)을 시작으로 점차 끈기 있게 이어졌고, 지배 세력의 동요는

---

1   도쿠다 서기장, 「일본공산당 창립 30주년에 즈음하여」

1953년 전반기에 걸쳐 점점 격해졌다. 1953년 4월의 재선거[1]가 그 것을 증명한다.

신강령이 채택된 이후 일부를 제외한 공산당 당내의 반대파 그룹은 대체로 오류를 인정하고 당으로 복귀했다. 공산당은 통일된 의지 아래 내적으로 유례없이 강고해졌고, 1952년 7월 빛나는 창당 30주년을 맞이했다. 도쿠다 서기장은 30주년에 즈음하여 이렇게 말했다. '(지금은) 신강령이 국민의 강령이 되었다. 이 깃발 아래 미국 제국주의자와 일본 반동 세력에 대한 불굴의 저항조직이 확대되고 있는 것은, 우리가 진실로 국민의 이익을 대표하고 그들에게 있어 사는 보람이 있는 투쟁의 길을 보여주고 있기 때문이다.', '이제 어떠한 파시스트적 탄압도 이 민족의 대공세를 쉽게 압도할 수 없을 것이다. 현재 일본의 혁명운동은 세계의 평화진영과 결합하고 있다. 그러한 결합은 일상생활과 긴밀한 관계에 있는 문제에서 또한 심화되고 있으므로 이러한 민족의 공세를 압도하는 것은 점점 불가능해질 것이다.'[2]

이상으로 대략 살펴본 전후의 혁명운동 전략방침에 대한 내부 발표가 전후 이론 전선, 특히 자본주의 논쟁의 기초와 전제가 되었다.

---

1   제25회 일본 중의원의원 총선거. 요시다 시게루가 이끄는 자유당이 6석을 잃고, 좌파 사회당과 우파 사회당이 각각 16석, 6석을 추가로 획득했다.

2   도쿠다 서기장, 「일본공산당 창립 30주년에 즈음하여」

전후 논쟁은 왜 제기되었는가

전후 일본에 새로운 실천적 과제가 제기됨과 동시에, 이론 전선 위에도 순식간에 수많은 중요한 이론적, 학문적 과제가 제기됐다. 특히 자본주의가 실제로 발전하는 현실 덕분에 일본 자본주의에 관한 문제들을 연구하고 재검토할 필요가 잇따라 생겨났다.

우선 첫째로, 점령지배라는 미증유의 사태 아래에서 구舊 권력기구가 급속히 와해되고 종속되며 인민혁명이 고조되자, 즉시 혁명의 근본 문제인 국가권력, 특히 천황제의 형태를 연구하고 파악할 국가이론이 요구되었다. 가령, 패전에 의해 천황제 및 그 관료기구는 어떻게 되었는가, 전후의 권력의 실체 및 계급성은 무엇인가, 국내외의 지배자 사이의 관계는 어떠한가, 새로운 지배기구의 특징은 무엇인가, 거슬러 올라가 패전에 이르기까지 전시戰時의 천황제의 특질이나 역할은 무엇인가 등의 문제가 제기되었다.

둘째로, 민주주의 혁명의 사회경제적 내용인 농업혁명을 수행한다는 과제가 부여되었기 때문에, 눈앞의 농업 위기와 그 변혁의 본질, 그 내용과 발전 방향을 올바르게 이론적으로 설명할 농업이론이 요구되었다. 특히 패전 후 전국 곳곳의 농촌에서 전개된 격렬한 계급투쟁의 기초를 충분히 설명하는 것이 문제였다. 만약 이 투쟁을 국가의 객관적 발전 방향에 귀착시켜 이해할 수 없다면, 이 투쟁이 무엇으로 인해 일어났는지, 또 어떠한 결과로 이어질 수 있는지 파악할 수 없고, 그렇다면 투쟁을 승리로 이끄는 것 또한 불가능해지기 때문이다. 그리하여 전후 토지개혁의 성격과 방향, 농촌의 새로운 계급구성, 반봉건적 관계와 국내외 독점자본이 갖는 상관관계, 민족해방투쟁에서의 농민층의 지위와 역할, 전시 농업의 기본 동향 등의 문제들을 긴급하게 해명할 필요가 있었다.

셋째로, 국가와 농업 문제들을 포함한 전체로서의 자본주의적 사회구성의 현 단계에 대한 분석이 요구되었다. 당면한 혁명적 위기는 국부적 위기가 아니라 구조적 위기이며, 따라서 국가권력의 변화와 농업혁명 방향을 밝혀내는 작업은 자본주의의 전기구全機構적 분석의 일환으로 이뤄져야 한다. 따라서, 전시의 국가독점자본주의는 어떻게 형성되었고 그 특질과 모순은 무엇인지, 전후 국가독점자본주의는 어떻게 재건되려 하는지, 그것과 외국 독점자본과의 관계는 어떠한지, 새로운 국가독점자본주의의 특질은 무엇인지, 인민 민주주의적 변혁과 어떠한 관계를 갖는지 등을 철저하게 연구하는 것이 긴급한 과제가 되었다.

이러한 중요한 이론적 과제와 결부되어, 전전의 구 강좌파적 견해를 지배했던 자본주의분석의 방법론과 그것에 기초한 구조론—즉 시장이론과 재생산론의 관계 연구, 일본 자본주의의 역사적 기점인 막말 유신사 문제들에 대한 연구, 즉 막말의 경제적 발전과 계급 분해, 토지문제와 매뉴팩쳐 문제, 메이지 유신의 원동력과 지도력, 메이지 유신에서 작용된 외압과 민족 형성의 문제, 메이지 정부의 성격과 역할, 자유 민권의 계급적 기초의 문제 등을 재검토할 필요성도 함께 제기되었다.

전후 이론 전선은 이러한 복잡한 과제에 일시에 직면했고, 폭풍처럼 발전하는 혁명과 반혁명 투쟁은 이들 각각이 이론적으로 심화되고 해결되기를 간절히 추구하고 있었다. 그런데 패전 직후의 마르크스-레닌주의 이론 전선은 극히 뒤처진 상태에 있었기 때문에 당면한 혁명운동 분야들에서의 실천을 이론적으로 뒷받침하라는 요구에 도무지 응할 수 없었다. 전시에 이어진 노동자 운동에 대한 기나긴 탄압, 그리고 모든 진보적 학자와 이론가가 투옥되거나 침묵을 유지할 수밖에 없었던 사상적 탄압과 이데올로기적 통제로 인해, 전후 공적인 장에 부활한 이론 전선에는 큰 공백이 발생했고, 그 때문에 다양한 분야로 몰려드는 이러한 현실의 강한 요구를 급속히 대응할 수 없었기 때문이다.

한편 혼란 가운데 1946년 초부터 잇따라 창간, 복간된 각종 간행물이 이렇게 확대된 활동의 무대를 제공하기 시작했다. 이를 통해 이론진영은 처음의 실천상의 뒤처짐을 극복하고자 주로 전전의 자본주의 논쟁을 회고하거나 재검토하는 형태로 문제를 전개하려 했다. 그러나 연이어 발전하는 혁명적 정세는 이렇게 하릴없이 구 논쟁의 형태와 수준을 유지하는 것을 허락하지 않았다. 정세가 발전하며 필연적으로, 전후의 세계사적 단계의 일환으로써 일본 자본주의가 당면한 기본과제를 해명하고, 그 속에서 과거의 학문적 성과와 이론 수준을 철저하게 비판하고 지양할 것이 요구되었다.

이렇게 현실의 발전을 통해 촉진된 이론 전선에서는 1946년 말부터 1947년 전반기에 걸쳐 과거의 공백이 메꿔지고 새로운 이론적 진전이 시작됐다. 그리고 1948년에 들어 전후 자본주의 논쟁이 본격적으로 전개되게 된다.

2부 1945년 이후의 논쟁사

전후 논쟁의
몇 가지 특징

위와 같이 전후 제기되어 전개되기 시작한 일본 자본주의 논쟁은, 전전 단계의 논쟁과 계급적 역할이나 역사적 의미는 같으나, 논쟁 전체의 내용과 형식에서 근본적으로 달랐다. 그렇다면 구 논쟁과 전후 논쟁의 주요한 차이는 무엇일까.

첫째로, 당연히 논쟁 전체의 객관적 조건 및 실천적 기반이 현저하게 다름을 지적할 수 있을 것이다. 전전 논쟁이 당시 일본의 노동자 운동 및 인민해방운동이 일시적으로 퇴조한 영향으로 퇴조 이전의 전략논쟁(민주혁명 논쟁)과 전혀 다른 형태로, 다시 말해 출발점부터 이론과 실천이 배반되는 운명을 지고 전개된 것에 비해, 전후 논쟁은 거꾸로 전례 없이 강렬하게 아래로부터 불어온 인민혁명 투쟁의 파고가 고양되는 것에 직접적으로 영향을 받았고, 동시에 과거에 전개된 전략·전술의 논의와 밀접한 관련을 맺으며 발전했다. 따라서 전전과 같이 실천적인 요인으로부터의 이탈이나 경제주의, 생산력 이론 등의 편향에 빠질 위험성이 비교적 적었을 뿐 아니라, 오히려 대규모 인민투쟁, 민족투쟁의 고양과 격렬한 정치투쟁을 통해 전개되었다.

둘째로, 위와 같이 객관적 조건이 크게 달랐던 결과, 논쟁의 중심이 결정적으로 달라졌다는 점을 들 수 있다. 전전 논쟁에서는 노동자 운동에 대한 탄압 탓에 가장 중요한 논쟁대상인 자본주의 현 단계분석과 그것에 관한 전면적인 논쟁이 한정되고 봉쇄되었다. 거기에 이론진영의 저항도 미약했기 때문에 논의의 중점은 점차 역사연구 분야로 이동했고, 현 단계 연구로는 약간의 특수 문제(농업 문제, 노동정책, 중소공업 문제 등)만이 다뤄졌을 뿐이었다.

전후 논쟁의 중심은 결정적으로 변화한다. 인민층이 강하게 혁명적으로 나아가면서, 전후 논쟁의 중심은 자본주의 현 단계를 해명하는 것으로 옮겨졌고, 문제의 중심을 어디까지나 구조적 위기로 인해 나타나는 다양한 정치·경제 문제를 토의하는 것에 두었다. 그리고 전후의 혁명적 위기의 관점에서 다시 한 번 전전과 전시 자본주의의 각 분야에 대한 문제들을 분석·재검토하고, 이 성과를 전후의 변화와 향후의 방향을 해명하는 역사적 수단으로 이용했다. 그렇기 때문에 전전 논쟁을 제약한 퇴보적 경향이 배제될 수 있었다.

셋째로, 전후 논쟁의 특징으로 논쟁의 주요 조류 또는 담당자에 큰 변화가 생겼다는 점을 지적할 수 있다. 전전에는 크든 작든 일본 공산당 편에 선 '강좌파(봉건파)'와 공산당의 방침을 공격하고 부정하려 하는 '노농파' 및 '해당파' 계열 이론가들 사이의 논쟁이 주류를 이뤘다. 그런데 전후의 논쟁 구도는 더이상 강좌파 대 노농파가 아니었다. 패전 후의 사태가 노농파 전략의 오류를 증명했기 때문에 옛 노농파 이론가는 논쟁에 참가할 자격을 잃었고, 노농파는 뿔뿔이 분해되어 사회민주주의의 각 진영 속으로 해소되어 버렸다. 그렇다고 해서 옛 노농파 계열 논객 개개인이 전후 논쟁에 개입하는 것에 지장이 생기지는 않았지만, 그들은 이론적으로 거의 역할을 하지 못했을 뿐 아니라, 부활한 그들의 옛 이론은 전후 일본의 매판買辦 세력을 이론적으로 옹호하는 어용 반공 이론에 지나지 않았다. 요약하자면 전후 옛 노농파 이론의 재등장은, 이론 전선 상에서 거의 의미를 가지지 못했다.

노농파 이론이 괴멸되는 동안, 전후의 인민혁명 운동의 광범한 확대와 고양에 자극받아 공산주의 이론가 이외에도 많은 양심적 진보 분자가 이론 전선에 동원되거나 스스로 참가하며 이론의 전진과 학문의 심화에 기여했다. 그들은 가열찬 논쟁 가운데 단련되며 이론 전선의 강화에 도움을 주었다.

네 번째로, 이미 말했듯 전후 논쟁은 전전 논쟁의 모든 성과를 계승하면서도 새로운 현실에 대응하여 이론 수준을 높이고 발전시키려 시도했다. 따라서 새로운 논쟁의 출발점은 전전 논쟁의 내용을 그대로 받아들이는 것이 아니라, 과거 강좌파의 적극적인 역할을 인정하면서도 그 이론체계 안에 포함된 오류와 약점을 어떻게 극복하고 지양할 것인가, 라는 지점이었다. 전후 새롭게 전개된 정세가 옛 노농파 이론이 갖는 반反혁명성을 명백하게 증명했을 뿐 아니라, 지금까지 놓치고 있던 옛 강좌파 이론의 한계와 결함 또한 폭로했기 때문이다. 가령, 전전 강좌파가 기준으로 삼았던 야마다 모리타로의 분석방법론에서 생산력 이론적인 전후 경제재건론이 도출되었고, 또한 국가론이 결여된 일본 제국주의론은 전후의 계급관계와 권력 문제 파악에 혼란을 주었으며, 농업이론에 포함된 결정적 약점은 전후 농업혁명을 잘못 해명하거나 파악하게 했다.

그리하여 전후 논쟁의 출발점은 구체적인 이론의 내용에서 우선 옛 강좌파 이론체계를 비판하고 극복하는 것이었고, 여기서 새로운 이론투쟁과 전진이 시작되었다. 그리고 이러한 강좌파 이론에 대한 비판을 통해 전전부터 이어진 옛 노농파 이론도 동시에 지양되어 간 것이다.

다섯 번째로, 전후 논쟁에는 크게 두 가지의 서로 다른 시기가 포함된 것에 주의해야 한다. 첫 번째 시기는 패전 직후부터 1950년경까지의 시기이고, 두 번째 시기는 1950년 이후 현재(1953년_옮긴이)

까지이다. 이러한 전후 논쟁의 발전 단계의 구별은 각각 제1절에서 보았던 인민혁명 운동에 있어서 기본방침의 내부적 발전, 그리고 그것에 기초한 인민혁명 투쟁에서 민족혁명 투쟁으로의 비약적 발전에 대응한다. 현재까지의 논쟁은 이 획기적인 민족독립을 위한 전 국민의 투쟁에 종속되어 있다.

　대체로 이상과 같은 주요한 특징을 갖고 전후 자본주의 논쟁은 전개된다. 지금부터 우리는 논쟁 과정을 두 개의 단계로 나눠 기술하도록 하겠다.[1]

1　1950~1953년에 해당하는 논쟁의 두 번째 시기는 본서에서 다루지 않는다. _옮긴이

제2장

1945

일본 국가론에
관한 논쟁

문제의 제기

1. 전후 천황제부터 국가론의 재검토까지

1부에서 살펴보았듯이 전전 논쟁이 가진 가장 큰 결함 중 하나는 그것이 일본의 국가권력의 문제에 관한 전면적인 연구나 논의를 빠뜨렸기 때문에 노농파뿐 아니라 강좌파 또한 점차 경제주의로 기울었던 점이었다. 따라서 패전에 의해 그때까지의 정치적 제한이 사라짐과 동시에 인민의 혁명적 투쟁이 고조되고, 그에 따라 혁명의 중심문제인 권력의 문제가 전면적으로 다뤄지면서 이러한 전전 논쟁이 남긴 이론적 약점 또한 드러나게 되었다.

패전 직후에 제기된 헌법개정 및 기타 법률 개혁, 국가기구의 개혁과 더불어 우선 문제가 된 것은, 천황제 권력 변화의 문제—즉 천황제의 봉건적 성질과 천황제의 지주·부르주아적 기초가 바뀌었는지, 바뀌었다면 어떻게 바뀌었는지—였다. 옛 강좌파 이론은 전략의 기본적인 전제인 이 중요한 과제에 대해 어떻게 답했을까.

이 문제에 관해 나타났던 첫 번째 오류는, 천황제 변혁의 기준을 직접적으로 그 사회경제적 기초 변혁의 완성 여부에서 찾아보려 했던 경제주의 이론이었다. 이들 논리에 따르면 천황제의 독자적인 물질적 기초인 농업의 반봉건적 생산관계가 농지개혁으로 인해 완전히 없어졌는지 여부가 천황제의 성질 변화를 판별하는 기준이 된다. 따라서 혁명기에 특유한 권력 이행 문제는 모두 경제적인 변혁 자체에 대한 문제로 해소되어 버린다. 이는 국가 문제에서 진지하게 투쟁하지 않은 강좌파 이론의 약점을 제대로 보여준다.

두 번째 오류는, 일본 부르주아지가 반혁명적이란 점을 들어 무조건적으로 천황제가 새로운 상태에 적응했다는 것을 부정하는 독단론이었다. 이 이론에 따르면 일본 자본주의가 반봉건적 농업이란 토대 위에서만 발전할 수 있었듯이, 일본의 부르주아지도 천황제 아래에서만 존립하고 발전하였으므로, 그것은 절대주의 없이는 하루도 존재할 수 없다. 따라서 아래로부터 변혁을 대체하는 위로부터의 정치개혁과 새로운 천황제 출현 등은 절대로 불가능한 것이 된다. 이 때문에 문제는, 농업의 경우 '기생적 지주의 부활이냐, 근로 농민형型의 확립이냐'의 둘 중 하나가 되었고, 정치의 경우 '절대주의 천황제의 재출현이냐, 인민 정부 수립이냐'의 둘 중 하나가 된다는 식으로 설정된다. 이러한 잘못된 문제 설정은 강좌파의 특수형제型制 이론이 레닌이 말한 농업 문제가 해결되는 두 가지의 형태와 그것이 정치투쟁으로 반영되는 것을 원칙적으로 부정하는 이론체계였기 때문에 필연적으로 나타난 결과였다.

종전 직후의 이론 전선을 광범하게 지배했던 위와 같은 옛 이론의 영향을 극복하기 위해 국가론의 관점을 회복하고 그로부터 일본 천황제의 근본적인 성격, 나아가 일본 제국주의가 갖는 근본적인 특질을 재검토할 필요가 생겼다. 이러한 요구에 따라 1946년 말부터 국가론 논쟁, 소위 '군사적·봉건적 제국주의' 및 일본 파시즘에 관한 일련의 논쟁이 일어났다.

2. 강좌파 제국주의론 비판

국가론 논쟁은 강좌파 이론이 국가 문제에서 갖는 약점과 경제주의적 편향이 집중적으로 보이는 제국주의론에서 시작되었다. 이미 보았듯이 전전 논쟁에서 노동파는 일본을 단순히 한 종류의 근대적 자본주의 국가라 본 반면, 강좌파는 일본을 '군사적 반농노제적 제국주의'라 규정했다. 이러한 일반규정 이외에 국가권력의 구체적인 내용은 사회경제적 구성에 관한 문제 속으로 해소되었고, 국가권력이 가진 본질에 관한 규정은 대체로 다뤄지지 않은채 지나쳐 버렸다.

그런데 일본 제국주의가 단순히 제국주의 부르주아지가 지배하는 제국주의 국가도 아니고, 그 지배체제가 "근대적 자본주의의 한 변종인 '군사적·봉건적 자본주의'" 또한 아니라는 것은 이미 전전의 32년 테제와 이를 전후한 문헌에 나와 있다. 가령 쿠시넨은『일본 제국주의와 일본 혁명의 특질 日本帝国主義と日本革命の特質』에서 '일본을 지배하는 계층은 제국주의자이다. 하지만 그들은 특수한 제국주의자이다. 그들은 놀라울 정도로 급속히 부를 쌓은 자본주의적 투기자 및 아시아적·봉건적인 약탈자로 구성된 하나의 독특한 혼합물이다.', '현재는 어느 정도의 의미에서만 일본을 군사적·봉건적 제국주의라 할 수 있다.'라고 말했다.

또한『K·I』지의 「일본의 정세와 일본공산당의 임무 日本の情勢と日本共産党の任務」라는 논문에서도 "일본에서 금융자본 및 농노지배자인 지주의 독재에 의해 실시되는 제국주의 정책은 '반봉건형'인 러시아 제국주의의 특징을 상기시킨다."라고 지적했으며, 32년 테제는 '일본에서 독점자본주의의 침략성이, 절대주의적인 군사적·봉건적 제국주의의 군사적 모험주의에 의해 배증되고 있다.'라고 규정했다.

이들 문헌은 첫째로 레닌의 교의에 따라 절대주의 군주제(차리즘 또는 천황제)의 지배계급 상층에 대한 상대적 독자성과 자주성을 강조하고, 둘째로 레닌이 사용한 군사적·봉건적 제국주의의 개념을 일본에 적용하여 일본 제국주의의 이중적 성격을 지적한다는 공통점을 보인다.

그런데 그 후 강좌파는 국가이론의 결여와 '봉건적 토양을 융성의 조건으로 하는 자본주의 발전'이라는 독자적인 구조론 탓에, '근대적 자본주의의 한 변종인 군사적·반봉건적 일본 제국주의'라는 개념을 일관되게 옹호했다. 이 때문에 경제와 정치에서의 봉건적인 요소는 전체 가운데 독립된 구조적 요인으로서 파악되지 못하고, 점차 자본주의와 제국주의를 수식하는 말이 되어 버렸다.

이러한 상태에서 전후 처음으로 강좌파 제국주의론을 전면적으로 비판하고 국가론적 견지를 확립하고자 시도한 가미야마 시게오 神山茂夫의 「"군사적·봉건적 제국주의"란 무엇인가」[1]이 출간되었고, 이어서 그가 1939~1940년 지하 활동하던 시기의 노작 『천황제에 관한 이론적 제문제 天皇制に関する理論的諸問題』[2]가 출간되었다.

이 중 앞의 글은 전형적인 강좌파 제국주의론을 전개한 시노부 세이자부로 信夫清三郎의 「일본 제국주의의 종언 日本帝国主義の終焉』[3]을 비판한 것이다. 시노부는 해당 논문에서 '일본 제국주의는 그 역사적 구체적 성격에 있어 군사적·봉건적 제국주의라 규정할 수 있으며', 그 군사적·봉건적 제국주의란 레닌에 따르면 근대적 자본주의적 제국주의가 이른바 전자본주의적 제관계의 조밀한 그물망에 얽혀 있는 상태의 제국주의를 지칭하는 것인데, 이러한 의미에서 일

---

1   『인민평론 人民評論』, 1946년 11월, 12월.

2   1947년 4월 간행.

3   『경제평론』, 1946년 4월.

본 자본주의는 가장 전형적인 군사적·봉건적 제국주의이다, 라고 말한다. 어떻게 보면, 전전에 군사적·봉건적 제국주의를 차리즘의 침략체제로 바라보고, 이것이 근대적 제국주의에 대해 가지는 독자성과 대위·보충성을 문제 삼았던 사람[1]이 여기서는 완전히 강좌파 류의 경제주의적 해석으로 돌아선 것이다.

가미야마는 앞선 논문을 통해 이를 다음과 같이 비판한다. 애초에 제국주의는 자본주의의 최종단계라고만 한정된 것이 아니고, 자본주의 이전 노예제와 봉건제에서도 각종 법칙과 발전형식으로 존재했다. 특히 레닌은 최신형의 자본주의적 제국주의와 구 봉건적 제국주의를 명백히 구분하고 있다. 따라서 이른바 군사적·봉건적 제국주의라는 개념은 프로이센과 제정러시아, 일본과 같은 뒤처진 자본주의의 특징이 아니라, "봉건제로부터 자본제로 전환하는 시기에 대응하는 권력 형태인 절대군주제에서, 그 절대주의적 군주제가 대외적 침략성과 권력 기구로서의 특질을 특징으로 가지고, 자본주의와 대립되는 의미에서의 보다 '낡은 사회', 보다 '낡은 역사적 권력' 자체를 의미한다."

따라서 구 봉건적 제국주의와 자본주의적 제국주의가 병존하던 러시아에서 레닌이 '러시아에서 일반적으로 지배적'이라고 지적한 군사적·봉건적 제국주의란 다름 아닌 차리즘 그 자체이므로, 일본에 이 개념을 적용한다면 그 대상은 천황제 권력일 수밖에 없다. 특히 대외침략전쟁에 나서기 시작한 메이지 20년대(1887~1896년) 이후를 군사적·봉건적 제국주의라 규정해야 한다. 요약하면 일본 제국주의는, 군사적·봉건적 제국주의-즉 천황제, 그리고 근대적 자본주의적 제국주의라는 역사적으로 서로 다른 요소를 통해 성립된 것이다. 이상이 그의 비판의 요점이다.

---

1   시노부 세이자부로 信夫 淸三郞, 1부 제6장 제1절.

이러한 견해는 이어지는 그의 저서에서 체계적이고 전면적으로 전개된다. 여기서 그는 마르크스-레닌주의 국가론의 견지에서 절대주의 일반의 기본성격과 역할을 규정하고, 32년 테제를 기준으로 과거 혁명운동의 전략 규정(특히 권력 규정)을 솔직하게 비판하면서, 그것과 관련지어 군사적·봉건적 제국주의로서 천황제의 구체적인 발전과정과 특수성, 천황제의 실제 기구와 그 역할, 천황제가 국민경제 전체, 특히 지배계급과 어떠한 상관관계를 가지는지 등을 철저하게 밝혀내려 시도했다. 그 논지를 요약하면 다음과 같다.

절대주의란 봉건주의가 자본주의로 전화하는 과정에서 태어나는 독특한 전제적 군주정치의 형태이며, 봉건적 생산방법이 자본제 생산방법으로 온실처럼 안전히 전화하도록 하는 역사적 임무를 가지나, 그것의 본질은 어디까지나 봉건적이며, 그것이 의존하는 고유의 물질적 기초는 반봉건적 토지 소유관계이다. 절대주의의 사회적 기초는 단순상품생산, 특히 수공업의 오야가타親方와 독립 농민, 소상인 등에서 가부장적 자연경제와 공동체적 토지 소유 등 경제 제도에 이르기까지 광범한 영역에 걸쳐 퍼져 있다. 그렇기 때문에 절대주의가 자본가적 생산관계를 육성하는 것은 처음부터 큰 한계를 가지며, 나중에는 절대주의가 자본가적 생산관계에 대한 반대적인 존재가 되어 버린다. 절대주의는 국가권력이 일반적으로 가지는 독립성뿐 아니라 그것이 의거依據하는 양 지배계급(지주와 부르주아지)에 대해서도 고도의 상대적 독립성을 가진다는 중요한 특징을 가진다.

이러한 절대주의의 일반적 특질은 일본의 천황제에서 구체적으로 어떻게 나타나는가. 메이지 유신을 통해 태어난 천황제 권력은, 한편으로는 농민적 부르주아 혁명의 원동력과 지도력이 미성숙했고, 다른 한편으로는 봉건적 지배자 무리가 서로 대립하고 항쟁했기 때문에 상대적으로 무력화되었고, 부르주아지는 계급적으로 성숙하지 못했기 때문에 전체 계급관계에 균형이 형성된 것을 통해,

봉건세력의 대표자와 부르주아지의 보호자 역할을 겸임하였다. 그 것은 본질적으로는 봉건적인 국가적 토지소유 및 기생지주적 토지 소유를 물질적 기초로 하여 전제 지배를 위한 관료기구를 확립하였 고, 절대적이고 제한 없는 권력을 손에 넣게 되었다.

이 절대주의 천황제는 메이지 20년(1887년)을 전후해 독립적으로 군사적 세력을 결집시켰고, 공공연하게 대외침략 정책을 추진하며 소위 군사적·봉건적 제국주의로 자신을 발전시켰다. 이후, 절대주 의 천황제는 청일전쟁과 러일전쟁, 제1차 세계대전, 만주사변 이후 계속된 침략전쟁 등을 통해 성장하고 강화되었다. 그리고 군사적· 봉건적 제국주의의 주도하에, 또한 그것에 부분적으로 대위되고 보 충되면서 일본 자본주의가 발전하고 독점자본주의 단계에 들어섰 으며 사회경제적 구성으로써의 근대적 제국주의가 성립되었다. 이 렇게 일본은 두 개의 제국주의를 가지게 되었다. 전쟁은 이 둘 간의 본질적인 대립을 폭발시키지 못했고, 운동을 통해 양자의 모순은 일시적으로 완화되면서도 고도로 발전해나갔다.

이러한 독자적인 발전과정에서 천황제의 계급적 기초와 성질, 일 상적인 정책 등에서는 당연히 수많은 변화가 나타났다. 천황제가 의탁하던 계급은 처음엔 주로 기생적 지주계급이었으나, 사회경제 적 구성에서 자본주의가 지배적으로 됨에 따라 급속히 부를 늘리던 부르주아지에게도 의탁하게 되었다. 천황제가 이들 두 계급 상층부 와 극히 긴밀한 결합을 이루게 되면서 그 일상적인 정책도 점차 부 르주아적 성질이 짙어졌다.

그러나 이러한 변화에도 천황제의 상대적 독자성을 지닌 큰 역 할과 절대주의적 본질은 결코 상실되지 않았다. 왜냐하면 일본에서 는 국내의 자본주의적 관계의 뒤처짐과 외국 자본주의에 의한 압박 이라는 이중적인 후진국 조건 아래에서 부르주아지가 천황제에 의 해 강행적으로 육성되었기 때문에 이들은 천황제 권력과 혁명적으로 싸울 가능성을 갖지 못했고, 거대 부르주아지는 어떠한 형태로 든 지주 경제와 결합해 있었으며, 경제 제도에서 기생지주적 토지 소유가 일본 자본주의와 단절되기 어려울 정도로 결합되어 있었기 때문이다. 그러나 이것은 자본주의의 발전에 따라 프롤레타리아트 가 강대해지는 것에 대항하기 위해 천황제 위에 보나파티즘적 현상 이 생겨난 사실을 부정하는 것은 아니다.

위와 같이 천황제의 계급적 성질이 지주·부르주아적으로 되었음 에도 천황제 권력이 상대적 독립성과 큰 독자적 역할을 잃지 않았 다는 것은, 국가와 정부의 성질이 동일하지만 역할에 차이가 있음 을 생각하면 보다 잘 이해할 수 있다. 이 관점에서 보면 정권의 머 리인 정부, 특히 내각을 부르주아 세력이 점거했을지라도 이것이 즉각적으로 국가권력이 가지는 절대주의적 성질이 사라지고 부르 주아지가 헤게모니를 확립했다는 뜻으로 이어지지는 않는다. 그러 니 다이쇼 시대의 정당내각 또한 결코 권력의 부르주아로의 이행을 의미하지 않고, 1931~1934년에 걸친 강화된 반동 공세 또한 그 본 질은 근대적 파시즘이 아니라 군사적·봉건적 제국주의, 특히 군부 의 반동적 지배가 강화된 것이라 보아야 한다. 물론 이것은 정권 내 부에 파시즘적 요소가 더해져서 일상적 정책에서 파시즘적 정책이 취해지고 있던 사실을 부정하는 것은 아니다.

이상이 대체적인 가미야마의 소론의 내용이다. 이 저서는 지금까 지 일본 자본주의 연구에서 빠져 있던 국가론에 대한 체계적 연구 를 처음으로 완수했다는 점에서 큰 주목을 받았으며, 이론 전선의 수준을 한 번에 끌어올렸다. 다음에 다룰 시가·가미야마 논쟁을 시 작으로 전후 국가론 분야의 논쟁들은 이 소론에 직접적으로 관련되 었는지와 무관하게 모두 여기에서 제기된 문제점을 둘러싸고 전개 되었다.

'군사적·봉건적 제국주의'를 둘러싼 시가·가미야마 논쟁

1. 제1의 논전

위와 같이 국가론의 관점에서 전전 논쟁의 결함을 지적하고 강좌파 일본 자본주의론의 약점을 밝혀낸 가미야마의 저서·논문의 출현은, 종전 직후 격동하던 논단과 계급운동에 적지 않은 영향을 끼치고 다양한 반향을 일으켰다. 특히 가미야마와 마찬가지로 공산당 중앙위원이었던 시가 요시오志賀義雄는 공산당의 기관지 『아카하타』에서 6차례에 걸쳐 이를 정면 비판했는데, 이것을 계기로 공산당 기관지 『전위』 등을 통해 가미야마와 시가 사이의 수차례에 걸친 격렬한 논전이 벌어졌다.

이 논쟁은 보통 '시가·가미야마 논쟁'이라 불린다. '시가·가미야마 논쟁'은 광범한 영역, 심각한 주제, 중대한 내용, 격렬한 논법, 높은 수준, 논쟁이 가져온 큰 영향 등 다양한 이유로 전후 최대의 주목을 받았고, 일본 마르크스-레닌주의 이론 전선이 크게 전진하는 계기가 되었다. 이 논쟁은 전후 논쟁의 하나의 기준이 되었으므로,

이 내용에 대한 전면적인 재검토 없이 일본의 국가에 대한 심화된 이론적 분석, 특히 전후 국가 성격의 근본적 연구는 불가능하다 해도 과언이 아니다.

시가·가미야마 논쟁에는 이후 양자 이외에 많은 논자가 참가하고 개입했다. 논쟁의 쟁점 또한 일본 국가에 관한 문제들에만 머문 것이 아니라, 세계사·일본공산당사·국제정세·전략전술 등의 문제에 광범위하게 걸쳐 있었다. 여기서는 쟁점을 '군사적·봉건적 제국주의' 문제와 '일본 파시즘' 문제 두 가지로 한정하여 살펴보자.

시가 요시오는, 그의 첫 비판 논고 「군사적·봉건적 '제국주의'에 관하여 軍事的封建的『帝国主義』について」[1]에서, 우선 가미야마가 레닌의 '군사적·봉건적 제국주의' 개념을 그대로 일본 천황제에 적용하고 이를 통해 문제를 전개하는 방식을 비판한다.

첫째, 제정러시아와 일본의 자본주의 발전 속도는 현저하게 다르며, 제1차대전 종전 후 20년 동안 일본은 자본주의 강국 중 가장 빠른 속도로 발전했다. 따라서 구 러시아에서 차리즘과 자본주의가 가지는 비중은 일본에서 천황제와 자본주의가 가지는 비중과 결코 같지 않다. 그러니 이렇게 조건이 다른데에도 비규정적으로 개념을 적용하는 것은 위험하다.

둘째, 가미야마는 군사적·봉건적 제국주의 개념을 잘못 해석하고 있다. 애초에 레닌은 러시아의 금융자본이 자신의 불충분성을 일부 보충하고 대위하는 봉건적이고 군사적인 차리즘을 규정하고 제국주의적으로 만든 점을 들어 이를 군사적·봉건적 제국주의라 부른 것이다. 그러니 군사적·봉건적 제국주의란 20세기에 들어서며 자본주의가 이미 근대적 제국주의로 된 이후의 차리즘을 지칭한다.

셋째, 따라서 일본의 경우를 다룰 때 가미야마처럼 천황제가 대

1   『아카하타』, 1946년 7월 4일~12일, 146~152호.

외침략전쟁에 나서기 시작한 메이지 20년경 이후를 군사적·봉건적 제국주의라 규정하는 것은 오류이다. 실제로는 일본 자본주의가 국내적으로 또 국제적으로 근대적 제국주의의 단계에 들어선 순간 천황제는 '제국주의적' 권력이 된 것이다. 이상이 시가의 비판의 요지이다.

위의 비판에 대해 가미야마는 즉시 「재론 군사적·봉건적 제국주의에 관하여 ふたたび軍事的·封建的帝国主義について」[1]라는 논문을 통해 대답했다. 그는 다음과 같이 말한다.

첫째로, 구 러시아와 일본의 자본주의적 발전 속도의 차이에 관해 단순히 일본의 속도가 빨랐다는 점만을 생각해선 안 된다. 왜냐하면 ①일본의 경우 기준이 되는 출발점 자체가 현저히 뒤처져 있었고, ②주로 군수산업에서 발전이 이뤄졌으며, ③농업의 자본주의 발달 정도와 속도는 러시아보다 일본이 한없이 낮았다는 점 등을 고려해야 하기 때문이다. 물론 이러한 발전에 대응해 일본의 경제 구조가 주로 금융자본이 지배하는 자본주의로 이행하였기에 금융 부르주아지의 계급적 지위가 강화되었고, 이에 따라 천황제의 계급적 기초가 보다 강하게 이들에게 의탁하게 된 것은 사실이다. 그럼에도 불구하고 이러한 사실들은 절대주의 천황제의 역사적 성격과 권력 기구로서의 독자성이 해소된다는 것을 의미하지 않는다. 여기에 문제의 핵심이 있다.

둘째로, 근대적 제국주의의 일반적 성격이 차리즘을 규정하고 제국주의적으로 만들었고, 이를 군사적·봉건적 제국주의라 불러야 한다는 시가의 견해는 과연 올바를까. 차리즘이 군사적·봉건적 제국주의가 된 것은 차리즘의 수 세기에 걸친 역사 중 체계적으로 제국주의 정책을 펼친 마지막 한 세기이며, 이것은 16~17세기 프랑스

---

1   『전위』, 1947년 8·9월, 19호.

와 프로이센 절대군주제의 '제국주의'와 동일한 역사적 성격을 갖는다. 요약하자면, 근대적 제국주의와 군사적·봉건적 제국주의는 이론적으로도 역사적으로도 구분될 정도로 질적으로 다르다. 그렇게 구분될 수 있기 때문에 레닌도 양자의 상관관계의 문제를 이야기할 수 있던 것이다.

셋째로, 만약 일본의 경우 또한 국내적, 국제적으로 일본이 근대적 제국주의에 들어선 순간 천황제가 군사적·봉건적 제국주의가 되었다는 시가의 견해를 따른다면, 청일전쟁이 일본의 군사적·봉건적 제국주의의 침략전쟁이었다는 것을 설명할 수 없다. 또한, 그렇다면 일본 자본주의가 국내적으로도 국제적으로도 근대적 제국주의 단계에 들어서기 전에 있었던 모든 대외침략과 제국주의적 정책은 대체 무엇이라 불러야 하는가.

넷째로, 시가는 모든 것을 근대적 제국주의로 해소하고 만주사변 또한 식민지 재분할을 위한 제국주의 전쟁으로만 규정하는데, 32년 테제를 잘 읽어본 사람은 거기서 만주 침략전쟁의 두 가지 계기―군사적 세력을 독점하는 일본의 군사적·봉건적 제국주의가 독자적인 군사 계획과 자신의 세력을 위해 중국을 침략한 것, 그것이 동시에 금융독점자본주의의 이익을 대행한 것이라는 것, 이것이 아시아와 태평양에 걸쳐 제국주의적 대립을 격화시키며 새로운 전쟁을 일으켰다는 이중의 의미를 읽어낼 수 있을 것이다. 이것은 근본적으로 중일전쟁과 태평양전쟁을 관통하는 특질이다.

이상으로 가미야마가 한 반론을 요약하였는데, 여기서 근대적 자본주의와 군사적·봉건적 제국주의, 차리즘과 천황제에 관한 양자의 견해 대립이 보여진다.

2. 제2의 논전

위의 가미야마의 반론이 이뤄진 『전위』 지면[1]에서 시가는 이번에는 주로 가미야마의 저서 『천황제에 관한 이론적 제문제』를 강렬히 비판한 「당의 역사를 보는 시각党史の見方」을 발표했다. 이 논문은 공산당의 역사 및 기타 다수의 논점을 다루고 있는데, 이 중 군사적·봉건적 제국주의에 관한 것은 다음의 두 가지로 요약할 수 있다.

첫째, 제정러시아와 일본의 비교에 관하여. "자본주의적 제국주의는 경제적인 운동이며, 정치적인 운동인 차리즘에 비해 보다 강력하고, 보다 본원적이고, 보다 결정적인 힘이다. 러시아에서는 이미 존재한 경제적인 운동인 봉건적 토지소유제가 제국주의에 대해 갖는 비중이 일본보다 컸다고 해서, 러시아의 제국주의가 역사적으로 차리즘이라는 절대주의적 권력으로서 발달한 것을 군사적·봉건적 '제국주의'로 규정하고 또 그렇게 작용하는 것에 지장이 생기지는 않는다. 일본에서는 러시아와 같은 방식으로, 또한 러시아 이상으로 제국주의가 천황제에 강력하게 작용하고 '제국주의적'으로 이것을 규정했다."[2]

레닌은 러시아와 일본 모두 후진국이자 군사력 독점 등이 금융자본의 독점을 일부분 보상·대위하고 있는 나라로 인정하며, 6대 자본주의 강국[3]을 3개 그룹으로 나눠, 일본을 '비상하게 급속히 성장하고 있는 젊은 자본주의 국가들' 그룹, 러시아를 '경제적으로 제일 뒤처져 있어 최근의 자본주의적 제국주의가 전자본주의적 관계의

---

1   1947년 8·9월, 19호.

2   「당의 역사를 보는 시각」, 42~43쪽.

3   영국, 러시아, 프랑스, 독일, 미국, 일본._옮긴이

조밀한 그물망과 얽혀 있는' 그룹으로 분류한다.[1] 즉 레닌은 천황제 일본과 차르 러시아의 공통점과 차이점을 결코 일면적으로 보지 않았다. 이 점에서 가미야마는 대단히 일면적이다.

두 번째, 천황제의 계급적 성질에 관하여. 가미야마는 1917년까지의 러시아 이상으로 일본에서 독점자본이 발전한 점, 따라서 부르주아지가 국민경제에서 차지하는 비중이 큰 점, 부르주아지가 헤게모니를 쥐고 지주와 블록을 형성하고 있는 점 등을 인정하는 것이 크게 잘못된 것처럼 여기는 환상에 빠져 있다. 그러나 이것을 인정했다고 해서 천황제를 과소평가하는 것은 아니다. '메이지 이후 일본 자본주의가 발전하며, 천황제의 정부의 계급적 성질은, 부르주아지가 헤게모니를 가지고 지주와 형성한 블록의 권력 기구로 변질되었다. 그렇기 때문에 32년 테제에도 부르주아·지주적 천황제가 등장한 것 아닌가. 만약 27년 테제에서 천황제를 가리켜 순수한 부르주아 권력이라던가, 혹은 정부가 그 기구로 변질되었다는 식으로 말했었다면 가미야마 군의 비판도 타당했겠지만, 그렇지도 않은데 과장된 말투를 사용하며 들떠 있는 것은 그의 이론가로서의 발전에 있어 바람직하지 않을 것이다.'[2]

이렇게 두 번째 비판을 받은 가미야마는 어떻게 답변했을까. 그는 다음 『전위』 지면에 실은 「당의 역사를 보는 시각에 답변한다 党史の見方に答える」[3]를 통해 다음과 같이 답변한다.

첫째, 러시아와 일본을 비교하는 문제. 시가는 일본이 구 러시아보다 독점자본은 발전하고 봉건적 토지소유가 차지하는 비중은 가볍다고 본다. 그러나, 이것에 관해 쿠시넨은 '일본의 지배체제의 성

---

1   레닌, 『제국주의, 자본주의의 최고 단계』(아고라, 2017), 133쪽.

2   「당의 역사를 보는 시각」, 43쪽.

3   1947년 10월, 20호.

질을 전전의 제정러시아와 비교할 때 한편으로 일본에는 과거 러시아에 있었던 것보다 현저히 강력한 봉건주의의 잔존물이 존재하고, 다른 한편으로는 자본이 보다 고도로 집중되어 있다.'[1]라고 말한다. 그러니 자본의 발전만을 기준으로 일본과 러시아에서의 비중의 차이를 결정할 수 없다.

또한 시가는 레닌의 일본제국주의에 관한 규정들을 가져와 자신의 주장을 뒷받침하고 있다. 물론 이들 규정은 올바르다. 문제는, 레닌이 일본을 '급속히 발전하는 국가'라 말하면서 동시에 그 약점과 경제적 뒤처짐 또한 지적하고 있다는 점이다. "그러므로, 이 당시 코민테른의 문서들도 '제국주의론'의 이러한 구분에 백번 동의하며 일본을 '급속히 발전하고 있는 국가'라고 말했을 뿐 아니라, 명백하게 '근대적 자본주의가 전자본주의적 관계의 조밀한 그물망에 얽혀 있는' 제국주의로 규정하고 있다. 레닌의 견해를 일본에 적용한 것은 오류도 아니고 환상도 아니다."[2]

둘째, 천황제의 계급적 성질에 관한 문제. 부르주아지와 이들의 헤게모니 아래에 있는 지주가 형성한 블록에 권력이 있음을 인정하는 것이 잘못되었다는 본인의 견해는, 과연 시가가 주장하듯 환상일까. 그런데 32년 테제는 기존의 블록 설과 전혀 다른 식의 권력 규정, 그러니까 절대주의 천황제를 독립적인 요소로 보고 이것이 지배체제의 제일이라는 식으로 규정하고 있지 않은가?

여기서 천황제는 무엇보다도 군주주의적 관료기구이고, 특히 독립적 군사 기구이며, 시종일관 자신의 특수한 이익을 탐욕스럽게 사수하고 있다. 이것을 27년 테제의 블록 설과 대비시켜 보라. 그렇다면 기존의 블록 설이 32년 테제에서 폐기되어 있음을 알 수 있을

1   1932년 9월, 코민테른 집행위원회 제12회 총회에서의 '보고'.

2   「당의 역사를 보는 시각에 답변한다」, 11쪽.

것이다. 후자는 전자의 발전이다. 그러나 그것은 위와 같은 차이를 가지는 발전이다.

이렇게 논전은 군사적·봉건적 제국주의란 용어를 이해하는 방식을 두고 이뤄진 대립에서, 일본제국주의의 특질, 천황제의 계급적 성질, 일본의 권력 규정 등 한층 심각한 문제들을 둘러싼 대립으로 발전해갔다.

3. 제3의 논전

이후 시가는, 「세계사에 관한 한 고찰 世界史の一考察」[1]을 발표하고, 이를 통해 가미야마의 국가론과 제국주의론을 전면적으로 그리고 구체적으로 비판했다. 그는 다음과 같이 말한다.

첫째로, 애초에 가미야마가 각 역사단계에서 최후의 한 시대와 각 사회경제적 구성의 최고의 단계에 반드시 제국주의가 나타난다는 식으로 보는 것은 오류이다. 노예제와 봉건제에서 제국주의 정책의 출현은 그때의 내부의 구체적 상태에 따라 결정된다.

둘째로, 러시아의 제국주의에 관하여. 가미야마와 같이 봉건제 말기의 제국주의가 일반적으로 군사적·봉건적 제국주의라 해석하는 것은 잘못으로, 레닌은 1904~1905년 러일전쟁 이후, 즉 실제로 두 가지 제국주의가 동시에 존재했던 시기를 군사적·봉건적 제국주의라 칭했다.

그러나 그렇다고 해서 20세기 이전 차리즘에 한 번도 제국주의의 시기가 없었던 것은 아니다. 러시아에서 20세기 이전에 제국주의라고 확실히 규정될 수 있는 시대는 카탈리나 2세, 알렉산더

1   『전위』, 11~12월, 21~22호.

1세 시대, 그리고 니콜라이 1세가 1848년 혁명 당시 헝가리를 탄압하고 독일 문제에 간섭하고 유럽의 헌병 역할을 했던 시기인데, 1848년 2월 혁명 이후에는 크림전쟁 패배, 국내 자본주의의 발달, 농노해방, 발전하는 계급투쟁 등에 의해 차리즘의 위력이 감소했기 때문에 전형적인 제국주의라 규정할 수 없는 상태가 되어버렸다.

　그러니 가미야마처럼 차리즘이 1세기 동안 연속적으로 제국주의적이었다고 단정하는 것은 잘못된 것이다. 수 세기에 걸친 차리즘의 힘의 근원은, 광대하고 불가침한 영토, 방대한 인구, 거대한 군사력, 기타 조건들이 결합되었기 때문이며, 이들 조건이 특히 집중적으로 유리할 때 전형적인 제국주의가 나타난 것이다. 그리고 이 차리즘은, 자본주의 이전에는 대지주의 권력이었지만, 자본주의의 성립과 함께 자본주의의 권력이 되기도 하였고, 나아가 제국주의 단계에 들어섰을 때 그 권력이 되기도 했다. 바로 이러한 점에서 레닌을 차리즘을 군사적·봉건적 '제국주의'라 부른 것이다.

　세 번째로, '이중의 제국주의'의 개념에 관해. 가미야마가 군사적·봉건적 제국주의와 근대적 제국주의의 결합이라는 점에서 도출시킨 이중의 제국주의란 개념은 폐기되어야 한다. 군사적·봉건적 제국주의로서의 차리즘은 정치적인 권력을 일컫는 것이고, 근대적 제국주의는 자본주의의 최고단계로서의 경제구조인데, 가미야마는 이것을 혼동했기 때문에 근본적인 오류를 저질렀다. 나아가, 스탈린이 했던 '제국주의가 갖는 최악의 특징들이 차리즘에 집중되었고, 차리즘은 그것을 더욱 악화시켰다.'[1]라는 말에서 '악화시켰다'라는 말이 지금까지의 불충분한 해석 탓에 종종 '제국주의'를 '악화'시킨 것으로 잘못 이해되었는데, 여기에서도 이중의 제국주의라는 개념이 기인했을 것으로 보인다.

1　『정세와 노동』, 제135호, 이오시프 스탈린(신재길 역), 「레닌주의의 기초」, 114쪽. _옮긴이

네 번째로, 천황제와 군사적·봉건적 제국주의에 관하여. 우선 차리즘의 제국주의 정책 및 군사적·봉건적 제국주의로의 전화를 규정했던 조건 중 일본에는 그와 같은 것이 얼마나 있었는지를 구체적으로 고찰해야 한다. 가미야마처럼 단순히 차리즘과 천황제를 유추하고 그 공통점만을 들어 역사적 조건에 의한 형식과 성격의 차이를 추상해버리는 것은 일면적이다.

또한 군주제라는 것은 봉건적 관계들이 얼마나 잔존했는지, 자본주의적 발전의 얼마나 이뤄졌는지, 그리고 봉건적 관계와 자본주의 발전 양자가 가지는 상호관계와 비중 등에 따라 형식과 성격이 규정되며, 변화 또한 제약된다. 천황제를 이해하려면 이것을 차리즘뿐 아니라 독일의 카이저 제도Kaiserthum와도 비교하는 것이 크게 도움이 될 것이다. 이들을 비교하고 검토하자면, '러시아는 근대적 제국주의보다 군사적·봉건적 제국주의적 측면이 강하고, 독일은 군사적·봉건적 제국주의가 약간의 상대적 독립성을 가졌으나, 대체로 근대적 제국주의의 금융 과두지배 기구로 바뀌어 갔다. 일본은 이 둘의 중간이라고 할 수 있다.'

다섯 번째로, 그렇다면 천황제는 언제부터 군사적·봉건적 제국주의가 되었고, 또 부르주아·지주 블록의 계급 권력이 된 것인가. 천황제의 군사적·봉건적 제국주의로의 전화는 가미야마가 말한 것처럼 메이지 20년경에 벌어진 것이 아니라, 러일전쟁을 계기로 일어났다고 보아야 한다. 가미야마는 청일전쟁의 성격을 물었는데, 이것을 천황제의 군사적·봉건적 제국주의를 통해서만 설명하는 것은 일면적이기 때문에, 젊은 공업 자본주의를 통해 설명하는 것이 맞을 것이다. 이 전쟁은 천황제에서든 일본 자본주의에서든, 또 세계 자본주의에서든 차리즘에서든 과도기에 속했다. 그 후 제1차대전 이후 독점자본이 발전하며 상층계급의 구성이 바뀌었고, 부르주아지와 이들의 헤게모니 아래 있는 지주의 블록이, 천황제를 그 계급적 권력으로 하기에 이른 것이다.

　이상이 시가의 제3비판의 요점으로, 논점이 넓고 대상이 광범했기에 여기서 논쟁이 절정에 이른 것 같은 느낌이 되었다. 그런데 이것에 대한 가미야마의 답변이 『전위』 지면에 예고되었으나 이후 게재되지 않았고, 그래서 이론 전선이 주목하던 이 대논쟁도 중단되어 버렸다. 그 후 2년이 넘게 지난 1950년, 가미야마는 그의 새로운 저서를 간행하면서 그 안에 앞서 말한 비판에 대한 전면적인 반박을 발표했다. 바로 논문집 『국가이론 国家理論』[1]에 포함된 「『세계사에 관한 한 고찰』에 관련한 메모 『世界史の一考察』に関連する覚え書」[2]와, 「노농파와 강좌파의 '유착' 労農派と講座派の『ゆ着』」[3] 등 두 논문이다. 가미야마는 여기서 다음과 같이 반론한다.

　첫째로, 과거 자신은 '제국주의가 각 사회구성에 나타난다.'라고 말한 적은 있어도, 모든 국가에서 분명히 나타난다던가, 각 사회구성의 마지막 단계에 반드시 나타난다는 식으로 말한 적은 없다. 시가는 이 점을 착각하고 있다.

　둘째로, 러시아의 제국주의에 관하여. 차리즘의 제국주의 정책에 대한 시가의 비판은 잘못되었으며, 그것이 군사적·봉건적 제국주의가 된 시기는 역시 제1차 대전 이전의 1세기의 기간이다. 왜냐하면 18~19세기의 알렉산더 1세 시대는 여전히 동요적이었고 입헌주의를 양보하는 것 또한 고려되고 있었으나, 니콜라이 1세 시대에 들어서서는 절대주의의 반동화가 대내·대외적으로 모두 강화됐고, 대외정책도 새로운 성격을 띠었는데, 당시까지 이어진 토지획득을 넘어 해상통상로도 획득하고자 노리기 시작했기 때문이다.

1　1950년 5월 간행.

2　1947년 12월 집필.

3　1948년 말 집필.

이러한 차리즘의 제국주의를 시가가 군사적·봉건적 제국주의로 명확하게 파악할 수 없는 원인은, 그가 그 군사적 특질을 인정할 수 없기 때문이다. 특히 집중적이고 통일적인 군사 조직과 기구가 형성된 점을 특징으로 가지는 권력 기구의 이러한 특질을 보지 못했기 때문에, 시가는 제국주의를 개별 정책의 문제라 생각했고, 이것을 통일적으로 이해할 수 없었다. 이 문제를 푸는 열쇠 중 하나가 바로 이것이다.

나아가 시가는 이 시기의 차리즘이 근대적 제국주의의 단계 이전이라는 이유로 군사적·봉건적 제국주의가 아니라 하는데, 소비에트의 학자 주코프 등도 구 러시아나 일본의 근대적 제국주의 성립 이전에 군사적·봉건적 제국주의가 존재했던 사실을 인정하고 있지 않은가?[1]

세 번째로, '이중의 제국주의'의 문제. 시가는 이중의 제국주의를 부정하므로, 차리즘은 정치 권력이고 근대적 제국주의는 경제적 구조라고 하는데, 이렇게 정치 권력과 경제구조를 떼어놓는 방식으로는 당연히 본질에 가까워질 수 없다. 군사적·봉건적 제국주의로서의 차리즘은 단순한 정치 권력이 아니라, 일정한 경제 제도(봉건적 대토지소유)를 그 고유의 물질적 기초로 가졌다. 또한 근대적 제국주의도 단순한 경제구조가 아니고, 별개의 정치형태로써 금융 과두지배를 가지게 된다.

이렇게 이해해야 '구 러시아에서는 경제구조에 금융자본이 발달해 있었지만, 봉건제 또한 강하게 남았기에 전자본주의적 관계의 그물망에 금융자본이 얽히게 되었다. 그러나 권력은 여전히 대지주와 귀족의 권력, 그리고 큰 독자성을 가지는 차리즘의 수중에 있으며, 그것이 일상적인 정책과 역할에서 금융자본의 독점을 대위하

1   『유물사관 일본역사 唯物史觀日本歷史』

고 보충해 나갔다.'라는 이중의 제국주의의 특수한 구조를 파악하는 것이 가능하다. 또한 그렇게 봐야 레닌의 규정을 살릴 수 있고, 32년 테제의 근본적인 견지도 올바르게 이해할 수 있다.

네 번째로, 천황제에 대해 군사적·봉건적 제국주의를 적용하는 문제. 천황제를 카이저 제도와 비교하는 것을 통해 그 성격을 더 명확히 할 수 있다는 시가의 견해에는 분명한 오류가 드러난다. 독일 제국은 근대적·부르주아적 제국주의의 한 변종이며, 그 권력인 카이저 제도는 근대적 제국주의의 권력이다. 따라서 천황제와 비교하기에 양자는 질적으로 전혀 다르다. 시가의 천황제는 차리즘과 카이저 제도의 중간이라고 하는 주장은, 군사적·봉건적 제국주의와 근대적 제국주의가 서로 우세하지 못한 채 상호 균형을 이뤘다는 것인가? 만약 그렇다면 그 경우 권력의 실체는 대체 무엇인가? 봉건적 권력인가 혹은 부르주아적 권력인가?

진중하게 독일과 러시아의 역사를 고찰한다면, 일본 제국주의는 양국의 '중간'이 아니라 독일식 침략적·근대적 제국주의와 러시아식 군사적·봉건적 제국주의의 '혼합물'이며, 그 권력의 실체는 군사적·봉건적 제국주의라는 점을 알 수 있을 것이다.

다섯 번째로, 천황제의 계급적 성질의 문제. 차리즘과 천황제가 그대로 근대적 제국주의의 권력이 되었다는 시가의 규정은 용인할 수 없다. 레닌의 말은 '차리즘의 정치 가운데 완성된 표현이 나타났다.'라는 것에 지나지 않고, 결코 차리즘 시대에 근대적 제국주의가 권력을 쥐었다고 말한 것이 아니다. 시가의 견해를 정당화하기 위해서는, 한편으로는 일본 절대주의의 기초인 토지혁명은 언제 일어났으며, 천황제가 언제부터 어떤 형태로 독점자본의 권력이 되었는지를, 한편으로는 만약 그렇다고 한다면 혁명의 성질이 사회주의 혁명으로 변화하고 있었는지, 이 두 개의 중대한 문제에 답해야 한다. 어느 쪽이든 이 견해는 노농파 이론으로의 접근이자 유착이다.

이상의 세 차례에 걸친 격한 논전을 통해 양자의 근본 견해가 대부분 나타났다고 보아도 좋을 것이다. 논쟁이 발전하며 불가피하게 논점이 벗어나거나 일면적으로 다뤄지고, 개념화되거나 지엽적으로 다뤄지기는 했지만, 이 논쟁에서 처음으로 국가론의 전 분야로 시야가 확대되고, 이론의 당파성과 실천적 의의가 명확해지고, 역사학 및 기타 광범한 학문 분야에 강렬한 자극이 가해지고, 이를 토대로 뒤처진 이론 전선이 한 번에 진전되었던 사실을 부정할 수는 없다. 이론적인 면에서, 논쟁은 많은 개척되지 않았던 분야에 대해 창조적인 해명과 그 경로를 제시했지만, 동시에 철저하게 검토되어야 할 미해결된 논점 또한 남겼다. 다음에 다룰 논객들의 노작은 이러한 남은 과제를 해결하고자 한 것들이다.

'군사적·봉건적 제국주의' 논쟁의 발전

1. '이중의 제국주의'를 둘러싸고

시가·가미야마 논쟁이 전개되면서 많은 논자가 등장하여 다양한 논의가 생겨났고, 논쟁과제에 의해 한층 심화된 연구가 일어났다. 그중에는 가미야마 설에 찬동하는 부류도 있었고, 시가 설에 가담하는 부류도 있었으며, 양자 모두에게 비판적인 태도도 있었는데, 이 때문에 논점이 복잡하게 갈라져 나갔다. 이들은 전체적으로는 일본의 국가론과 제국주의론에 대한 심화된 해명에 기여했다. 아래에서 그들의 주요한 논점을 정리해보겠다.

우선 첫 논쟁에 관련해 고야마 히로타게 小山弘健, 와타나베 도오루 渡部徹 등은, 레닌이 군사적·봉건적 제국주의의 개념에 관해 명확한 한정 규정을 하지 않았으므로 이것을 단정적으로 해석해버리는 것은 곤란하지만, 실제로 러시아와 일본에서 근대적 제국주의가 성립되기 이전에 군사적·봉건적 제국주의가 존재했던 것, 그 후 군사적·봉건적 제국주의와 근대적 제국주의의 이중적 성질을 가지기에 이르렀다는 점은 부정할 수 없다고 보았다. 그러나 가미야마의 이론이 군사적·봉건적 제국주의를 절대주의 일반에까지 확대하여 적용하고 있다는 점, 또 그것이 국가권력의 분석에만 머무르고, 천황제 또는 군사적·봉건적 제국주의를 사회경제적 구성과 관련지어 연구하거나, 두 가지 제국주의의 경제적 기초의 상호관계와 그것의 상부구조에 대응한 관계를 구체적으로, 역사적으로 입증하지 않는 점 등은 문제가 있다고 보았다.[1]

이어서 고야마 히로타케는 「일본 제국주의의 기본문제 日本帝国主義の基本問題」[2]에서 1931~1932년경 세계 마르크스주의 학계와 코민테른의 이론가, 소련 학자들에 의한 일본제국주의 연구의 성과, 같은 시기 차르, 러시아 및 일본의 제국주의의 특징을 밝혀내기 위한 레닌의 천재적 규정이 했던 역할, 그러한 연구들이 32년 테제에 응집되었던 사실 등을 문헌과 자료를 통해 밝히면서, 이 '레닌'식 일본 제국주의론이 강좌파가 규정한 '군사적 반농노제적 일본제국주의론'과 개념과 이론 구성에서 어떻게 다른지 증명하려 했다.

특히 레닌의 규정들을 일본에 적용할 때, 두 가지 기본 개념(군사적·봉건적 제국주의와 이중의 제국주의)과 세 가지 주요명제(차르 군주제의 상대적 독립성과 자주성, 자본주의적 제국주의가 전자본주의적 관계의 그물망에 얽혀 있는 점, 군사적 세력 및 기타 독점이 금융자본의 독점을 부분적으로 대위·보충하는 것)가 이용되고 있다고 보고, 32년 테제에서는 일본의 '비상하게 급속히 성장하고 있는 젊은 자본주의 국가'의 측면보다는, 오히려 군사적 세력 및 기타 독점을 통해 대위·보충되고, 전자본주의적 관계들의 그물망에 얽힌 자본주의 국가로서의 측면이 강조되고 중시되고 있다고 말한다.

이것에 대해 고바야시 요시마사 小林良正는 「이른바 '이중의 제국주의'에 관하여 いわゆる『二重の帝国主義』について」[3]라는 논문에서 앞선 시

---

1   「최근 국가론 논쟁의 과제 最近国家論争の課題」, 『개조』, 1947년 10월, 「최근 '자본주의 논쟁'의 보고와 토론 最近『資本主義論争』の報告と討論」, 『시론 時論』, 1947년 10월.

2   「사회경제노동연구 社会経済労働研究」, 1948년 1월, 제1집.

3   『조류』, 1948년 7월.

가·가미야마 논쟁을 소개하며, 일본의 독점자본은 제1차대전을 통해 본격적으로 확립되었고 "부르주아지는 1925년 전후로 지주와 맺은 블록에서 헤게모니를 얻기는 하지만, 아래로부터의 압력이 증가하던 상황 탓에 천황제 관료-군벌과의 유착을 점차 심화하는 것을 통해 천황제를 '계급적 권력(시가)'으로 삼았고, 또한 천황제는 계급적 권력으로서 독점금융자본을 위한 제국주의 정책을 시행했다."[1]라며, 시가 설을 지지했다. 그 후 핫토리 시소도 시가 설을 지지하며 군사적·봉건적 제국주의 문제를 한층 심화된 형태로 연구하려 시도했다.[2] 그런데 핫토리는 여기서 기묘하게도, "'군사적·봉건적 제국주의'란 글자 그대로 군사적이고 봉건적인 제국주의, 혹은 제국주의—최신형의 자본주의적 제국주의—의 군사적이고 봉건적인 차리즘 형을 의미하는 것"에 지나지 않으며, "레닌과 스탈린이 사용하는 '군사적 봉건적 제국주의'라는 용어는 가미야마 씨가 생각한 것과 달리 절대주의가 아니고, 근대적 제국주의의 군사적이고 봉건적인 형태를 의미한다."라고 말한다. 즉, 핫토리는 시가가 가미야마의 견해에 완전히 동의한 시점에서 이미 반박된 오시노의 군사적·봉건적 제국주의론을 그대로 다시 가져와, 이렇게 시가 설과 상반된 관점에서 시가 설을 옹호하기 위한 이론으로 전개한 것이다.

이것에 대해 아사다 미츠테루浅田光輝와 나카무라 히데이치로中村秀一郎 등은, 오히려 이중의 제국주의의 관점을 통해 일본제국주의의 복잡한 내부 모순을 보다 올바르고 합리적으로 파악할 수 있다며 비판했다.[3]

---

1   『이른바 "이중의 제국주의"에 관하여』, 15쪽.

2   『근대국가로써의 『군사적·봉건적 제국주의』近代国家としての『軍·封·帝国主義』』, 『사상과 과학 思想と科学』, 1949년 5월, 제6집, 『제국주의 일본정치사 상권 帝国主義日本政治史·上』, 1949년 6월.

3   『자본주의 논쟁의 신과제 資本主義論争の新課題』, 『민주평론』, 1948년 11월.

2. 군사적·봉건적 제국주의의 기초구조를 둘러싸고

앞서 보았듯, 가미야마 설은 주로 국가권력 자체의 분석에 한정되었기 때문에, 전체적인 사회경제적 구성과의 관련, 특히 경제구조의 변화와의 상관관계를 사상해 버렸다는 문제점을 가졌고, 이것은 시가의 비판과 논쟁이 벌어지는 원인이 되었다. 따라서 두 가지 제국주의(정확하게는 제국주의의 이중성) 문제를 둘러싼 논의는 필연적으로 군사적·봉건적 제국주의와 두 개의 제국주의의 기초 구조를 밝혀내는 방향으로 나아가게 되었다.

우선 이시와타 사다오石渡貞雄는 논문 「군사적 봉건적 '제국주의'론軍事的封建的『帝国主義』論」[1]에서 이 문제를 다룬다. 그는 이렇게 말한다. 레닌이 '제국주의론'에서 취한 방법에서 중요한 점은, '모든 제국주의(식민지정책 내지 침략주의)는 외견상의 행위가 같을지라도, 그것은 스스로의 사회경제적 구성의 본질에 따라 나타나는 독자적인 운동법칙의 소산'이라는 점이다. 따라서 군사적·봉건적 제국주의 또한 봉건제 혹은 반봉건제 사회의 사회경제적 구성에서 나타나는 운동법칙의 가운데 포착하여야 하는데, 시가와 가미야마는 모두 이러한 기본점을 결여했다는 점이 논쟁이 해결되지 않는 근본적인 원인이다.

그렇다면 군사적·봉건적 제국주의를 규정하는 독자적인 운동법칙이란 무엇인가. 봉건사회의 모순이 발전할 때, 봉건적 계급은 새로운 생산력 위에 자신의 기생적 존재를 완성하려 하며, 군사적 권력 기구를 집중시키고 재편성한다. 이것의 재원을 마련하기 위해 적극적으로 자본주의를 배양하고 이용하며, 절대주의는 그보다 더한 방대한 권력 기구의 기생화를 시도한다. 여기서 군사적·봉건적 제국주의가 태어난다. 시가 설의 오류는, 그러한 군사적·봉건적 제

---

1   「세계의 사회과학 世界の社会科学」 1949년 1월, 제2호.

국주의를 단순히 정치권력으로만 보았던 점이다.

그러나 이러한 절대주의가 자본에 의해 타도되지 않고 자본주의 사회에 존속한 경우는, 계속해서 국내적 기생에 머무르고, 군사적·봉건적 제국주의로 나아가는 동기와 필연성을 가질 수 없다. 이 경우, 뒤처진 자본은 국내시장의 협소해지는 모순에 부딪히며 급속히 독점자본으로 전화하고, 그때의 제국주의는 가장 노골적인 침략성을 띤다. 이렇게 독점자본이 침략주의와 식민지정책을 요구하면서 절대주의의 군사적 권력 기구는 제국주의가 되며, 절대주의와 독점자본의 유착이 벌어진다. 이것은 외견상 군사적·봉건적 제국주의로 나타나지만, 그 실체는 근대적 제국주의이지 이중의 제국주의가 아니다. 이것이 가미야마 설의 오류이다. 단, 이중의 제국주의가 절대 존재할 수 없는 것은 아니며, 이것은 절대주의가 독점자본에 충분히 기생적 흡착을 할 수 없는 과도기에는 가능하다. 이상이 이시와타의 논지였다.

이것에 대해 고야마 히로타케는 주로 군사적·봉건적 제국주의의 경제적 기초의 실체를 해명하는 것을 통해 가미야마 이론에 결여된 두 가지 제국주의의 상호작용을 밝혀내려 했다.[1] 그는 이렇게 말한다. 구 러시아와 일본 같은 특정한 내외의 조건들이 결합된 국가에서는, 절대주의가 부르주아 정치세력에 의해 타도되지 않고 산업자본의 육성에서 확립까지 그리고 독점자본으로의 전환에서 발전까지 이것을 대위·보충하며, 자신을 자본주의적 사회구성에 예외적인 정치형태로 존속·적응시킨다. 이 경우, 당연히 모든 정치·경제 관계에서 자본주의는 이중성을 띠며, 내부적의 이중적 모순 가운데 추진되는 운명을 갖는다.

이러한 국가에서는 경제적 발전이 부단히 절대주의의 고유한 기초인 반봉건적 농업 생산관계를 파먹기 때문에, 절대주의 권력은 끊임없

---

1   「일본절대주의의 물질적 기초의 문제 日本絶対主義の物質的基礎の問題」, 『사회경제노동연구』, 1948년 6월, 제2집.

이 자신의 기초를 유지하고 확대하기 위해 대외적 군사 침략 충동에 휘둘린다. 그리고 침략이 성공한다면, 그것은 절대주의의 기초와 힘을 증대시킬 뿐 아니라 자본을 옆으로 발전할 수 있게 하고, 레닌이 말했던 '선진 공업과 반중세적 농업이 동시에 존재하는 모순'이 일시적으로 약화한다. 이러한 의미에서만 절대주의는 자본의 발전을 보충하고, 자본은 절대주의를 완전히 지지한다. 이를 통해 '부단히 식민지 영토와 외국 민족을 지배하고 수탈할 가능성에 국내의 경제가 정체된 채 유지되고, 특히 반봉건적 농업 해체와 그것의 자본주의화를 저지하며, 또한 거꾸로 낮은 국내 생산력과 정체된 경제 및 반중세적 농업이 유지되며 발생하는 근본적인 모순이 끊임없는 해외 침략, 영토 독점, 식민지지배 등을 촉진하고 전개하는, 상호규정적인 관계가 발생하는 것이다.'[1]

물론 경제구조에서 자본가적 관계와 반봉건적 제도의 대립은 본질적이기 때문에, 절대주의의 강대한 군사력과 대외전쟁을 통해 자본의 제국주의적 발전과 절대주의의 침략 욕구가 동시에 달성되며 부르주아지와 절대주의가 완전히 일치된 이해를 가진다 해도, 그것은 결국은 다시 절대주의의 경제적 사회적 기반의 위기가 되어 돌아오며, 절대주의는 점점 광폭한 군사적 모험과 식민지 수탈에 내몰린다. 이것이 두 가지 제국주의의 상호작용, 대립과 통일이고, 그 주도권을 갖는 군사적·봉건적 제국주의의 본질이다.

위와 같이 자본주의 형성과 독점자본으로의 전환을 부분적으로 대위·보충한다는 독자적인 역사적 역할과 그것을 가능하게 하는 특별히 유리한 대외환경이 결합한 것이 절대주의가 자본주의사회까지 적응할 수 있었던 근본적 조건이다. 그런데 이 경우, 절대주의가 산업자본과 금융자본의 발전에 대한 보충에 단 한 번이라도 실패한다면, 이것의 존립에 치명적 타격이 가해지고, 나아가 자본주의의 구조

---

1   『일본절대주의의 물질적 기초의 문제』, 136쪽.

와 방향 또한 바뀌어 버린다는 점은 분명하다. 러시아와 일본 두 국가의 군사적·봉건적 제국주의가 정면에서 격돌했던 러일전쟁을 분기점으로, 패배한 구 러시아와 승리한 일본의 자본주의가 다른 발전 방향을 취한 이유는 이것이다. 이상이 고야마의 논지였다.

그 후 이러한 '사회발전의 역사적 필연성과 강고한 천황제에 의한 국내시장발전의 정체라는 모순으로 격렬한 계급적 불안이 일어났기 때문에, 천황제는 권력을 유지하고 강제력을 갖기 위해 끊임없이 해외 약소국을 침략하는 것을 통해서만 모순을 봉합할 수 있었다. 천황제의 그러한 측면이 바로 군사적·봉건적 제국주의이다.'라는 구조적 관점에 따라, 일본경제기구연구소의 논자들은 일본제국주의 구조의 내용에 관한 다수의 논저를 저술한다.[1]

3. 국가논쟁의 일단 종결

우리는 위에서 시가·가미야마 논쟁을 중심으로 전개된 일본국가론·제국주의론에 관한 각종 논의가, 처음에는 레닌의 용어 해석을 둘러싼 논쟁에서, 보다 본질적인 일본 천황제 기초구조를 연구하는 방향으로 나아갔음을 보았다. 그 후, 1950년 이후 혁명운동의 전환에 따라 모든 논쟁이 획기적으로 전환하면서, 국가론 논쟁의 중심은 전후 국가의 성질 규정보다 중대한 방면으로 이동했다. 그러나 이러한 시기에도 이전 단계의 논쟁을 잇는 약간의 노작이 있었으므로, 여기서 간단히 소개해보겠다.

우선 「시가·가미야마 논쟁의 비판적 결어 志賀·神山論争の批判的結語」[2]

---

1 『일본국가독점자본주의의 구조 日本国家独占資本主義の構造』, 1948년 10월 간행, 『정치·경제대사전 政治経済大辞典』, 1949년 5월 간행, '천황제', '일본 제국주의' 장, 『일본 파시즘의 제문제 日本ファシズムの諸問題』, 1949년 11월 간행, 그 외.

2 『학생평론 学生評論』, 1950년 10월, 제7호.

라는 글에서, 모리 마사오森正夫는 다음의 지점들을 지적한다. 첫 번째로, 가미야마가 레닌의 논문 「대러시아인의 민족적 긍지에 관하여」를 인용한 것에 대한 시가의 비판은, 실은 오역에 기초한 근본적인 오류이다. 올바른 번역에 따르면 레닌은 시가가 생각한 것과 달리, 당시의 러시아 제국주의를 형성하는 차리즘과 근대적 제국주의가 서로 다른 역사적 세력임을 부정하는 말은 전혀 하지 않았다. 따라서 시가는 자신의 의도와 반대로, 이 인용을 통해 군사적·봉건적 제국주의와 근대적 제국주의가 별개의 세력이라는 점을 인정해야 한다. 그러나 동시에 가미야마 또한 그러한 경우의 자본주의가 무조건적으로 진보적인 것이라 여기며 자본주의를 미화하는 오류를 저지르고 있다.

두 번째로, 군사적·봉건적 제국주의란 레닌이 자본의 전능함과 침략성에 결합한 차리즘을 가리켜 규정한 용어이며, 이것은 레닌이 제국주의시대로 나아가는 과도기라 칭한 시기에 나타났다. 따라서 이것을 절대주의 시대 일반에 확장하는 가미야마 설은 지지할 수 없다. 그러나 동시에 제국주의 부르주아지가 러시아를 경제적으로 완전히 지배하고, 차리즘을 제국주의적이라 규정했음에도 불구하고, 차리즘 자체는 여전히 절대주의적인 본질을 잃지 않았고, 부르주아지가 권력을 분점하는 것을 허용하지 않았다. 일본의 경우 또한 천황제는 부르주아·지주독재의 중추였으나, 부르주아지는 직접적인 권력을 쥐지 않고, 역사적으로 낡은 권력을 이용하는 것에 머물렀다. 이러한 의미에서는 가미야마 설이 원칙적으로 올바르다.

세 번째로, 시가가 군사적·봉건적 제국주의를 논하면서 독일의 카이저 제도를 근거로 삼은 것과, 일본의 제국주의를 러시아와 독일의 중간에 있는 것으로 보는 것은 잘못된 것이다. 엥겔스와 레닌은 1870년 이후의 카이저 제도를 절대군주제도가 아닌 근대국가인 보나파티즘으로 규정했으므로, 당연히 이것과 다른 역사적 성질을 가지는 러시아와 일본의 권력 형태를 카이저 제도와 함께 논할 수는 없다. 시가의 이러한 오류는, 절대주의가 가지는 상대적 독자성을 국가 일반이 갖는 독자성과 동일선상에 놓음으로써, 절대주의 관료기구를 단순한 부르주아 공화국의 관료와 집행기관과 동일선상에 놓고 그 독자성을 찾아낸다는, 이러한 원칙적 오류에서 비롯되었다. 그러나 동시에 가미야마 또한 고전적 절대주의와 차리즘·천황제의 차이들을 무시하고 동일시하여 다루는 오류를 저지르고 있으며, 그렇기에 차리즘·천황제의 지배체제 내부의 대립을 본질적 대립으로 과대평가하는 오류를 저지르고 있다.

이후 위의 세 번째 논점은 요시무라 츠토무吉村励가 반박했는데, 그는 독일의 카이저 제도는 '구 절대왕정 제도의 기구와 계급적 기초 및 계급적 성격을 유지한 채 보나파티즘처럼 기능했던 가짜 보나파티즘(절대왕정의 보나파티즘적 변종)이었을 뿐이다.'라고 규정했다. 그는 이것을 엥겔스의 저작 및 기타 문헌을 통해 뒷받침하며, 이를 통해 군사적·봉건적 제국주의 또한 '엄연히 제국주의·독점자본주의의 정치적 기능을 수행한 절대주의'라 보았다.[1]

마지막으로, 지금까지의 일본 국가론 제기가 가지는 의의, 이 논쟁의 기본점, 그것이 발전해야 할 방향 등을 명확하게 한, 구라타 사토루倉田さとる의 소논문 「국가론의 성립과정」[2]을 소개한다. 그는 여기에서 일본 국가의 특질이 그 물질적 기초와 사회계급적 기초의 실체를 매개로 해야 전면적으로 해명된다고 강조했다. 그리고 이러한 국가론이 성립되기 위한 필수적인 의의를 무시하고 단순히 국가론 자체로 절대주의와 군사적·봉건적 제국주의 및 이중의 제국주의 등을 논의했기에, 논쟁은 서로에게 실익이 없을 수밖에 없었다며 종합적으로 비판한다.

---

1   「독일·보나파티즘에 대하여 ドイツ·ボナパルティズムについて 」, 『경제학잡지』, 1951년 11월.

2   『우리 세대를 위하여 我等が世代のために 』, 1950년 10월, 제2호.

일본파시즘을 둘러싼 시가·가미야마 논쟁

1. 문제의 소재

'군사적·봉건적 제국주의'에 관한 논쟁과 뗄 수 없는 또 하나의 국가론 논쟁의 중심과제는 바로 '천황제 파시즘'에 관한 논쟁이었다. 전자가 주로 독일의 카이저 제도와 구 러시아의 차리즘을 통해 메이지 20~40년대 일본 국가의 성질과 천황제의 특질을 어떻게 규정할지를 둘러싼 논쟁이었다면, 후자는 주로 이탈리아와 독일의 파시즘을 통해 쇼와 경제공황부터 패전에 이르기까지의 일본 국가의 성질과 천황제의 특질을 어떻게 규정할지를 둘러싼 논쟁이었다. 이 1931~1945년 사이의 '어두운 골짜기 くらい谷間'의 시기의 국가형태의 본질에 관한 논쟁은, 그 결과가 전후 일본 국가 성격 규정으로 직접 이어진다는 점에서 중대한 의미를 가졌다.

이 문제는 이미 32년 테제에서 1931년 만주 침략 직후의 사태를 근거로 다음과 같이 다룬 바 있다. '전쟁은 (천황제) 관료의 역할을 한층 강화하고, 특히 관료 가운데 가장 침략적이고 반동적인 군부의 역할을 강화하고 있다. … 군부를 부르주아·지주적 천황제에 대치되는 것으로 보는 것은 오류이며, 천황제에 반대하는 대중의 투쟁을 소위 임박한 파시스트 쿠데타의 위험에 대한 투쟁의 궤도로 옮겨놓는 것은 특히 위험하다. 일본에 현존하는 절대주의적 지배는 억압적이라는 점에서 다른 자본주의 국가의 파시즘에 결코 뒤처지지 않는, 부르주아지 및 지주의 근로자에 대한 독재의 형태라는 근본적인 사실이, 약간의 역사적 특수성으로 인해 말살되어서는 안 된다. 당은 임박한 파시즘이라는 허깨비를 내세워 현재 천황제를 미화하고, 반동의 중압이 증대하고 있는 사실을 얼버무리며, … 대중을 현재 조건에서의 주요한 적—부르주아·지주적 천황제—에 대한 투쟁에서 이탈시키려는 지배계급과 사회민주주의자의 흥정을 폭로해야 한다.'

그 후 1936년 노사카 산조·야마모토 켄조山本懸蔵 두 명의 명의로 발표된 「일본의 공산주의자들에게 보내는 편지」는, 군사 경찰적인 천황제 타도라는 전략방침이 올바르다는 것을 확인하는 한편, 인민전선 전술을 위해 지금까지의 전술 방침을 시정해야 한다는 문제를 제기하며 다음과 같이 말한다. '일본의 파시즘은 자신의 대중정당을 가지지 못했지만, 파시스트가 갖는 위험성은 조금도 사라지지 않는다. 천황제, 그리고 특히 군부가 국정에 대한 특권을 갖고 있기 때문에, 일본의 파시즘은 군부 파시스트 독재를 통해 승리할 수 있다. … 따라서 군부 파시스트 독재의 위험을 과소평가하는 것은 큰 오류이다. 근로대중의 투쟁은 이러한 위협과 군부의 내외정책에 집중되어야 한다. 이 임무는 금융자본 및 지주에 대한 투쟁과 가장 연결되어 있다. 파시스트 군부가 대자본가의 가장 반동적인 분자 및 기생지주 등의 이익을 대표하고 있기 때문이다.', '여기서 문제는 다음과 같다. 민주주의 일본이냐, 군부 파시스트 독재냐. 군부 파시스트 독재는 우리 일본을 도쿠가와 막부 때의 암담한 군사독재 상태로 되돌려놓을 것이며, 군사적 경제적 파멸로 이끌 것이다.'

이 천황제 파시즘의 문제를 일본 국가론의 일환으로 다룬 것은, 앞

에서 다뤘던 가미야마 시게오가 전시에 저술한 「천황제에 관한 이론적 제문제 天皇制に関する理論的諸問題」였다. 여기서 그는 이렇게 말한다. 만주 침략 전후 군부가 한 행동의 본질은 근대적 파시즘이 아니라, 역사적으로 뒤처진 군사적·봉건적 제국주의, 특히 군부의 반동 지배의 강화이다. 이것을 가리켜 '국가기구의 파시즘화'라 주장한 일련의 견해(31년 정치 테제 초안 등)는, 절대주의적 관료기구의 본질, 특히 일본군부의 특질을 이해하지 못했기 때문에 발생한 중대한 오류이다.

왜냐하면 절대군주제와 파시즘은 역사적·객관적 의의 및 역할이 서로 다르고, 혁명의 전략적 단계도 다르기 때문이다. 전쟁으로 인해 일본의 제국주의자가 불가피하게 각종 전체주의적·파시스트적 수단과 방책을 취하고 있음에도, 나아가 일본·독일·이탈리아 3국이 국제적으로 파시스트적 결합을 맺고 있음에도, 이러한 근본적 차이를 망각해선 안 되기 때문이다. 그러므로 이를 굳이 파시즘이라는 용어로 표현하고 싶다면, '천황주의적·군사적·가짜 파시즘'이라 불러야 할 것이다.[1]

그러나 이는 가미야마가 일본에 파시즘이 존재한다는 것을 전면적으로 부정한다는 뜻은 아니다. 그는 전후 작성한 논문에서 이 점을 보충하며 이렇게 말했다. 일본에서 부르주아지가 지배체제의 한 요소를 이루고 있던 한, 절대주의 천황제가 일부라 해도—물론 극히 일부에 불과하지만, 파시스트적인 제도와 요소를 받아들였던 것, 파시즘적 소질과 세력을 포함하고 있던 것은 인정하여야 한다.[2]

---

1   『천황제에 관한 이론적 제문제』, 132~133쪽.

2   「민주정권하의 정치·경제 民主政権下の政治·経済」, 『평론』, 1947년 4월.

2. 비판과 반박

시가는 앞선 첫 비판문에서 이것에 대해 군사적·봉건적 제국주의 문제와 연관지어 다음과 같이 비판했다. '일본의 금융자본이 발달하고 세계 경제공황에 의해 모순이 첨예해졌던 것이 1931~1945년 사이 급속하게 파시즘을 성장시켰다는 것을 놓쳐서는 안 된다. 가미야마 동지는 군사적·봉건적 제국주의와 파시즘의 본질적 차이를 관념적으로 공식을 통해 설명하는 견해로 경도되어가고 있으므로, 천황제와 파시즘의 사이의 명확한 관계를 설명할 수 없다. 1931년 만주침략은 1918~1919년경부터 1930년에 걸친 퇴각을 회복하기 위해 천황제가 반격에 나선 것을 의미하지 않는다. 이는 급격히 발전한 일본 자본주의가 식민지 재분할을 위해 일으킨 제국주의 전쟁이었다. … 따라서, 메이지 이래 천황제는 강한 독립성을 가진 국가권력으로 이어져 왔고, 1931~1945년 절대주의적인 천황제는 제국주의 권력으로써 그대로 파시스트적인 역할을 하게 된 것이다.'[1]

그러한 시가의 비판에 대하여 가미야마는 다음과 같이 반박한다. 천황제 규정을 계급관계 변화를 통해 발전시켜야 한다는 시가의 발언은 분명히 진리이다. 그러나 고작 절반의 진리에 지나지 않는다. 문제는 계급관계의 변화뿐 아니라, 그것에 대응한 국가권력의 변화가 있었는지 여부이다. 후자가 구체적으로 입증되어야만 그것은 온전한 진리가 된다.

'권력에 관한, 만주사변부터 종전까지를 관통하는 기본적 특징은 무엇인가. 그것이 천황제 반동 지배의 강화, 특히 군벌과 관료지배의 강화임을 의심하는 사람은 없을 것이다. 이 사이에 부르주아지의 지위와 역할이 경제적·계급적 관계에서 향상되고 강화되었음에

---

1   「군사적·봉건적' 제국주의에 관하여」

도 그러한 일이 발생했다. 이 권력 일부에 파시스트적인 요소와 경향이 있었던 점, 혹은 이들이 세계사적으로·상대적으로 파시스트인 두 국가와 동맹하고, 전 세계의 민주주의 전선에 대립한 점에서 세계 파시즘에 포함된 것이라 인정할 수 있을 순 있어도, 그렇다고 해서 절대주의적 천황제가 그대로 파시스트적인 역할을 한 것은 아니다. 파시즘과 군사적·봉건적 제국주의의 사이에는 엄연히 국가의 본질·형태의 차이가 존재한다.'[1]

위의 주장에 대하여 시가는, 가미야마 설은 형식논리로 문제를 나누고, 천황제가 그대로 파시스트적인 역할을 한다는 것이 무슨 소리인지 알 수 없다며 '그대로 そのまま라는 말은, 천황제가 자신의 천황제로서의 존재를 포기하지 않은 채 파시즘적 역할을 받아들였다는 소리이다. … 그것을 가미야마군은, 천황제를 파시즘이라는 의미로 해석하고 있다.'라고 재반박했다.[2]

3. 대립적 견해의 발전

이렇게 천황제 파시즘의 의의를 둘러싼 서로 대립하는 이해는 그 후 양자의 저서와 논문에서 보다 구체적으로 전개된다. 대표적으로 여기서 다룰 시가의 『국가론 國家論』[3]과 가미야마의 『국가이론 國家理論』[4] 등 두 저작을 들 수 있다.

『국가론』의 제2장 '일본국가론'에서, 시가는 자신의 견해를 다

---

1   「재론 군사적·봉건적 제국주의에 관하여」

2   「세계사의 한 고찰」

3   『국가론 國家論』, 1949년 6월 간행.

4   『국가이론 國家理論』, 1950년 간행.

음과 같이 상술한다. 러일전쟁 후 독점자본체의 우월성이 지대하게 공고해지면서 천황제 국가는 절대주의적인 기원과 기구를 가지면서도 독점자본의 제국주의 국가로 전화해갔다. 그리고 제1차대전 후 10년간, 독점자본이 나라의 경제를 결정적으로 지배하게 되자, 천황제 국가는 그것의 권력 기구로서 기능하게 되었다. 그리고 1931년 9월 만주 침략을 계기로 군국주의자를 선두에 세운 천황제 파시스트가 실권을 쥐게 되었다. 이 경우, 군부는 물론이고 천황제 관료기구도 전체적으로 파쇼화 했다. 경찰과 사법부, 정보국 등 모든 관료가 파쇼화한 가운데, 군부가 그 선두에 서 있었다는 특징을 따서 이를 군사 파시즘이라 부른 것이다.

위에서 시가가 가미야마처럼 군사적 천황제와 군사파시즘의 상이함, 천황제와 파시즘의 상이함 등을 주장하며 끊임없이 양자의 구별을 강조하는 것은, 천황제는 절대주의이고 파시즘은 부르주아 독재의 공공연하고 노골적인 형태라는 형식논리로부터 비롯된 오류이다. 이 오류는 무엇에서 기인하는가. 그것은 바로 그가 당시의 일본경제를 국가자본주의·비독점 자본주의·소상품생산 등의 우클라드의 집합이라고 착각하기 때문이다. 그러나 천황제가 기생적 토지소유를 토대로 성립하였다 할지라도, 독점자본이 지배적으로 된다면 천황제 국가를 규정하는 결정적인 요인은 이 독점자본이며, 나아가 독점자본이 국가독점자본이 된다면 이것은 천황제를 금융 과두지배의 기구로써 기능하게 만든다. 자본주의 체제가 뿌리부터 흔들리고 기존의 군국주의적 방식으로 계급투쟁을 처리할 수 없게 된다면, 천황제는 파쇼적인 탄압 방식을 선택한다. 이것이 군사 파시즘이다. 즉 이것은 천황제가 금융 과두지배의 국가권력으로써, 그대로 파쇼화했다는 것을 의미한다.

그러나 이것에 대해, 32년 테제는 군부의 쿠데타를 파시즘이라 하는 것은 천황제에 대한 투쟁에서 이탈하는 것이라며 주의하지 않냐고 반문할 수 있을 것이다. 그러나 32년 테제의 의도는, 천황제 타도를 강조하는 입장에서, 반동의 주요한 근원은 천황제가 아니라 파시즘이라고 하던 당시의 사회민주주의자와 부르주아 자유주의자를 비판한 것일 뿐이다. 비슷한 시기 유럽에서도 독일과 이탈리아뿐 아니라, 동유럽 및 유럽 동남부, 그리고 스페인과 같은 뒤처진 자본주의 국가, 즉 다분히 봉건적 농촌이 잔존하거나 혹은 절대군주제가 존재하는 국가들에서도 다양한 파시즘이 지배하고 있었다. 이들이 일본보다 뒤처져 있으며 독점자본의 힘이 약하기 때문에 이 것을 파시즘이라 부를 수 없다고 할 것인가. 일본에서는 군국주의를 기둥으로 삼던 천황제가, 절대주의적 특징들을 유지한 채 파쇼화했다고 말할 수 있다. 이 파쇼화된 천황제가 당시 일본혁명의 전략적 목표였던 것이다. 이상이 그의 논지이다.

이렇게 천황제 파시즘론이 전면적으로 전개되자, 가미야마는 완전히 대립하는 관점으로 자신의 견해를 풀어낸다. 1931년 이후 절대주의 천황제 일부가 파시스트적 정책을 취하고, 파시스트적 기능도 수행하였다는 것은 분명한 사실이다. 그러나 시가와 같이 이 사실을 일면적으로 본 나머지, 그 본질인 천황제의 군사·관료기구와 그것의 봉건적·반동적 지배가 강화했다는 점을 놓쳐버린 것은 잘못된 것이다.

이 잘못된 견해가 나타난 원인은, 첫째로 레닌이 '경제에 정치적 상부구조가 적응하는 과정이 복잡성과 비약성을 갖는다.'라 말한 것을 망각한 채, 정치권력이 경제구조의 변화에 그대로 대응하여 어떻게든 변화한다고 보기 때문이다. 둘째로, 국가 일반이 가지는 독립성만을 인정한 나머지 절대주의 권력의 상대적으로 큰 독자성을 인정할 수 없게 되고, 결국 천황제를 '직접적으로 상층계급의 순수한 지배로 복구시켜' 버리기 때문이다. 이들이 정확히 파악했다면 경제구조가 바뀌고 상층계급의 구성이 변화했다는 이유로 절대주의 천황제가 제국주의 권력, 파시즘이 되었다는 식으로 단순하게 정리할 수 없었을 것이다. 이러한 견해와 방법은 바로 과거 31년 정치 테제 초안의 기초자들이 범했던 오류이며, 오늘날 구 강좌파 인사들이 계속해서 저지르는 오류이기도 하다.

천황제 파시즘론을 통해 이론적인 문제뿐 아니라 정치적인 문제도 제기된다. 만약 1931년 이후 정권의 본질이 금융자본 독재의 한 형태인 파시즘이었다면, 당시 투쟁이 '천황제 타도', '토지혁명', '인민의 생활개선' 등을 슬로건으로 내세운 것이 오류냐는 문제다. 전전의 전략 문제에 대해 구 노농파는 일본의 권력이 종국적으로는 제국주의 부르주아지의 수중에 있기에 이것에 대한 혁명은 사회주의 혁명이라고 말했다. 반면 우리(강좌파 및 공산당_옮긴이)는 권력이 독자성과 독립성을 가진 군사적·봉건적 제국주의(즉 절대적 천황제)에 있으므로 당면한 혁명은 부르주아 민주주의 혁명이며, 이것이 급속히 사회주의 혁명으로 전화한다고 보았다. 전전 32년 테제가 파시즘론을 비판한 것은 이러한 전략을 둘러싼 대립의 산물이다. 천황제는 절대주의적이며 부르주아적으로 변하고, 나아가 파시즘의 역할 또한 수행했다는 시가의 이론은 서로 대립하는 두 전략의 한가운데를 가로지른다.

천황제 파시즘 문제는 전후의 권력을 규정하는 문제에도 필연적으로 연결된다. 천황제의 본질을 제국주의 권력과 파시즘으로 규정하는 이상 전후 그것이 입헌군주제로서 성립될 여지는 사라지고, 대신 '미국 민주주의와 본질적으로 유사한 형태의(시가)' 천황 없는 인민 공화정부만이 가능해진다. 반면 전전의 권력을 절대주의 천황제로 규정한다면, 전후 그것에 대한 혁명(인민 공화제)이냐 개량(입헌군주제)이냐의 두 가지 길이 가능해지고, 후자가 종속적 파시즘으로 성장할 위험성과 가능성도 발견할 수 있게 된다. 이상이 가미야마의 결론이다.

이상의 내용을 통해, 군사적·봉건적 제국주의를 둘러싼 논쟁에서 나타난 견해의 차이, 대립하는 방법, 서로 다른 파악 등이 그대로 같은 형태로 천황제 파시즘을 둘러싼 논쟁에 나타나고 있다는 점을 알 수 있다.

전시·전후의 천황제를 둘러싼 논쟁

1. 천황제 파시즘론의 전개

천황제 파시즘에 관한 시가·가미야마 논쟁으로, 앞선 군사적·봉건적 제국주의 논쟁 때보다 더욱 활발한 논의가 이론 전선에서 벌어졌다. 전전과 전후 일본의 정치·경제 문제들을 다루는 경우, 이 천황제 성질의 변화 문제는 어떤 식으로든 기본적으로 관계될 수밖에 없다. 이 때문에 많은 이론가와 학자들이 다양한 각도에서 방법론적이고 구체적으로 이 문제와 씨름했다. 여기서는 이러한 수많은 논의들을 기본적인 논점을 중심으로 요약하여 보겠다.

우선 논쟁의 초기, 고야마 히로타케·와타나베 도오루 등은 이렇게 말했다. "(천황제 파시즘을 다룰 때) 그것이 단순히 군사적·봉건적 제국주의의 일의적인 강화냐, 혹은 파시즘의 전면적 지배냐 라는 식으로 기계적으로 제기되어서는 안 된다는 점은 자명하다. 특히 주의해야 할 점은, 지배체제 내에서의 절대주의 천황제와 금융 독점 부르주아지의 관계를 규정할 때, 우선 정권의 기구란 측면에서는, 전자가 헤게모니를 가진다고 역설되어야 하는 반면, 정치·경제를 관통하는 전체 지배체제의 기능이라는 측면에서는, 전자는 후자의 그것을 '부분적으로 보충하고 대위'하는 것이라 보아야 한다는 점이다. … 시가 씨와 가미야마 씨의 논점이 어긋나는 이유도, 주로 이러한 기구적인 면과 기능적인 면이라는 서로 별개의 면에 각각 중점을 두었던 점에서 비롯된 것으로 보인다. 일본제국주의가 가지는 이중성은, 두 개의 제국주의 개념이 개념적으로 대립하기 때문에 나타나는 것이 아니라, 현실에서는 어디까지나 대립물의 통일로써, 살아있는 구체적 통일체로써 존재하기 때문에, 파시즘 문제도 앞으로 이러한 관점을 통해 구체적이고 실증적으로, 일본의 정치·경제사의 사실에 비추어 해결하려 시도해야 한다."[1]

그러나 그 후 논쟁은 논쟁이 가진 불가피한 성질 때문에, 오히려 파시즘이냐 군사적·봉건적 제국주의냐는 문제를 일의적 一義的으로 제기하는 방향으로 나갔다.

처음으로 등장한 것은 파시즘 부정론이다. 이미 시가·가미야마 논쟁 이전에도 도다 신타로는 그의 독특한 역작 「천황제의 경제적 기초분석 天皇制の経済的基礎分析」[2]에서 "천황제 자체의 본질은 가장 야만적인 봉건적 절대주의 그 자체이면서, … 동시에 보나파르트적 근대적 군주제 및 파시즘(금융자본의 독재)을 위한 조건을 '대위'했다는 점이다. 게다가 그것은 어디까지나 '대위'이며, 그것은 단순한 나폴레옹적 군주제로 변화하지 않았고, 또한 '순수하게' 파시즘화하지도 않았다."라는 것을 강조했다.

이러한 파시즘 부정론을 한층 강화하고 일본 파시즘의 존재를 전면적으로 부정하며, 봉건적 반동의 강화를 일의적으로 주장한 것이 「일본 파시즘과 그 저항선 日本ファッシズムとその抵抗線」(공동연구)이라는 훌륭한 기획을 추진했던 잡지 『조류 潮流』 편집부의 견해였다. 이들

---

1   「최근 국가론논쟁의 과제」

2   1947년 4월 간행.

에 따르면, 만주사변에서 태평양전쟁이 끝나기까지의 암흑의 시대에 '이른바 파시즘은 존재하지 않았고, 극히 상식적으로 일본 파시즘을 다룬다면, 이는 천황제 절대주의로 파악되어야 한다.'

그리고 이러한 기본적인 관점으로 공동연구 제1회 발표자 중 하나인 나카무라 테츠는 만주사변을 전후한 정국을 분석하면서, 일본에서는 '지금까지 금융자본이 완전히 발전할 수 없었으니, 그 독재의 형식인 완전한 의미의 파시즘도 나타나지 않았다. 군부의 이데올로기 가운데 나치와 유사한 관념이 나타난 적은 있으나, 그것은 메이지 이후 절대주의의 실체인 국가자본을 강화하는 맥락에서 진행된 것으로, 파시즘적 요소는 오히려 관념상의 겉치레에 지나지 않았다.', '파시즘은 결코 지배적일 수 없고, 파시즘처럼 보이는 것들은 본질적으론 봉건적인 일본주의의 반동'이었다고 역설한다. 이렇게 파시즘을 봉건적 반동이라는 식으로 획일적으로 파악하는 한, 당시의 부르주아 세력이 어떠한 진보적 세력이었던 것처럼 평가되고, '쇼와 연구회'[1]와 '생산력 이론'이 천황제 독재에 대한 '저항선'이었다 보는 것은 당연했다.[2]

이러한 견해에 즉시 격렬한 비판과 논란이 일어났다. 처음으로 『조류』지의 견해에 대해 논한 미야타케 킨이치宮武謹一는 다음과 같이 비판한다.[3] 우리는 이러한 결론에 동의하지 않는다. 그것은 일본의 정치·경제의 현실에 합치되지 않을 뿐 아니라, 전쟁을 전개한 추진력을 올바르게 인식하는 것을 방해하고, 나아가 전후 일본에서

---

1   34·38·39대 내각총리대신 사이토 마코토가 설립한 정책연구단체. 헌법 안의 개혁, 기성정당 반대 등을 주장하기도 했다. 이후 사이토 마코토가 총리에 취임한 이후 사이토 내각의 정책을 담당했고, 대동아 공영권 등의 정책과 이론을 개발했다.

2   편집부 「왜 암흑시대의 분석으로 돌아가는가 なぜ暗黒時代の分析に還るか」, 나카무라 「통사와 정치의 항쟁 統師と政治との抗争」, 『조류』, 1948년 1월.

3   「금융자본과 파시즘 金融資本とファシズム」, 『개조』, 1948년 5월.

민주주의가 나아가기 위한 조건들을 파악하는 것 또한 방해한다.

만주사변이 절대주의 천황제 하에서 특히 봉건파의 이니셔티브에 의해 이뤄졌다는 점은 사실이다. 그러나 5.15사건 이후 사이토 내각[1]에서 코노에 내각[2]에 걸쳐 독점금융자본은 당시 유럽에서 나치가 대두한 것에 발맞춰 점차 파시즘 지배 형태로 이행했고, 이윽고 중일전쟁이 발발해 중국 전체로 전쟁이 확대되었을 즈음엔, 명백히 독점금융자본의 파시즘적 지배가 벌어지고 있었다. 육군의 통제파[3]와 혁신관료[4]는 그 집행부의 제일선第一線 근무원일 뿐이었다. 다만 이 파시즘 폭력지배는 절대주의를 완전히 배제하는 것까지는 이르지 않았기 때문에, 전쟁의 패색이 짙어지자 독점금융자본은 파시즘의 전쟁 정책과 결별하고, 다시 한 번 절대주의 천황제를 이용하여 패전 후에도 살아남고자 시도할 수 있었다.

위에 이어서 천황제 파시즘론은, 당시 시가·가미야마 논쟁이 중단되어 있었던 영향으로 주로 시가의 설을 지지하는 입장에서 전개되었다. 우선 핫토리 시소는,『조류』특집호가 보인 견해의 근원이 가미야마 이론에 있다고 보고 양자를 병렬하며 다음과 같이 자신의 파시즘론을 전개한다.[5] 만주 공략이 절대주의적 행동이라는 점은 가미야마가 설파한 바와 동일하다. 그러나 이 점으로 이것이 제국주의적 재분할 전쟁이었던 사실을 부정할 수는 없다. 일본의 금

---

1   1932~1934년의 사이토 마코토를 총리로 하는 내각. 군부를 견제하는 등 온건한 정치 성향을 가졌으나, 만주국을 공식 승인함으로써 일본이 국제적 고립에 내몰리는 원인을 제공했다.

2   1937년~1939년, 1940년~1941년에 걸친 고노에 후미마로를 총리로 하는 내각. 군부와 결탁하여 의회를 해산하고, 대동아 공영권을 내세우는 등 군국주의적 행보를 보였다.

3   육군대신(장관)을 통해 정치에 개입하며 열강에 대항할 '고도 국방국가'를 건설하려 했던 일본 육군 내 파벌.

4   만주사변 이후 등장하여 주류가 된 민족주의적, 국가주의적 사상을 통해 일본을 개조하려 한 관료 파벌.

5   「도조 정권의 역사적 배경 東条政権の歴史的後景」,『개조』, 1948년 6월.

융자본은 영국과 프랑스에 비해 불완전했지만, 중국 재분할에 재차 삼차 진출하기에는 충분했다. 따라서 제국주의가 위기에 놓였을 때 일본의 금융자본은 파시즘독재에 나설 수밖에 없다.

일본의 파시즘독재는 소부르주아 대중정당을 거느리며 정권에 접근하고, 한차례 정권을 잡자마자 부르주아지를 대신해 제국주의적 모험을 단행하는 파시스트의 정도定道를 걷지 않았다. 그것은 그들 파시스트가 "그 어느 곳에서도 찾아볼 수 없는 강력한 절대주의적 군 대권을 매번 이용함으로써, 일련의 가짜 국가사회주의적 테러리즘과 이들에 대한 소시민적인 지지 분위기를 정당으로 조직할 틈도 없이, 모든 군 기구를 장악하고 '통제'하는 것을 통해 용이하게 정권에 접근할 수 있었기" 때문이다.[1] 그리하여 중일전쟁 이후 1938년 5월 제1차 고노에 내각 개조를 통해 군 파시스트 정권이 확립되기에 이른다.

이어서 핫토리는, 단순히 일본 파시즘의 일반성격을 논증하는 것뿐 아니라 그 일본적 특성의 본질을 알아내는 것이 중요하다며 문제를 제기한다.[2] 그에 따르면 파시즘의 본질은 제국주의의 위기에 즈음하여, 금융자본의 유화주의적 승인을 거쳐, 그 독재 권력이 된다는 점이다. 이 경우, 파시스트 정권은 자본의 직접적인 지배가 아니라 보나파티즘과 같이 위기에 있어서 '자본의 대리인'의 지배이다.

그렇다면 일본에서는 위의 일반성격 이외에 어떠한 특질이 있었을까. 일본은 다이쇼·쇼와 시기의 '헌정' 국가 시대에 절대주의의 본질에서 일단은 벗어나 있었다. 그 후 3월·10월 사건(1931년)[3]부터 만주사변, 2.26사건(1936년)에 이르기까지 일련의 사건은, 일본 파시

---

1   『도조 정권의 역사적 배경』, 22쪽.

2   「일본형 파시즘의 특질의 문제 日本型ファシズムの特質の問題」, 『세계문화 世界文化』, 1948년 10월.

3   1931년 3월과 10월 일본 육군 간부들에 의한 쿠데타 계획이 발각된 사건.

스트의 쿠데타가 한 발짝씩 준비되고 마침내 성공에 이르는 과정으로 파악되어야 한다. 또한 1938년 제1차 고노에 내각의 개조는 금융자본과 군 파시스트의 정치적 거래를 의미하며, 1941년 도조 히데키 내각의 출현은 파시즘과 금융자본의 야합이 완성되었음을 의미한다.

이 경우 일본 파시즘의 특징은, 첫째로 테러리스트와 봉기참가자가 일본 자본주의의 구조적 위기의 첨단을 이루는 농업부문 및 그것에 직결된 소부르주아 층에서 나왔다는 점이고, 둘째로 국가기구인 군대와 관료 하부조직이 특히 동원되었다는 사실이다. 이러한 특징은 일본농업의 특질과 파시즘 운동의 사회적 기초의 특질에서 비롯되었다. 셋째로, 대중조직을 가진 파시즘 운동이 바깥으로부터 국가기구를 점거하는 형태의 '파시즘 혁명'이 필요하지 않았다는 점으로, 이 특질은 절대주의적인 메이지 헌법과 기관들이 약간의 관습적 수정만이 가해진 채 형태가 남아있었던 것에 기초한다. 이상이 핫토리의 논지이다.

핫토리의 논고를 전후해 발표된 모리야 후미오守屋典郎의 일련의 논고는, 만주사변 이후의 자본주의적 발전을 주로 분석하며 천황제 파시즘의 형성과 발전을 전면적으로 기술했다.[1] 그는 이렇게 말한다. 만주 침략 이후 체제적 위기가 심화하자, 금융자본을 선두로 하는 지배계급 블록은 체제를 구제하기 위해 계급투쟁을 탄압하고 국가독점자본주의 경향을 강화했다. 이렇게 국가와 사적독점의 유착이 급속히 진행되며 유착의 집중점에 있던 군부의 역할이 증대하였고, 천황제는 독점자본주의의 폭력적 독재 형태로 변모하기 시작했

---

1   「일본제국주의의 사적분석 日本帝国主義の史的分析 」, 『조류』, 1948년 8월,
    『만주사변 이후의 경제구조 満州事変以後の経済構造 』, 1948년 10월,
    「파시즘의 사회적 기반 ファシズムの社会的基盤 」, 『사회』, 1948년 10월,
    「천황제의 의의와 그 기반 天皇制の意義とその基盤 」, 1949년 8월 간행.

고, 부르주아지와 지주의 독재는 군부 파시스트의 독재 형태를 지대하게 성숙시켰다. 여기서, 천황제의 전 조직을 파시즘 기구로 변형해가던 군부 수뇌부 역할의 강대화가 바로 일본 파시즘의 주류였다.

2.26사건으로 군부 파시스트 독재로 나아가는 결정적인 한 걸음이 내딛어졌고, 중일전쟁으로 군부와 독점자본의 결합이 한층 강화하였으며, 1940년 7월 제2차 고노에 내각이 성립되며 천황제 파시즘이 완성되었다. 그 후 나치스적인 파시즘 체제가 천황제의 기구에 제도화되어 나갔고, 1941년에는 강력한 군부 파시즘 내각인 도조 내각이 탄생했다. 그들 군부 파시스트는 패전 이전까지 권력을 쥐고 있었고, 패전으로 군부 파시즘이 무너지자 전후의 새로운 천황제가 지배계급에 의해 쌓아 올려지게 되었다.

이상의 견지를 통해 만주사변부터 태평양전쟁에 이르는 침략전쟁은, 무엇보다도 독점자본주의의 위기를 타국에 대한 침략을 통해 막아내려는 일의적인 제국주의 전쟁으로 규정되어야 한다. 일본에서는 독점자본주의의 위기가 그 권력 형태인 천황제의 위기를 의미하고, 그 붕괴를 폭력적으로 막아내는 것이 지배계급의 일치된 정책으로 되어 있었기 때문에, 여기서 파시즘이 요청되었다. 이것을 본인은 천황제 파시즘이라 규정하고, 노사카의 '편지'도 이것을 군부 파시스트 독재의 승리라 말한 것일 것이다. 이 경우 가미야마가 말하는 것과 같은 32년 테제에서의 전략론의 대립은 존재하지 않는다. 가미야마와 본인의 차이는 가미야마가 전쟁의 본질로 '상인적·자본적 정책', 그리고 제국주의 부르주아적 정책·기능의 대행이라는 이중의 과정을 강조하는 반면, 본인은 전쟁의 본질은 일반적 위기 하에 있는 독점자본주의의 정책, 그리고 이것이 천황제의 기구를 관통하고 있기 때문에 절대주의적인 성격이 더해지는 점에 있다.

또한, 앞선 핫토리와 미야타케의 일본 파시즘론과 본인의 천황제 파시즘론은 서로 다르다. 핫토리 등은 천황제란 별도의 금융자본 세력이 군부 파시스트를 이용해 국가를 외부로부터 탈취한 것이라고 보는데, 본인은 원래 부르주아 지주의 독재인 천황제가 군부 파시스트를 주류로 하여 위로부터 파시즘 기구로 변형했다고 본다. 또한 핫토리는 일본 파시즘의 발전을 절대주의로부터 이미 전환한 근대국가를 전제로 생각하고 있고, 그러므로 파시즘이 소부르주아 층을 사회적 기초로 한다는 일반성격을 기준으로 삼아 즉시 일본 파시즘을 유추하거나 그 특질을 이끌어내려 하고 있다. 그러나 일본의 경우 나치즘과 달리 민주주의 혁명을 경험하지 않았고, 국가권력이 절대주의 천황제 수중에 있었기 때문에, 파시즘의 형태와 성립 과정도 전혀 다르게 나타난다. 이상이 모리야의 논문들에서 보이는 견해이다.

위에서 이야기한, 시가 설과 기본적으로 일치하거나 가까운 견해를 보인 것으로는, 이외에도 '시가의 견해는 완전히 타당하다.', '시가 설에 본질적으로 대체로 찬성한다.'라며 전전의 자본주의 논쟁에서 강좌파 이론이 패배했다는 결론을 내리는 구 노농파 논객들의 논고들[1]을 제외하면, 아네하 사부로姉歯三郎[2], 오카다 사이후岡田才夫[3], 시오다 쇼베塩田庄兵衛[4] 등의 논문들이 있었다.

1   쓰시마 타다유키 対馬忠行「카이야마주의 비판 神山イズム批判」,『전진』, 1947년 8월,
「근대일본의 국가형태와 통치형태 近代日本の国家形態と統治形態」,『개조』, 1948년 2월,
「일본공산당과 국가론 논쟁 日本共産党と国家論論争」,『노동문화 労働文化』, 1948년 3월,
츠치야 다카오「파시즘이냐 절대주의적 반동이냐 ファシズムか絶対主義的反動か」,『전진』,
1949년 11월.
「자본주의 논쟁의 종지부 資本主義論争の終止符」,『세계문화』, 1950년 1월.

2   「천황제 파쇼화의 기초 天皇制ファッショ化の基礎」,『인민평론』, 1948년 10월.

3   「파시즘을 어떻게 규정할 것인가 ファシズムをいかに規定すべからざるか」,『인민평론』,
1948년 11월.

4   「자본주의 사회의 일반적 위기에 대하여 資本主義社会の一般的危機について」,『세계사의
기본법칙 世界史の基本法則』, 1949년 12월 간행.

2. 천황제 파시즘론에 대한 비판

이상과 같이 크든 작든 천황제 파시즘을 인정하는 견해들에 대해 분명히 대립하는 견해를 보인 것으로, 당시의 가미야마가 작성한 비판논문과 아사다 미츠테루淺田光輝, 나카무라 히데이치로中村秀一郎 등 일본경제기구연구소의 일련의 노작, 신무라 타케시新村猛, 나카니시 츠토무中西功 등의 논고가 있다.

우선 가미야마는 '최근의 파시즘론, 특히 도조 정권 파시즘론은 이론적으로 틀려 있고 역사를 올바르게 설명할 수 없음은 물론, 오늘날 일본의 정세와 장래의 동향을 잘못되게 평가하는 것이 많다.'라며 핫토리, 모리야 등을 다음과 같이 비판한다.[1] 첫 번째로, 핫토리는 파시즘의 본질 자체를 올바르게 알지 못한다. 즉 파시즘이 '금융자본 그 자체의 지배', '부르주아지의 직접적 독재'임에도 불구하고 그것을 '금융자본의 유화주의적 승인을 거친 대리인의 지배'라는 식으로 생각하고 있다. 또한 그는 사회파시즘을 올바르게 규정하지 못한 나머지 기타 잇키北一輝[2]조차도 사회파시스트라 보고 있다. 두 번째로, 핫토리는 『조류』지의 필자들이, 특히 나카무라가 일면적으로 군사적·봉건적 제국주의 하나만 밀고 나가는 방식이 마치 나(가미야마)의 견해인 양 다루고 있는데, 내가 이것과 다른 이중의 제국주의론을 주장하고 있음은 주지의 사실이다.

세 번째로, 모리야가 인용한 노사카·야마모토의 '편지'는 전략의 관점에서가 아니라 전술의 관점, 그것도 어떻게 대중에게 이해시켜야 하는가라는 당면의 필요에 따라 상당히 자유로운 표현이 쓰이고

---

1 「도조 정권에 대한 이론적 판결 東条政権への理論的判決」, 『개조』, 1948년 12월, 「위기에 있어서의 일본 국가의 본질 危機における日本国家の本質」, 『조류』, 1949년 1월, 「노농파와 강좌파의 "유착"」

2 천황주권론을 부정하고 일본을 국가사회주의적으로 개조해야 한다고 주장한 파시스트 사상가.

있다. 이 때문에 도쿠가와 막부부터 파시즘까지가 군부를 수식하는 형용사가 된 것이다. 그러니 전략 문제인 천황제냐 파시즘이냐의 문제는 이것과 서로 관계가 없으며, 오히려 전체적으로 전략의 불변을 강조하고 있으므로 인용자의 의도와는 정반대임이 입증된다.

네 번째로, 만주 침략 이후 제국주의 부르주아지가 한층 강화하고, 그것과 결탁하는 통제파의 패권, 정부에서 부르주아 관료의 진출 등이 보여짐에도 불구하고, 국가권력의 본질은 변하지 않고, 관료기구는 점차 확대되고 강화하며, 군인은 국가의 모든 방면에서 지배적 지위를 가진다. 그러니 도조 내각의 출현은 이미 정부의 지도권을 쥐고 있던 군벌의 승리, 이를 기초로 한 천황제 군국주의의 승리를 이야기하는 것일 순 있어도, 금융자본 독재의 폭력적 형태이며 국가형태의 변신을 동반하는 파시스트적 도당의 승리를 의미하는 것은 아니다. 그렇기 때문에 우리는 기본전략을 바꾸지 않고 천황제 타도를 위한 민주혁명에 매진한 것이다.

다섯 번째로, 핫토리와 모리야는 부분적인 차이는 있으나 그들의 천황제 파시즘론이 군사 파시즘을 주장한 시가 설에 근거를 두었다는 점에서 일치한다. 또 그것들이 이론적으로 노농파의 전전 국가론과 합치하는 점에서도 모두 일치한다. 오늘날 노농파가 그들의 새로운 견해에 갈채를 보내는 것은 결코 우연이 아니다. 본인들의 주관적 의도가 어떠하였든 결과적으로 천황제 파시즘론은 노농파 국가론에 대한 투항이다.

여섯 번째로, 전전 파시즘론을 통해서는 전후의 사태를 이해할 수 없다. 전후의 국가권력은 그 입헌군주제적 겉치장에도 불구하고 본질적으로 매판적 파시즘으로 전화하고 있다. 그리고 천황제는 그 '상징'이 되고자 하고 있다. 이러한 의미에서 구 천황제가 아닌 현 천황제는 파시즘적 형태가 되며, 글자 그대로 천황제 매판 파시즘으로 전화하고 있다. 이상이 가미야마의 철저한 반론이었다.

이것에 이어 아사다, 나카무라 등은, "일본제국주의를 이중제국주의로써 파악하는 입장에 선 우리들은 도저히 군부독재가 자본독재라는 진짜 '파시즘'이었다고 인정하기 힘들다."라며, 다음과 같이 비판적 견해를 제시한다.[1]

군부독재는 어디까지나 절대주의, 즉 군사적 봉건적 제국주의의 독재이며, 이것은 군부의 전제적 지배가 근대적 제국주의의 이익을 대위하고 보충하면서 형성되었다. 파시즘 독재는 자본주의 본래의 모순이 격화될 때 등장하는데에 비해, 이것은 오직 이중의 제국주의의 구조적 모순이 위기로 나타날 때 성립될 수 있다. 그러한 구조적 모순이란, '군사적·봉건적 제국주의가 강화·발전하며 자본주의의 고도화를 재촉하는 것에 의해서만 가능해지는, 이 자본의 독점화와 집중, 제국주의 부르주아의 경제적 지배의 강화가 역으로 절대주의의 고유한 물질적 기초를 깎아내고 그것의 존립 자체를 위기로 이끄는 조건을 만들어내는' 사실을 가리킨다.

지금까지 천황제 하의 제국주의 부르주아지는 식민지 침략 및 기타 제국주의적 이익의 추구에서 항상 군사적·봉건적 제국주의의 대위·보충을 통해 목적을 달성했다. 그렇기 때문에, 그들은 스스로 파시즘독재를 쌓아 올리기보다, 천황제와 단단히 융합되어 그것을 이용하는 편이 더 유리하다. 한편 천황제는 제국주의 부르주아를 유력한 기초로 하고 이것에 의존하며 당연히 이들의 계급적 이해를 정책에 반영한다. 일반적 위기의 단계에서 군사적·봉건적 제국주의가 지배를 강화하는 한, 이 점은 당연하다. 이 경우, 군사적·봉건적 제국주의 독재가 강화한 것을 파시즘독재라 보는 것은, 군부독재의 정책이 제국주의적 부르주아적이었다는 일면의 현상을 확대하여 이것을 본말전도 해버리는 것이다.

1   「일본 국가 독점자본주의의 구조」, 「일본 파시즘의 제문제」

위의 기본 견지에서 보이듯, 『조류』 편집부의 견해는 기본적으로 올바르지만 일본 파시즘을 단순히 '봉건적인 일본주의의 반동(나카무라 테츠)'이라고만 고정하기 때문에, 전쟁의 진전과 함께 군사적·봉건적 제국주의가 부르주아적 제국주의와 서로 얽히어 침략적 역할을 수행했던 특질이 완전히 가려지고, 부르주아 제국주의자의 진보성과 합리성이 도출되는 정반대의 오류에 빠져버린다.

이어서 핫토리의 일본파시즘론을 검토하면, 그는 군부독재가 파시즘인 연유를 그 계급적 본질을 소부르주아라 규정하는 것을 통해 입증하려 하고 있다. 이것은 파시즘을 소부르주아적 사회파시즘과 혼동하고, 후자를 전자로 바꿔버리는 것이며, 이로부터 당연히 이번 전쟁의 책임은 절대주의도 금융 부르주아지도 아닌, 군부(소부르주아적 파시스트)에게 전적으로 있었다는 잘못된 결론이 도출된다. 실제로는 천황제의 사회적 기초인 소농민·소생산자·소부르주아 대중이 독점자본주의의 압박하에 몰락해가는 고뇌와 초조함을 반영한 것이 바로 소위 급진 우익 및 이들과 결탁한 하급 장교의 군사쿠데타(테러리즘)이다. 그러나 그들이 자본주의 진화의 방향과는 반대에 있었기 때문에 군부 통제파에 의해 청산되지 않을 수 없었고, 통제파는 구래의 천황제 주류인 중신重臣, 장성과 군벌을 교묘하게 억누르는 동시에 재벌적 부르주아지와도 결합하여 이것을 기초로 하는 강력한 독재를 수립하기에 이른 것이다. 이상이 그 요지이다.

이들 이중 제국주의론과 다른 별개의 관점에서, '파시즘 운동보다 절대주의 천황제 그 자체, 혹은 국가론 그 자체를 이해하는 방식에 문제가 있다.'라며 일본 파시즘론을 비판한 것이 나카니시 츠토무의 논문[1]이었다. 그는 이렇게 말한다. 이 논쟁의 문제의 중심은 국가론,

---

1   「일본파시즘을 둘러싼 이론적 제문제 日本ファシズムをめぐる理論的諸問題」, 1949년 6월 간행, 『경제학전집 経済学全集』 수록.

특히 블록 권력론이다. 하나의 과도적인 권력으로 역사적 성질을 달리하는 두 계급이 형성한 블록에 권력이 있고 그 권력의 기본적 성질이 문제인 경우, 이 블록 권력론은 올바른 결정을 내리지 못하고 그 성질을 애매하게 해버린다. 즉 자본가와 봉건적 지주의 블록 권력이라 해도 입헌군주제와 절대군주제는 다르며, 그리고 이들은 부르주아 권력과 반봉건적 권력이라는 근본적인 차이를 가진다.

그러니 이 경우, 그 블록이 무엇을 하려고 하며 어느 계급이 블록 안에서 헤게모니를 가지는지, 그에 따른 그 권력의 역사적 사회적 성질은 무엇인지를 밝혀야 한다. 이러한 의미에서 천황제를 본다면, 32년 테제에서 '일본의 천황제는 한편으로는 주로 지주라는 기생적·봉건적 계급에 의거하고, 다른 한편으로는 또한 급속히 부를 축적하고 있는 탐욕스러운 부르주아지에 의거'하고 있다고 한 것을 무시해선 안 된다. 이 '주로 지주에 의거한다.'라는 규정은 단순한 수식어가 아니다. 자본가와 지주의 블록 위에 선 천황제는, 절대주의적 성질을 가진 봉건적 세력이 그 헤게모니를 가지고 있었다. 부르주아지의 세력이 확대되며 그들의 권력에서의 역할이 강화하고, 절대주의 정부의 정책이 보다 금융 과두지배 방향으로 이뤄졌다고 할지라도, 권력의 기초인 블록에서 부르주아지가 헤게모니를 가졌다고 하는 것은 결정적으로 잘못된 생각이다.

두 번째 문제점은 절대주의의 독자성의 문제로, 천황제의 독자성이란 그 권력이 반봉건적이라는 기초 위에서, 그것의 모든 국가기구가 지주 또는 부르주아지의 상층에 대해 가지는 독자성이다. 이 상대적으로 고도인 독자성은, 천황제가 지주와 부르주아지의 양 계급의 위에 서고, 기본적으로 반봉건적 성질을 가지면서, 자본주의 발전의 경로에 맞게 정책을 전개해 나간다는 모순의 표현이다. 시가 설에서는 이 절대주의의 독자성이 국가 일반이 가지는 독자성, 즉 정치가 경제에 대해 갖는 상대적 독자성과 동일시되었고, 후자

안으로 해소되어버렸다. 이것과 더불어 권력 형태(국가기구의 형태)의 문제가, 권력의 성질(내용)의 문제와 별개로 다뤄지고 있기 때문에, 천황제는 부르주아 권력이었다가 전시에는 파시즘이 되는 등의, 구 강좌파 논객의 노농파 이론으로의 전향이 발생한다.

잘못된 전시 파시즘론은 또한 군벌을 천황제와 별개로 떼어 생각하는 것에서도 비롯된다. 실제로는 군벌은 천황제의 척추이며, 천황제 권력의 강화는 군벌의 강화였다. 군벌은 그 때문에 독점자본·신흥 군수 자본가와도 단단히 결합했고, 낭인·정객을 최대한 이용하였으며, 또 이른바 민간의 파시즘·사회파시즘 운동을 최대한 이용했다. 중요한 것은 이 군벌 독재가 관료·독점자본·대지주 등의 천황제 세력의 종래의 결합 관계를 파괴하고, 다른 요소들을 떨어뜨리는 것을 통해 수립되었다는 점이다. 이것은 천황제 내부의 심각한 대립과 투쟁을 불러일으켰고, 또 그것은 천황제와 부르주아지의 대립을 표현하고 있었다.

이상과 같이 전전 천황제론·파시즘론에서는 가미야마 이론이 대체로 타당하나, 전후 국가론과 인민민주주의론에서 가미야마 이론은 블록 권력설과 권력 성격을 권력 형태로 해소하는 이론 등의 오류에 빠져 있다. 가미야마 이론의 천황제론이 가진 올바른 이론적 견지가 오늘날의 문제로까지 관철되지 못한 채 종전을 경계로 중단되고, 특히 천황제와 인민민주주의가 별개의 것으로 되어 있다는 점이 문제이다. 이것이 나카니시의 논점이었다.

위의 것 이외에도 일본 파시즘에 대한 부정론으로, 신무라 타케시가 '마르크스주의자 내지 공산주의자 안에도 8.15 이전 체제가 파시즘이었다는 식으로 대강 이야기하는 사람들이 적지 않게 보인다. … 그러나 이 문제에 관한 나의 의견을 요약하여 말하자면, 구 천황제의 본질은 역시 절대주의이며, 메이지 헌법과 의회는 제정 독일에서의 것과 마찬가지로 절대주의의 한 축을 이루는 요소에 지나지 않는다. 만약 전쟁 말기의 천황제 혹은 만주 침략 이후의 천황제의 경향을 구태여 파시즘이라 규정한다면, 고전주의에 대해 유사고전주의가 존재하듯이, 유사 절대주의적 파시즘이라고 이름 붙여야 할 것이다.'[1]라고 말한 것이 주목할 만하다.

3. 일본형 파시즘에 대한 탐구

전시의 일본 파시즘의 문제를 둘러싼 논쟁은, 위에서 보았듯 주로 천황제 파시즘 혹은 군부 파시즘이냐, 군사적·봉건적 제국주의의 강화냐는 형태로 발전했다. 이것과 더불어 천황제 기구의 절대주의적 본질을 그것이 가진 파시즘적 역할과 통일적으로 파악하고, 이를 통해 일본 파시즘의 독특한 형태를 규정하고자 하는 각종 시도가 나타났다. 아래에서는 그러한 대표적인 것들을 몇 가지 살펴보겠다.

우선 이쿠미 타쿠이치 井汲卓一 는 『일본자본주의론 日本資本主義論 』[2]에서 다음과 같이 말했다. 일본에서는 천황제-군사적·봉건적 제국주의 안에서 현대의 독점자본주의의 제국주의가 '완전히 발현'되었으나, 지배적이었던 것은 군사적·봉건적 제국주의였다. 근대적 제국주의는 군사적·봉건적 제국주의와 서로 얽히면서 부분적으로 이것에 의해 대위·보충되고 있었다. 후자는 동시에 지주독재의 척추이며, 그 지배의 형태이기도 했다. 제1차대전 후 천황제는 어쩔 수 없이 민주주의적으로 약간 양보했고, 1928년 실시된 보통선거법은 가장 부르주아화에 근접했던 정점이었으나, 그것은 계급투쟁의 격

---

1   「파시즘의 국제적 경험 ファシズムの国際的経験 」, 『사회평론』, 1949년 5월.

2   1948년 1월 간행.

화로 이어져 즉시 천황제와 천황주의 부르주아지에게 위기를 느끼게 했다. 게다가 1929년 이후의 경제공황은 제국주의 부르주아지의 기초를 흔들었고, 그들은 처음으로 자신과 그들이 기거하는 절대주의가 중대한 위기에 놓였음을 깨달았다.

그리하여 이 시기에 일본에서 어느 정도의 보나파티즘이 성립될 수 있는 조건이 탄생했고, 결국 5.15사건(1932년) 후 군사 파시즘이 급속히 성장하며 천황제는 특수한 보나파티즘 형태에 가까워졌다. 이것은 어떤 면에서 독점자본의 파시즘적 폭력의, 천황제의 보나파티즘적 군국주의로의 발현이었다. 군부 관료의 천황주의자들은, 그것이 부르주아 반동인 이상 파시스트(보나파티스트)이며, 천황제의 가장 적극적이고 최악인 요소라는 점에서 군사적·봉건적 제국주의자였다. 부르주아지는 이 천황주의적 파시스트인 군부 관료에 지도권을 넘긴 것이며, 그렇기에 천황제는 군사적 파시즘의 기구가 되었다. 그러한 형태로 일본의 보나파티즘적 절대주의가 성립되었다. 이것은 천황제 절대주의의 극한의 형태이며, 여기에서 이미 파멸이 예정되었다.

전후 신헌법을 통해 정식화된 천황제는 부르주아적으로 수정된 천황제, 즉 과거의 절대주의적 유산에 의해 둘러싸여 있기는 하지만, 결국은 부르주아적인 입헌군주제일 뿐이다.

위와 같은 시각과 달리, 천황제의 기구와 기능의 분열과 관련하여 파시즘 문제를 연구하고자 한 것은 이노우에 하루마루井上晴丸와 우사미 세이지로宇佐美誠次郎 등이었다.[1] 그들은 이렇게 말한다. 천황제는 러일전쟁 후 고전적 절대주의에서 벗어나 지주와 부르주아지 연합독재의 블록 정권이 되었으며, 부르주아지는 권력 일부를 쥐게

---

1   「전후일본에서의 반봉건제와 독점자본 戰後日本における半封建制と独占資本」, 『경제평론』, 1949년 10월, 『국가독점자본주의론 国家独占資本主義論』, 1950년 2월 간행, 후편 제1장.

되었다. 이 부르주아지가 손에 넣은 권력 부분의 비중은 제1차대전 후 현저하게 확대되었고, 그 후 독점자본이 파시즘적으로 반동화하며 천황제에 파시즘적 특징이 추가되었다. 이 경우 천황제 권력이 이미 자체적으로 충분히 파시즘적 경향을 갖추고 있었기 때문에 파시즘 정변은 필요하지 않았다.

그리하여 국가독점자본주의로의 전화한 이후 천황제는, 기구적인 측면에서 절대주의가 승리했고, 기능적인 측면에서는 파시즘이 우세한 존재가 되었다. 물론 기구와 기능은 분리될 수 없으나, 보다 고정성을 가진 전자는 후자보다도 뒤처지고 어긋나는데, 가령 기구에선 절대주의가 80%이며 파시즘이 20%, 기능으로는 거꾸로 전자가 30%이고 후자가 70%라는 식이다. 이 백분율은 양에서 질로의 전화 과정과 속도를 나타낸 것에 불과하다. 이러한 형태로 일본 파시즘은 절대주의 기구를 통해 대위·보충되었다고 표현할 수 있다. 이 경우 금융자본의 정책은 천황제 관료의 모든 체제를 통해 충실히 수행되었으나, 그때에도 관료의 권한과 권력은 전혀 제한되지 않았고 부르주아지에 대해 강한 독자성을 유지했으며, 절대주의적 특징이 농후하게 남았다.

이러한 천황제는 전후 어떻게 되었는가. 구 지주 세력은 아직도 권력 내에서 지위를 가지나, 권력 내부의 부르주아 헤게모니가 증대하면서 전체적인 권력의 본질은 부르주아지의 독재라고 할 수 있는 수준까지 이른 것으로 생각된다. 지금 부르주아 권력은 새롭게 외국 세력에 의존하며, 불가결의 보충물인 지주 세력을 부활시키려 하고 있으며, 파시즘화는 지주의 부활과 불가분하게 결합되어 있다.

위와 같이 천황제를 그 절대주의적 기구와 파시즘적 기능의 개념 구별과 통일을 통해 파악하려고 하는 방식에는 비판도 가해졌지

만,[1] 이를 찬성하는 사람들이 생겨나기도 했다.[2]

마지막으로 시마무라 카즈히코島村和彦의 논문 「일본형 파시즘론의 사적고찰日本型ファシズム論の史的考察」[3]은, 우선 1931년경부터 패전까지의 기간에 파시즘 운동의 존재 여부, 그것이 공공연히 파시스트 독재에까지 이르렀는지 여부를 밝혀내는 것이 전전과 전후 정치과정을 분석하기 위한 중대한 과제라고 주장하며, 주로 만주 침략 후 내외의 문헌에 나타난 '일본형 파시즘'에 관한 견해들을 요약·비판하고, 그 안에서 다음과 같은 자신의 방법적 견해를 밝힌다.

절대주의 천황제는 의회주의와 정당정치를 보충물로 정치지배에 이용해왔으나, 5.15사건 이후 새로운 축인 위아래로부터의 파시즘 운동(새로운 파시스트당의 출현, 일부 우익 반동 단체의 파쇼화 등)이 나타났다. 이 과정에서 본래 천황제의 하나의 사회적 기초를 이루고 있던 낡은 군주주의적 반동 조직과 새롭게 일어나는 소부르주아적 파시스트적 대중조직이 서로 뒤얽히고, 여기에 군벌 관료의 내부동향과 기성정당의 파쇼화적 동향이 결부되어, 극히 복잡한 정치 조류를 빚어냈다. 따라서 이것을, 일의적인 봉건적 우익 반동 운동이라고도 본래적인 파시스트 운동이라고도 정의할 수 없다. 이 시기의 지배진영 내부의 항쟁은, 절대주의 관료기구가 그 아래에 존재했던 외견적인 의회주의를 부정하고, 스스로의 위에 파시즘적 역할을 또한 집중화하려 했던 과정으로 이해하여야 하며, 결정적으로 중요한 점은, 종래의 의회주의라는 축을 유지하려는 분자와 이것을 폐지하려는 분자 간의 군부 내부에서의 항쟁, 정당의 파쇼화에서 나타난 부르주아 정치세력 내부에서의 항쟁, 그리고 이들의 이중의 대립·항쟁의

---

1 「일본파시즘을 둘러싼 이론적 제문제」

2 안도 요시오安藤良雄 「일본의 파시즘日本のファシズム」, 『사상』, 1952년 11월, 카츠베 하지메 勝部元 「파시즘의 본질과 그 전개ファシズムの本質とその展開」, 『사상』, 1952년 11월.

3 『유물론연구』, 1949년 9월, 제6집.

결합 등이다.

또한 천황제의 독자성과 독립성에도 불구하고, 그것이 부르주아·지주적 독재의 척추라는 점을 통해서만 존립할 수 있었던 이상, 1931년 이후의 천황제 기구의 강화는 그것이 더 적극적으로 독점 부르주아지의 이익을 지키고, 그 계급정책을 대행하는 것에 의해서만 가능했다. 그러나 이 경우, 천황제가 금융자본의 파시스트적 지배의 대행자가 되며, 자신의 본래의 절대주의적 형태 위에 추가로 파시즘의 형태와 기능까지 추가했을지라도, 이것에 의해 천황제가 군사 파시즘의 기구가 되어간 것은 아니다. 천황제는 이렇게 스스로를 강화함으로써 금융자본의 파시즘적 요구를 충족했고, 금융자본의 파시즘적 기구를 대행하는 것을 통해 스스로를 강화하였기 때문에 그 내적 모순이 극도로 격화되었다. 원래의 파시즘 운동 그 자체와 정치형태로 파시스트 독재를 구별할 때, 일본에서 전자의 성립발전을 인정하는 것이 그대로 절대주의 권력의 부정을 의미하는 것이 아니다.

그리하여 이 논자는 일본형 파시즘 문제의 기준점이 '구래의 일본의 절대주의 천황제가 그 봉건적 본질을 잃지 않고 새로운 파시스트 독재의 역할도 맡음으로서 스스로를 일시적으로 강화할 수 있었다고 볼 것이냐, 혹은 그것이 금융 부르주아지의 정치적 진출 이전에 권력에서 헤게모니를 잃고 그대로 직접적으로 파시스트 독재기관으로 전화한 것으로 볼 것이냐'라는 점이라 지적하고, 대체로 전자의 견해가 올바르다고 본다.

위에서 살펴본 견해들에 대체적인 일본 파시즘에 관한 주요한 논점들이 제시되어 있다. 문제가 애초부터 방법론적 위주로 이뤄져 있고, 실태 연구보다 개념 규정이 중심이었던 점은, 앞선 군사적·봉건적 제국주의 논쟁과 마찬가지로 근본적이고 충분히 설득력 있는 논점의 해명이 이후의 과제로 남는 원인이 되었다. 그 때문에 방법론상의 성과들은 어떠한 견지에 서 있든 이후의 구체적인 사실의 분석과 뒷받침을 통해 되살려지고 입증되어야 했다.

4. 전후 천황제의 성질을 둘러싸고

이상과 같이 시가·가미야마 논쟁은 전시 천황제의 성격에 관한 일련의 논쟁을 발전시켰다. 이것과 별개로 전후의 천황제 성질의 변화, 소위 천황제 부르주아화에 관한 소논쟁이 독립적으로 전개되었는데, 마지막으로 이를 간단히 정리해보도록 하겠다.

이 문제를 처음으로 제기한 유모토 마사오湯本正夫는 패전 후 천황제의 성질 변화를 강조하며 다음과 같이 말한다. 지금의 일본에서는, 정치·경제·문화 등 각 분야에서, 비록 아직 봉건적인 잔존물들이 치명상을 입지 않고 남아있지만, 민주주의 미국의 희구와 압력에 의해 낡은 군사적 반봉건적인 전제 지배자와 그 권력이 일단 타도되었다. 군벌은 해소되었고, 관료는 지대하게 그 상대적 독자성을 상실했고, 가족적 재벌도 해체되기 시작했으며, 기생지주적 토지소유에도 조치가 취해지고 있다. 따라서 이들 세력을 기반으로 한 천황제에도 부르주아적 변질이 이뤄지고 있다. 그리하여 일본의 국가권력은 최신의 민주주의 국가인 미국의 지도하에 놓였고, 그 집행권은 근대적 금융자본으로 개편된 일본의 대부르주아 및 여기에 포함되어가고 있는 관료의 손으로 옮겨가고 있다. 요약하자면, 반봉건적 기반의 위에 상대적 독자성을 가진 절대주의 천황제의 권력이 일단 타도되고, 국정의 집행권이 미국 민주주의의 관리 아래, 대부르주아·부르주아화한 지주·부르주아적으로 변질된 관료적 천

황제의 손으로 옮겨간 것이, 오늘날의 특질이다.[1]

위와 같이 천황제 부르주아화 주장에 미야모토 겐지 宮本顕治 가 조속히 이를 비판했다. 그는 이렇게 말한다. '천황제 권력은 일단은 과연 무장 해제되었다. 그러나 오늘날 금위부[2]는 아직도 3천 명의 군대를 거느리고 있고, 경찰력은 유지되어 있으며, … 여전히 문관과 무관에 대한 봉건적 위계 제도는 남아있고, 이들이 천황제 지배의 그물망을 형성하고 있다. 추밀원[3]과 화족 제도[4], 기타 일련의 봉건적 체제는 현존하고 있다. 포츠담 선언을 수락하며 천황의 주권은 오늘날 큰 제한을 받고 있으나, 정치기구로서의 천황은 여전히 남아있고, 이것은 봉건적·경찰적·관료적이며, 그렇기에 어느 정도는 명백히 군사적인 성격을 유지하고 있다. 거기에 결정적인 문제는, 천황제 권력은 여전히 남아있으며, 일본의 반봉건적인 토지 소유관계에 입각하여 기생적 지주계급의 척추로 되어 있다는 점이다.'[5] 요약하자면 미야모토는, 종전 직후인 1945~1946년경 천황제의 부르주아적 변질을 단정하기에는 시기상조라는 것을 강조한 것이다.

이것에 이어 천황제 부르주아와 설에 대한 비판이 노구치 하치로 野口八郎, 도다 신타로 등에 의해 일어났다. 우선 노구치는, 문제는 천황제의 독자적인 물질적 기반인 기생지주의 착취관계의 제거 여부에 있고, 이것이 맥아더의 지령을 통해 제거되지 않는 한, 천황제 본질의 변화는 불가능하다고 역설하며 다음과 같이 말한다. 이러한

---

1   「현 단계와 노동자계급 現段階と労働者階級」, 『도쿄신문 東京新聞』, 1945년 12월 2일, 5일.

2   금위부 禁衛府. 1945년부터 1946년까지 존속한 일본 황실 경비와 소방을 목적으로 한 기구._옮긴이

3   1947년까지 존속한 일본 천황의 내정에 대한 자문기구._옮긴이

4   일본 제국의 귀족 제도. 1947년 미군정에 의해 폐지되기까지 화족은 작위와 특권을 가졌다._옮긴이

5   「천황제 비판에 관하여 天皇制批判について」, 『전위』, 1946년 2월.

변화는 오늘날 구 지배 세력들의 공공연한 사보타지로 인해 만족스럽게 수행되지 못하고 있다. 유모토의 주장과 달리, 천황제 기초의 변혁은 앞으로의 노동자·농민 대중의 아래로부터 노력 여하에 의존한다. 그뿐만이 아니다. 본래 일본의 부르주아지는 천황제의 모든 체제를 이용해, 그것에 보호받는 것을 통해서만 해외로 진출하고, 또 식민지의 초과이윤을 획득해 왔다. 그들은 천황제 없이 하루도 존립할 수 없었고 앞으로도 그럴 것이다. 따라서 부르주아지 자신에 의한 천황제의 개혁은 불가능할 것이다. 유모토의 관찰과 반대로 천황제의 반봉건체제는 자본가 자신에 의해서도 강하게 보호되고 유지되고 있으며, 따라서 천황제의 부르주아적 변질은 앞으로도 일어나지 않을 것이다.[1]

이어서 도다는, 천황제 부르주아화론의 오류는 그것이 단순한 법령의 발포와 선언을 사실관계와 혼동하고, 혁명(권력의 변혁)의 문제를 법령의 선언·발포의 문제로 해소시켜버리는 것이라고 비판하며, 그것에 대한 반론으로 노구치와 같이 다음 두 논점을 지적한다. 첫 번째, 일본 부르주아지의 기생적 봉건적 반혁명적 성격. 천황제 부르주아화론은 이 성격을 전혀 분석하지 않고 있는데, 일본 부르주아지는 그 극단적인 반동적·국가 의존적 성질로 인해 봉건세력을 일소하는 것이 절대 불가능하고, 오히려 자신을 옹호하기 위해 이것을 극렬히 온존한다. 두 번째, 천황제의 경제적 기초에 대한 변혁의 비非 완료. 농지개혁이 불충분하고 거대한 황실 재산과 국유재산이 방치되어 있는 이상 천황제의 부르주아화를 인정할 순 없다.[2]

이러한 공통의 논거로부터 천황제 부르주아화에 대한 부정론이 제기된 후, 전후 천황제의 성질에 관해 신헌법 및 기타의 개혁이 이

---

1   「천황제를 둘러싼 정치투쟁 天皇制をめぐる政治鬪爭」, 『세계평론』, 1946년 3월.

2   「천황제는 부르주아화했는가 天皇制はブルジョア化したか」, 『민주평론』, 1946년 11월.

것을 소멸시켰다 단정하는 견해, 거꾸로 이것을 전혀 변화시키지 못했다는 견해 모두 잘못되었다는 새로운 비판이 이뤄졌다. 이러한 견해에 따르면, 신헌법에 따른 천황 권한의 제한과 축소, 귀족원의 권한 축소, 추밀원·중신 회의·내대신 內大臣 폐지, 군벌·군대·반동 단체 등의 해체, 천황제의 물질적 기초의 약화(반봉건적 토지제도의 개혁과 금융자본의 해체), 가족제도의 근대화, 인민의 자유와 권리의 확보 등은 봉건적 정치제도로서의 천황제를 기구적으로 현저하게 약화했다. 그러나 이들 새로운 사실들은 결코 천황제의 근본적 개혁과 소멸을 의미하지 않는다. 가령, 신헌법에서 천황의 신비화와 정치적 특권을 존치한 것, 그것을 반동 세력이 이용할 위험성, 참의원의 반동적 역할을 할 가능성, 천황제의 골격인 관료제의 잔존, 경찰의 횡포, 군국주의 분자의 은밀한 조직 활동, 불충분한 토지제도 개혁, 미흡한 재벌해체 등이 여전히 천황제를 유지시키고 있다.

따라서 오늘날 천황제가 대체로 소멸되었다고 말하는 것과 반대로 천황제가 전혀 변화하지 않고 종래의 상태로 있다고 생각하는 것은 모두 명백한 오류이다. 패전 이전의 천황제는 일체의 권력을 집중한 강력한 독재기구였으나, 오늘날의 그것은 약체화된 천황제이다. 그러나 그것은 중대한 타격을 입었음에도 여전히 정치·경제·사회에서 강한 세력과 영향력을 가지고 있다.[1]

위와 같은 천황제의 변화와 존속이라는 양면의 성질이 지적된 직후인 1946년 11월 3일 신헌법이 공포되었다. 이 새로운 사실과 관련해 천황제의 변화를 '전술적 변경'이란 문제로 새롭게 평가하고 수정하려는 시도가 나타났다. 가자하야 야소지 風早八十二 는 이렇게 말한다. 지금 제기되는 문제는 천황제 부르주아화의 문제가 아

---

1   노사카 산조 「천황제는 어떻게 변했는가 天皇制はいかに変ったか」, 『아카하타』, 1946년 9월 29일, 10월 2일.

니라, 그 계급적 기반이 '더욱 부르주아화'한다는 문제이다. 이 '더욱 부르주아화'는 전략목표의 변경을 의미하지 않고, 전술적 변경의 하나의 객관적 기초일 뿐이다. 앞선 도다의 논고는, 천황제의 부르주아적 변질을 주장하는 이론을 공격하고 그것은 어디까지나 본질적으로 변화하지 않는다고 강조하는데, 문제는 오히려 이 다음이다. 즉, 그렇다면 변화는 어떠한 것인가.

이 과제에 대해 도다는 지배계급의 내부의 역학 관계의 변화, 특히 군벌 관료와 지주에 대한 독점부르주아지의 상대적 지위의 고조를 인정하고는 있으나, 이것에 중요하게 평가하지 못하고 그 전술적 의의를 도출해내지 못하고 있다. 그러나 실제로는 패전 후 독점부르주아지는 천황제 그 자체를 온존했다고는 해도, 절대주의에 흠집을 내는 희생을 치르면서까지 자신의 상대적 지위를 강화했다. 천황제의 새로운 성격은 그 계급적 기초에 있어서 이러한 내부적 비중의 변동을 통해 파악되어야 한다. 그리고 만약 지배계급의 내부에서 부르주아지의 지위가 높아지고, 천황제가 기존보다 더 크게 이 계급적 기초 위에 개축改築되었다면, 노동자계급의 천황제에 대한 투쟁이 우선 이 최대의 계급적 기초인 독점부르주아지를 향해 이뤄져야 한다는 점은 당연하다.[1]

그러나 처음에 천황제 부르주아화를 제기한 유모토는 이를 보고 재빨리, 이러한 '더욱 부르주아화한 천황제'라는 것이야말로 다름 아닌 부르주아적 권력의 한 종류라며, 다시 한 번 천황제의 부르주아적 변질, 권력의 주도권의 부르주아지에로의 완전한 이행을 상세하게 이론적으로 뒷받침했다.[2]

대강 이상과 같이 논의된 전후 천황제론의 중요한 공통점은, 그

1   「신헌법은 무엇을 가져왔는가 新憲法は何をもたらしたか」, 『민주평론』, 1947년 5월.

2   「혁명의 현 단계와 노동계급의 전략에 관하여 革命の現段階と労働階級の戦略について」, 『민주평론』, 1947년 8월.

것이 모두 외국에 지배받는 사실, 외국 권력과 천황제의 관계, 내외 관계의 상관관계로부터 새로운 권력 규정 등을 일단 사상하고 문제를 다루고 있다는 점이다. 이렇게 전후 일본의 정치 지배관계를 규정하는 근본 요소를 사상하고 천황제의 문제를 오로지 그것 자신으로써(그 부르주아화의 타당성·부당성과 계급적 기초의 변화 여하에 관하여) 논의하고 있었던 이상, 전후 천황제에 대한 정확한 성격 규정은 이뤄지지 않았고, 이는 다음으로 미뤄지게 된다. 특히 그것이 전국의 투쟁 가운데 맞닥뜨리는 실제 권력 기구의 내용에 뒷받침되지 않았던 점은 더욱 문제가 된다. 이러한 전후 천황제 논쟁의 근본적 한계의 원인 및 그 극복에 관해서는 제6장에서 다뤄보겠다.[1]

---

1   제6장은 책이 집필되던 당시로서는 최신이었던 1950년부터 1953년 사이의 국가론 논쟁을 다루나, 자료의 중요성이 비교적 덜하다고 판단되어 제2장까지만 번역되었다. _옮긴이

일본 자본주의
논쟁의 과제

우리는 현재 일본 자본주의 논쟁이 전혀 새로운 형식과 내용으로 나타나는 점을 다뤄보았다. 앞으로 그것은 전체적으로 어떠한 과제를 가질까.

두말할 것도 없이 오늘날 일본의 국토, 일본의 민족은 제국주의적 지배 아래 미증유의 위기에 놓여 있다. 따라서 모든 학문, 사상은 민족의 존속과 갱생을 위한 활로를 열어내고자 밤낮으로 고투하며 전 국민의 혁명적 대업에 봉사하는 것을 최고의 과제로 삼고 있다. 당연히 일본 자본주의에 관한 일체의 연구 또한 현재의 평화·독립·자유를 위한 국민적 투쟁의 일환으로 그 실현의 객관적 가능성을 만들어내고, 국민적 저항의 이론적 기초를 세우고, 이에 따라 변혁적 실천에 기여하는 것을 직접적인 임무로 삼고 있다. 민족의 사활이 매일 매일의 국민의 주체적 행동에 의존하고 있는 오늘날만큼, 상당히 당파적인 학문인 일본 자본주의 연구가 고도의 정치성과 민족성을 체현 體現 한 적은 없다.

일본 자본주의에 관한 논의는 구체적으로는 민족 혁명운동을 이끄는 기본방침에 종속되어 있다. 양자의 원칙적 형태에 관해 과거에는 우리 민족의 지도자는 '전략논쟁에 관해서도, 우선 봉건 논쟁부터 시작해 전략목표를 세운다는 식으로는 결론이 나지 않는다. 우리는 우선 투쟁에서 출발해야 한다. 투쟁 속에서 방침을 발견해 나가야만 한다. 구체적으로 문제를 파악하는 순간 이론도 필요해진다. 그리고 투쟁 속에서 그것이 올바른지 아닌지가 결정되고, 오류도 수정된다. 물론 봉건 논쟁을 하지 말라는 것은 아니다. 그러나 논쟁에 열중한 나머지 투쟁을 잊어서는 안 된다.'라고 말한 적이 있다. 양자의 관계는 여기에 명시되어 있다.

거기에 이미 민족적 투쟁의 기본방침은 빛나는 신강령 '당면의 요구'로 결실을 맺었고, 그것은 지대하게 국민의 마음에 스며들어, 그들의 창의성과 혁명성에 대단한 행동의 원천이 되고 있다. 일본 자본주의 논쟁의 기본과제는 앞으로 이것을 이론적으로 심화하고 더 대중화하는 방향으로 이뤄져야 한다.

위의 기본점과 관련해, 이후의 자본주의 연구의 중점이 어디까지나 현 단계의 해명이란 점은 자명하다. 민족 주권을 빼앗기고, 국민경제가 해체되고, 하청적 국가독점자본주의로 재편되고 있는 현 상태에 있어, 어떻게 주권을 회복하고 국민경제의 자립을 시도할 수 있을까. 그 객관적 가능성과 구체적인 해결 방향이란 무엇인가. 정치·경제의 분야에서의 미일 반동 세력의 통일성과 상대적 대립성은 무엇인가. 민족 전선에서 계급배치의 물적 기초는 어떠한가. 이러한 많은 중요문제가 제기되고 있다. 게다가 최근 추진되는 군사 경제화는 다수 근로자로 하여금 생활의 기반과 직결되어 군사경제를 회피하고 평화경제를 탐구하게 하고 있다. 지금은 이론은 이들 현실의 대중의 요청에 스스로 대응하고, 그 행동의 원천이 되어야만 한다.

이러한 중점이 명확해지고 현 단계의 연구가 심화된다면 동시에 과거의 역사적 연구의 시각도 명확해질 것이다. 이전과 같은 잘못된 역사주의적 태도는 물론, 역사분석의 객관주의와 비정치적 시각도 종국적으론 지양될 것이다.

향후 논쟁의 과제 중 하나는 전후에도 여전히 이론 전선 전체의 약점이었던 교조주의적 편향을 극복하는 것이라는 점도 잊어서는 안 된다. 전후 논쟁에서 짙게 나타난 고전의 기계적 해석과 적용, 실증을 결여한 개념 규정과 유형론 등은 여전히 충분히 청산되지 못하고 있고, 그것이 한편으로는 엄밀한 개념 규정과 방법론의 기준을 뺀 단순한 예증주의적 편향으로서도 나타나고 있다.

이러한 편향들은 이미 최근 현실이 격렬하게 진전하는 가운데 지양되고 있다. 중국 및 전 세계의 수많은 교훈에서 배우면서, 우리 이론 전선은 한결같이 새로운 학풍의 창조로, 대중에게 배우고 대중과 결합한 대중에 봉사하는 진정한 대중노선의 신 학풍의 창조로 나아가고 있다. 최근의 일본 자본주의의 각 분야에 관한 연구와 논의가 전후 제1기의 경우와 전혀 다른 형태를 취하고 있는 것이 바로 그 증거이다. 역사적 연구와 현상 분석에도 지대하게 스며들고 있는 이러한 착실한 실증적 태도와 대중노선의 학풍은, 고차원적인 민족성과 훌륭한 방법론이란 무기와 결합하여 국민을 위한 진정한 과학을 낳을 것이다. 거기에 한편으로는, 1952년 가을 발표된 스탈린의 새 논문으로, 국제 이론 전선은 스탈린적 단계가 확립됐다. 민족독립의 기본방침의 이론적 기초를 확고히 하는 일본 자본주의 논쟁은, 이 스탈린적 단계에 서서 국민을 위한 과학의 추진력이 될 것을 요청받고 있다.

일본 자본주의 논쟁사 연표

1927

국제관계 (상하이 총파업)

소련 공산당 제15회 대회에서의 스탈린의 보고연설, 동 대회에서 트로츠키주의자 추방

스탈린: 10월혁명으로의 길, 노동자 농민 정부의 문제를 위하여 등, 중국혁명과 코민테른의 임무

국내일반 금융공황, 와카쓰키 내각 붕괴, 다나카 반동 내각 수립

제1차 산둥반도 출병

대중국 불간섭운동 및 의회 해산 청원 운동 발발

반제동맹 제1회 세계대회에 가타야마 센 출석

일본공산당이 코민테른에 대표 파견

논쟁관계 『마르크스주의』지에서 이치가와 쇼이치 등이 전략논쟁

코민테른이 일본문제에 관한 테제 작성

다카하시 이론에 대한 노로 등의 비판(쁘띠 제국주의론)

노농파 기관지 『노농』 창간

『인터내셔널』, 『정치비판』 발간, 『마르크스주의 강좌』 발간(1927년 11월~1929년 3월), 『사회문제강좌』 발간(1927년 3월~1927년 6월)

1928

국제관계 (소련 제1차 5개년 계획 개시)

코민테른 제6회 대회, 코민테른 강령 결정

스탈린: 레닌의 중농과의 동맹에 관한 문제, 당내의 우익적 위험에 관하여, 당내의 우익적 편향 극복을 위한 마르크스주의 역사가 회의

국내일반 제1회 보통선거, 3.15 일제검거 사건

치안유지법 개정(사형)

『아카하타』 창간

『전기』 창간

'전일본 무산자 예술연맹(NAPF)' 결성, 국제문화연구소 창립

코민테른 대회에 이치가와 쇼이치 등 출석

논쟁관계 27년 테제 공표

와타나베 마사노스케 『마르크스주의』지에서 노농파 비판

7월 테제를 둘러싼 논쟁(1928년 3월~1929년 3월)

노로: 『일본 자본주의 발달사(마르크스주의 강좌)』 발표

와타나베 사망

『정치비판』 폐간

1929

국제관계 (세계 경제공황 시작)

스탈린: 소련에서의 농업정책 문제를 위한 소련 학계, 경제학 방법론 논쟁,
기계론자 비판 토론회, 부하린주의 비판

국내일반 공산당 탄압(4.16사건)

해당파 발생, 반당운동 개시

프롤레타리아 작가 동맹 결성

『산업노동시보』 발간

신노농당 결성

야마모토 센지 암살

논쟁관계 프롤레타리아 과학연구소 창립, 기관지 『프롤레타리 과학』에서 노농파 비판

노로의 이노마타 비판 개시

『마르크스주의』 폐간

핫토리 시소 『메이지 유신사』

이노마타 츠나오 『현대일본 연구』

1930

국제관계   스탈린의 소련 공산당 제16회 대회보고와 결어

데보린주의 비판

중국 리리싼 노선 비판

중국의 사회사 논쟁

국내일반   제2회 보통선거, 2.26 탄압

금 해금, 공황의 파급

하마구치 수상 저격

프로핀테른 대회의 일본에 대한 결의

논쟁관계   노로·프로과, 이노마타 현 단계론 비판

일본 자본주의 연구회 발족, 현 단계 연구 추진

노로 에이타로 『일본 자본주의 발달사』, 「가타야마 센 논문집」

와타나베 「좌익 노동조합의 조직과 정책」, 이를 전후해 일본 학계에서 일본
자본주의 연구 활발히 발생

1931

국제관계   (나치의 대두, 영국의 금본위제 중지)

스탈린: 경제건설의 새로운 임무, 볼셰비즘의 역사에 대한 약간의 문제에
관하여

잡지 『마르크스주의의 깃발 아래』 재창간

소련 역사학계의 아시아적 생산양식에 관한 논쟁

소련에서의 일본제국주의 연구 활발히 발생

국내일반   만주 침략 개시, 도호쿠 지역 흉작

금 재금지

중요산업 통제법 실시

일본공산당 서부 조직 탄압

공산당, 노사카 산조를 코민테른에 파견

일본 프롤레타리아 문화연맹(코프) 창립

논쟁관계   일본공산당 정치 테제 초안(전략 개정)

이치가와 쇼이치 법정투쟁, 『일본공산당 소사』 옥중 출간

『프롤레타리아 과학연구』 발간

해당파 『일본 경제 연구』 창간

농업문제 소작료 논쟁 전개, 쿠시다 농업론 등장

이노마타, 해당파, 쿠시다의 연합전선에 대한 노로=프로과의 맹반격

야마다 모리타로 『재생산 과정 표식 분석 서론』

이치가와 쇼이치 『일본 금융자본 발달사』

1932

국제관계 (독일의 배상금 불지급 선언, 상하이 사변, 암스테르담 국제 반전대회)

코멘테른 제11회 회합에서 쿠시넨의 보고

미틴, 라즈모프스키의 사적유물론 간행

국내일반 제3차 보통선거(무산파 5명 당선), 사회대중당 창당

우익 쿠데타 계획 표면화(5.15사건, 혈맹단 사건)

공산당에 대한 탄압(10.30사건)

토사카 쥰 등 유물론 연구회 창립

코프 탄압

논쟁관계 일본의 정세와 일본공산당의 임무에 관한 테제(32년 테제)

쿠시넨: 일본제국주의와 일본혁명의 성격

일본의 정세와 일본공산당의 임무(K·I지)

가타야마·노사카: 전쟁과 간섭에 대한 일본 근로자의 투쟁

『일본 자본주의 발달사강좌』(전7권) 간행 시작(1932년 5월~1933년 8월)

『역사과학』 발간, 『유물론 연구』 발간

와카타 요시미치 암살

1933

국제관계   (나치의 정권 장악, 국회 방화사건)

코민테른 제12회 회합(노사카가 일본 문제 보고)

레닌 철학 노트 신판 발행

소련 학계의 사회경제적 구성에 관한 논쟁

국내일반   신병대 사건, 우익 운동 증대

군수 인플레이션, 중공업화 개시

타카가와 사건, 학생운동 고양

사노, 나베야마 전향 선언

가타야마 센, 모스크바에서 사망

코바야시 타키지 암살

전협 등에 대한 탄압

논쟁관계   일본 프롤레타리아 과학동맹 결성

산업노동조사소 폐쇄

엄밀한 매뉴팩쳐 논쟁-핫토리의 자기비판과 츠치야 비판

막말 토지문제 논쟁-핫토리에 의한 츠치야-오노 비판

쿠시다설, 전자본주의적 지대를 둘러싼 논쟁

히라노 『자유민권』

『오오하라 사회문제연구소 잡지』 휴간

『프롤레타리아 과학』 폐간

1934

국제관계   (프랑스, 스페인의 인민전선 운동, 소련의 국제연맹 가입)

소련 공산당 제17회 대회에서의 스탈린의 보고

스탈린: 소련사 요강 노트

중국에서 농촌 사회 성격에 관한 논전

국내일반   사회대중당의 육군 팜플렛지지

테이진 帝人 사건

　　　　　도호쿠 지방 흉작

　　　　　일본 노동조합 전국평의회 결성

　　　　　공산당 분파 문제(다수파)

　　　　　코프 해체

　　　　　프롤레타리아 작가 동맹 해산

　　　　　신협 극단조직

논쟁관계　노로 암살, 쿠시다 사망

　　　　　프롤레타리아 과학동맹 파괴되다

　　　　　막말 토지문제 논쟁의 전개와 막말 유신사 논쟁의 종결

　　　　　분석논쟁 시작되다

　　　　　『경제평론』 발간, 『오오하라 사회연구소 잡지』 재간, 야마다 모리타로 『일본 자본주의 분석』

　　　　　히라노 『일본 자본주의 사회의 기구』

1935

국제관계　(독일 재군비 선언, 이탈리아의 에티오피아 침략, 런던 군축회의, 중국의 항일 '8.1선언')

　　　　　코민테른 제7회 세계대회(인민전선 전술에 관한 디미트로프의 보고, 노사카·이치가와가 집행위원이 됨)

국내일반　미노베 사건

　　　　　치안유지법 개정

　　　　　아이자와 사건

　　　　　소셜 덤핑

　　　　　다수파 해체 결정

　　　　　공산당 재건조직 탄압

　　　　　아카하타 정간

논쟁관계　일본 자본주의 논쟁 최고조, 노동자의 논쟁 비판

　　　　　'분석'에 대한 사키사카 등의 비판과 아이카와의 반박

　　　　　아이카와, 타치다에 의한 쿠시다 이론(유통주의)의 총결산적 비판

　　　　　히라노의 반봉건지대론 전개와 그것을 둘러싼 논쟁

군사적·봉건적 제국주의 논쟁

저임금 논쟁, 농업 자본주의화 논쟁

쿠시다 『농업문제』, 고바야시 『일본 산업의 구성』

1936

국제관계 (프랑스 인민전선 내각 수립, 스페인 내전, 시안 사건)

스탈린: 소비에트 헌법 초안에 관하여, 우크라이나에 관한 논문연설집, 소련 역사 교과서 요강에 대한 의견

소련 경제학계: 국민경제 균형 문제에 관한 토론

국내일반 준전시 체제, 2.26사건

일독 방공협정

총선거(사회대중당 18석, 지방 무산자당 5석 획득)

메이데이 금지

아카하타 복간

인민전선 운동 대두

인민전선 그룹에 대한 탄압

노농무산단체 협의회 결성

고바야시의 공산당 재건운동

논쟁관계 오카노 『일본의 공산주의자들에게 보내는 편지』

'분석' 논쟁에 중간파·수정파 개입

반봉건지대논쟁의 전면적 전개

농업론에 도다·기무라 등 신 비판자 등장

경제외적 강제에 관한 논쟁

강좌파 일제 검거(콤아카데미 사건)

이노마타 재등장, '분석' 비판

기무라 『일본 소작제도론』 도다 『일본 농업론』

『역사과학』지 『역사』로 이름 변경

일본 정치·경제 연구소 설립

『오오하라 사회문제연구소 잡지』, 『사회평론』 폐간

1937

국제관계 (스페인 프랑코 정권, 세계 공황 재발, 중일전쟁)

레닌의 이른바 시장문제에 관하여 발표

스탈린의 소련 공산당 역사교과서에 관하여

마오쩌둥의 실천론, 모순론

국내일반 전시체제로 이행, 생산력 확충 5개년 계획

파업 격화, 사회대중당 제2당

고노에 내각 수립, 대본영 설립

일본 무산당 창당

총동맹 전국 대회에서 파업 절멸 선언

인민전선 사건, 일본 무산자 전국평의회 금지

공산주의자단 결성

논쟁관계 경제평론지에서의 마지막 논쟁

농업 자본주의에 관한 소논쟁

노농파 일제 검거, '분석' 논쟁 종결

핫토리 시소 『일본 매뉴팩쳐사론』

이노마타 츠나오 『농촌문제 입문』

카자하야 아소지 『일본 사회정책사』

사키사카 『일본 자본주의의 제문제』

츠치야 『일본 자본주의사 논집』

『경제평론』, 『역사』 폐간, 『유물론 연구』의 『학예』로 이름 변경

1938

국제관계 (뮌헨 회담, 독일 오스트리아 합병)

소련 공산당 소사 발표

스탈린: 변증법적 유물론과 사적 유물론

마오쩌둥: 지구전론, 신단계론

국내일반   국가 총동원법

산업보국운동 추진

동아시아 신질서 건설 정부 성명

옌안에 일본인 반전연맹 탄생

공산주의자단, 도쿄-요코하마(京浜) 그룹 탄압

유물론 연구회 해산

논쟁관계   교수 그룹 사건-전전 논쟁 종결

합법적인 자본주의 연구의 중심, 역사 방면으로 이동

서양사학에서의 비교경제사적 연구의 성과 발표(오오츠카, 도타니 등)

『학예』, 『자유』 등 종간

1939

국제관계   (독소 불가침조약, 제2차 세계대전 시작)

소련 공산당 제18회 대회에서의 스탈린의 보고

유소기: 공산당원의 수양을 논하다

국내일반   물가, 임금통제, 악성 인플레이션 진행

히라누마 내각 → 아베 내각

카와이 교수 휴직(자유주의자 탄압)

국민 징용령, 노무동원

노동조합 해산, 산업보국회 설립

논쟁관계   (가미야마의 군주제에 관한 이론적 제문제)

(가미야마의 일본 농업에 있어 자본주의의 발달)

1940

국제관계   (일본, 독일, 이탈리아 삼국동맹, 프랑스 항복)

마르크스: 자본제 생산에 선행하는 제 형태 발표

마오쩌둥: 신민주주의론

국내일반   요나이 내각 → 제2차 고노에 내각

대정익찬회, 사회대중당 해산

사이토 다카오 제명사건

츠다 소키치 사건

공산당 재건운동

신협·신축지 해산

카지 와타루, 충칭에서 반전운동

논쟁관계　노사카: 일본의 혁명적 프롤레타리아트의 당면의 임무

서양사학 연구의 발전

하니 고로 『메이지 유신 연구』

1941

국제관계　(일소 중립조약, 독소 개전, 태평양 전쟁)

코민테른, 히틀러에 대한 여러 나라들의 국민통일전선 요청

마오쩌둥: 학습의 개혁을 논하다

유소기: 당내투쟁을 논하다

국내일반　도조 내각

치안유지법 개정(자유주의 사상 탄압)

국방보안법

언론, 집회, 신문 발행 등 취소

기획원 그룹 검거

소련 스파이 조르게, 오자키 호츠미 사건

공산당 재건운동에 대한 탄압

논쟁관계　중소기업·산업사 등 연구

이토 리츠 『일본에서의 농가경제의 최근 동향』

1942

국제관계　(미국·영국·소련 3국회담, 과달카날 전역)

중국공산당의 정풍운동

마오쩌둥: 당풍·학풍·문풍의 정돈

국내일반 익찬선거·익찬정치회

오자키 유키오 불경죄 사건

대일본 언론 보국회

남만주철도주식회사 그룹 검거

농지제도 개혁 동맹 금지

요코하마 사건

논쟁관계 비교경제사학인 오오츠카 사학의 영향에 의한 막말사 연구 진전

막말 문산 매뉴팩쳐론 전개

일본 농업문제의 연구의 발전(야마다 카츠지로, 구리하라)

야마다 카츠지로『쌀과 누에의 경제구조』

시노부 세이자부로『근대일본 산업사 서설』

1943

국제관계 (스탈린그라드에서 독일군 패주, 이탈리아 바돌리오 정권 항복, 카이로 회담, 테헤란 회담)

코민테른 해산 성명

스탈린: 대조국전쟁에 관하여

국내일반 대일본 노무 보국회

학생 징집

일본출판회 창립

나카노 세이고 자살

이와키 탄광 폭동 등 자연발생적 쟁의 속출

노사카, 옌안에서 일본인 해방동맹을 지도

오사카 상과대학 사건

논쟁관계

1944

국제관계 (덤바턴오크스 회의, 미국·영국군의 유럽 진입, 파리 함락, 사이판 함락 및 미군 상륙)

국내일반 도조 내각 붕괴, 고이소-미우라 협력 내각

B-29 폭격기 도쿄 공습

결전 비상 조치 요강 실시

중국 주둔 일본군에서 탈영병 속출

일본 본토 징용공 공장에서 사보타주 증대

조르게와 오자키 처형

논쟁관계 『중앙공론』, "개조" 휴간

1945

국제관계 (제2차 세계대전 종전)

소비에트 당 학교용 경제학 교과서 요강 발표

마오쩌둥: 연합정부론

유소기: 당규약 개정보고

국내일반 스즈키 내각 무조건 항복

히가시쿠니노미야 내각 → 시데하라 내각

맥아더 원수 일본 관리방침 성명

전후 인플레이션 개시

노동자·농민 운동 재부흥

일본사회당 결성

일본공산당 합법화

논쟁관계 이치가와 쇼이치 옥중 사망

노사카: 민주적 일본의 건설

도쿠다, 시가 등 석방

공산당 제4회 당대회 개최, 행동강령 초안을 결정

1946

국제관계 (국제연합 제1회 총회, 루마니아, 유고연방, 헝가리 등 공화국, 북한 정부 수립,
체코 신 내각, 소련 제4차 5개년 계획 개시)

미국 공산당, 브라우더 주의 청산

독일 통일사회당 탄생

국내일반 노사카 산조 귀국 환영 국민대회

총선거(사회당 제2당, 공산당 5석)

제1차 요시다 내각

신헌법, 전법추방, 극동 군사재판 시작

독점금지법, 제1·2차 농지개혁

산별, 총동맹, 일노 결성

10월 정세

민주주의 과학자 협회 결성

논쟁관계 공산당 제5회 당대회, 대회 선언에서 기본방침 발표

도쿠다 서기장, 혁명적 의회주의 강조

자본주의 논쟁 부활-오구라 "일본 자본주의 분석 비판" 외 전후 천황제를
둘러싼 논쟁(야마모토, 도다, 카자하야 등)

전후 일본 농업을 둘러싼 논쟁 개시

강좌파 방법론에 대한 비판 제기

군사적·봉건적 제국주의론 제기(가미야마)

『세계』, 『중앙공론』, 『개조』, 『전위』, 등 복간 및 창간

1947

국제관계 (마셜 플랜)

코민포름 결성, 주다노프 국제정세에 관하여

소비에트 철학계의 알렉산드로프 비판 토론회

소비에트 경제학회의 바르가 비판 토론회

국내일반　2.1 총파업

가타야마 내각 수립, 신 물가체계 - 가격개정

경사 생산 방식, 부흥금융금고 창설

폴리 대사의 일본 보고서

논쟁관계　공산당 제6회 당대회, 전략·전술 문제 토의

도쿠다 서기장, 독립과 평화를 강조

국가론을 둘러싼 시가·가미야마 논쟁 전개

강좌파 농업방법론에 대한 비판, 농지개혁을 둘러싼 논쟁

시장이론의 전개

분산 매뉴팩쳐론 비판, 막말 요먼리설 제기

1948

국제관계　(베를린 문제, 북대서양 조약 기구, 월레스 진보당 결성)

인민민주주의에 관한 디미트로프와 비에루트의 새로운 견해 발표

소비에트 경제학계에서 전후 자본주의의 전반적 위기에 관한 토론회

국내일반　아시다 내각 → 제2차 요시다 내각

쇼와 전공 사건

3월 공세, 세금투쟁

공무원법, 정령 201호에 대한 투쟁

10개 원칙

경제안정 9원칙, 기업(임금) 3원칙

논쟁관계　공산당 "평화와 민주주의, 민족 독립을 위한 선언" 발표

전후의 이론전선 고양 - 자본주의 논쟁 최고조

군사적·봉건적 제국주의의 기초구조를 둘러싼 논쟁

천황제 파시즘을 둘러싼 논쟁 전개

국가독점자본주의론, 인민민주주의론 제기

전전 전시 농업문제 재검토(이노우에, 구리하라, 야마다 카츠지로)

재생산론과 시장이론에 관한 논쟁 발전

오오츠카 사학 비판, 요먼리 설 비판, 유신 원동력을 둘러싼 논쟁

1949

국제관계 (뉴욕 주식시장 폭락, 소련 핵무기 보유 발표, 중화인민공화국 수립)

소련 법학회에서 인민민주주의 국가에 관한 학술회의

바르가의 자기비판 논문

마오쩌둥의 인민주전정론

유소기의 국제주의와 민족주의

국내일반 총선거(공산당 진출)

제3차 요시다 내각 수립

닷지 라인 실시(초균형예산, 단일환율, 대충자금 특별회계 등)

칼 샤우프의 세제 권고

정원법, 시모야마 사건

인사원 규칙, 공안조령

논쟁관계 공산당 내의 우익적 편향 전면화(의회행동을 중심으로 하는 평화혁명 이론)

일본형 파시즘론 전개

농업위기와 농업공황을 둘러싼 논쟁

농업 현 단계, 특히 농지개혁의 성과를 둘러싼 논쟁

일본의 국가독점자본주의의 특질을 둘러싼 논쟁의 전개

막말 유신사 논쟁의 고양-소경영업 단계론, 호농론 등 제창, 유신추제세력을 둘러싼 논쟁

1950

국제관계 (중소우호조약, 한국전쟁과 세계적 군비 확장, 평화수호 세계대회)

스탈린: 마르크스주의와 언어학의 제 문제

소비에트 경제학회에서 공황이론 토론회

국내일반 일본공산당 간부 추방, 아카하타 발간 정지, 국제파 분파 문제

대중 수출 금지

전노련 해산명령, 레드 퍼지

닷지 라인 한계 도달

특수경기, 산업구조의 기형화 및 군사화

사회당 좌우 분열

평화운동 발생

논쟁관계 옵저버 "일본의 정세에 관하여"

북경인민일보 "일본인민해방의 길"

공산당내 우익적 평향 극복, 제18회 확대중앙위원회 미국 점령제도 배제의 신방침 결정

좌익 기회주의 발생(점령군과의 투쟁에 모든 역량 집중 주장)

'50년 테제 초안' 및 그것에 대한 의견서 발표

전후 국가론 논쟁의 일단락

전후 공황의 특질을 둘러싼 논쟁

막말 소경영업설을 둘러싼 사학계 논쟁

전후 자본주의 논쟁 새로운 단계 진입

1951

국제관계 (평화수호 세계대회 개최, 맥아더 해임, 이란 문제, 이집트 전국 비상사태 선언)

소비에트 경제학회에서 경제학 교과서 초안 토론회

콘스탄티노프 편 사적유물론을 둘러싼 토론회

국내일반 마쿼트 성명

탑 레벨 문제-종속경제체제 완성으로

윌슨 구상 발표

일즈Eels 성명 반대 투쟁

단독강화, 미일 안보조약

양조약 반대 투쟁 확대, 민족투쟁 발전

공산당 분파 문제 종결

최대의 연말 노동 공세

논쟁관계 공산당 제4회 전국협의회, 분파주의자에 대한 결의, 일반투쟁방침 등을 결정

신강령 『공산당의 당면의 요구』 발표

도쿠다 서기장 『신강령의 기초』

공산당 제5회 전국협의회, 일반보고와 결어 발표

전국조직회의, 당면의 전술과 조직 문제에 관한 결정

'전 일반지배'를 둘러싼 논쟁(전후 국가와 전후 농업에 관한 분파이론과의 투쟁)

농지개혁에 관한 관청적-강좌파적 평가 발표

자본주의 방법론 논쟁의 일단락(아사다, 도요타)

막말사 논쟁의 새로운 전개-민족문제를 둘러싼 논쟁(토오야마, 이노우에), 단계 규정을 둘러싼 논쟁

1952

국제관계 (전반적 불황, 튀니지 반란, 모스크바 경제회의, 유럽 방위공동체 조약 조인, 아이젠하워 당선, 북경 평화회의)

소련 공산당 제19회 당대회에서 말렌코프 보고

스탈린, 소련에서의 사회주의의 경제적 제문제

스탈린 논문을 둘러싼 소련 학계의 토론회

국내일반 스탈린 신년 메시지

미일행정협정, 전 국토 군사기지화

통상항해조약, 종속경제 강화

군수하청공장화 진전

일본-필리핀 배상회담 재개

메이데이 사건, 노동자 투쟁 파업

보안청 발족, 군국주의 부활

제4차 요시다 내각 수립

민족독립, 군국주의 반대 투쟁 발전

전산·탄노 파업

논쟁관계 공산당 창립 30주년

도쿠다 서기장 "창립 30주년에 즈음하여"

당면의 문화투쟁과 문화전선 통일을 위한 우리 당의 임무를 발표

일농 제 6회 대회, 농민 운동의 새 방침 결정

공산당 제23회 중앙위원회 총회, 정치방침 등을 결정

근로자에 의한 획기적인 농촌실태조사 개시, 지주제 해체론에 대한 비판

현재의 종속경제, 매판 정권, 지주제 잔존, 군국주의 '부활' 등을 둘러싼 이론 전선의 새로운 전개

일본 자본주의 논쟁사

초판 1쇄 발행일 2022년 10월 26일
지은이 고야마 히로타케
옮긴이 김동윤
펴낸이 박영희
편집 문혜수
디자인 어진이
표지디자인 최소영
마케팅 김유미
인쇄·제본 제삼인쇄
펴낸곳 도서출판 어문학사
　　　　서울특별시 도봉구 해등로 357 나너울카운티 1층
　　　　대표전화: 02-998-0094 / 편집부1: 02-998-2267, 편집부2: 02-998-2269
　　　　홈페이지: www.amhbook.com
　　　　트위터: @with_amhbook
　　　　페이스북: www.facebook.com/amhbook
　　　　블로그: 네이버 http://blog.naver.com/amhbook
　　　　다음 http://blog.daum.net/amhbook
　　　　e-mail: am@amhbook.com
　　　　등록: 2004년 7월 26일 제2009-2호

ISBN 979-11-6905-009-8(93330)
정가 18,000원